AF452513

CONFÉRENCE

DU

CODE CIVIL.

TOME SECOND.

CONFÉRENCE

DU

CODE CIVIL,

AVEC

La discussion particuliere du conseil d'état et du tribunat, avant la rédaction définitive de chaque projet de loi.

PAR UN JURISCONSULTE

QUI A CONCOURU A LA CONFECTION DU CODE.

TOME SECOND.

Contenant la discussion des titres; — Du Mariage et des Actes respectueux; — Du Divorce; — De la Paternité et de la Filiation; — Et de l'Adoption et de la Tutele officieuse.

A PARIS,

CHEZ FIRMIN DIDOT, LIBRAIRE,

ET FONDEUR EN CARACTERES D'IMPRIMERIE,

RUE DE THIONVILLE, N° 116 ET 1850.

AN XIII. = 1805.

CONFÉRENCE

DU

CODE CIVIL.

~~~~~~~~~~~~~~~~~~~~~~~~~~~~~~

TITRE V.

Du Mariage.

(Décrété le 26 vent. an XI. Promulgué le 6 germ. suivant.)

CHAPITRE PREMIER.

Des Qualités et Conditions requises pour pouvoir contracter mariage.

Discussion du Conseil d'Etat.

Premiere rédaction. (Séance du 26 fruct. IX, *t.* 1 ,*p.* 23o.)

Le C. *Réal* dit que le projet des rédacteurs présentait, sous le titre de *Dispositions générales*, trois articles ainsi conçus:

I. « La loi ne considere le mariage que sous ses « rapports civils et politiques.

II. « Elle ne reconnaît que le mariage contracté « conformément à ce qu'elle prescrit.

III. « Le mariage est un contrat dont la durée est, « dans l'intention des époux, celle de la vie de l'un « d'eux; ce contrat peut néanmoins être résolu avant « la mort de l'un des époux, dans les cas ou pour les « causes déterminés par la loi. »

La section, partageant l'opinion du tribunal de cassation et du tribunal d'appel de Paris, a cru de-

Conférence. II.
<span></span>1
~~~~~~~~~~~~~~~~~~~~~~~~~~~~~~

voir supprimer l'article II, comme énonçant une regle qui n'est point rigoureusement exacte. En effet, on verra la loi reconnaitre des mariages qui n'ont point été contractés conformément à tout ce qu'elle prescrit.

La section a cru devoir aussi supprimer l'article III. En these générale, elle respecte la regle *omnis definitio in jure periculosa;* et, dans l'espece particuliere, elle a cru que la définition n'était pas d'absolue nécessité. Elle a d'ailleurs pensé, avec le tribunal de Paris, que la définition que donnait le projet n'était pas complete. Il est bien vrai que la durée de ce contrat est, dans l'intention des époux, celle de la vie de l'un d'eux; mais il a cela de commun avec d'autres contrats, et ce caractere ne le distingue pas suffisamment.

Enfin, la section aurait même proposé la suppression de l'article I, bien convaincue que, si la loi ne considere le mariage que sous ses rapports civils et politiques, ce n'est pas en vertu d'une disposition qui lui soit particuliere, mais que, suivant l'observation du tribunal de Paris, c'est par une conséquence nécessaire du pacte social, qui, n'excluant pas de culte, n'en reconnait cependant aucun.

Néanmoins elle l'a conservé, comme renfermant une déclaration solennelle qu'il est utile de proclamer.

Le consul *Cambacérès* dit que cet article peut être supprimé, parcequ'il est évident que le code civil ne considere le mariage que sous ses rapports civils.

L'article est retranché.

Le C. *Bigot-Préameneu* demande qu'on conserve le second des articles que les rédacteurs du projet de code civil avaient proposés, attendu qu'il exclut l'idée que le mariage qui n'est consacré que par le culte, est aussi reconnu par la loi.

Le consul *Cambacérès* propose de renvoyer cette disposition au chapitre des nullités.

Cette proposition est adoptée.

ARTICLE 144.

L'homme avant dix-huit ans révolus, la femme avant quinze ans révolus, ne peuvent contracter mariage.

145.

Le gouvernement pourra néanmoins, pour des motifs graves, accorder des dispenses d'âge.

Discussion du Conseil d'Etat.

Première rédaction. (Séance du 26 fruct. IX, *t.* 1, *p.* 231.)

II (144). « L'homme ne peut se marier avant l'âge « de quinze ans révolus, et la femme avant celui de « treize ans aussi révolus. »

Le C. *Réal* dit que notre ancien droit français, conforme au droit romain, fixait la puberté à quatorze ans pour les hommes, et à douze pour les femmes. Les auteurs du projet ont suivi les dispositions de la loi de 1792, conformes aux constitutions de l'empereur *Léon*. Mais puisqu'on consacre une innovation, faut-il se borner à exiger une seule année de plus? Pourquoi ne pas exiger que la femme ne puisse se marier avant quinze ans, et l'homme avant dix-huit? Des motifs puisés dans l'ordre moral aussi-bien que dans l'ordre physique, approuveraient cette innovation. Celle qui est proposée est sans utilité.

En fixant la puberté présumée à douze ans et à quatorze ans, ou à treize et à quinze, les Romains, les empereurs *Justinien* et *Léon*, faisaient une chose raisonnable, et obéissaient à la nature, qui, dans les climats brûlants de l'Italie et de la Grèce, de Rome et de Constantinople, donne une puberté très précoce. Devons-nous suivre en ce point leurs lois, nous, habitants de pays froids ou tempérés, où la nature est plus tardive? on serait plus près de la nature et de la raison, en fixant la puberté présumée, pour l'homme à dix-huit ans, et pour la femme à quinze. C'est le vœu des tribunaux de Paris, de Bourges, de Lyon, et d'un des membres de la commission du tribunal de cassation.

Le C. *Maleville* appuie cette proposition. Il observe que des époux trop jeunes n'ont pas la maturité d'esprit et l'expérience nécessaires pour conduire leur maison et élever des enfants ; que d'ailleurs, ces enfants sont ordinairement d'une constitution faible, et que la femme elle-même, dont le corps n'est pas encore formé, est en danger de périr aux premieres couches.

La loi qui fixait la nubilité à douze ans pour les filles, et à quatorze pour les mâles, a été originairement portée pour Athènes, plus méridionale que Paris d'environ six degrés : elle n'aurait jamais dû être reçue en France ; mais elle lui serait sur-tout nuisible, maintenant qu'elle a considérablement reculé ses limites au nord. En Prusse, les hommes ne peuvent se marier avant dix-huit ans, et les filles avant quatorze ans accomplis.

Le consul *Cambacérès* dit que la question de l'âge ne doit être envisagée que sous le rapport du consentement réfléchi que les personnes qui se marient doivent donner à leur mariage. Les suites physiques du mariage sont trop incertaines pour devenir les bases de la loi.

Le C. *Maleville* observe qu'en effet c'est le consentement des parents qui forme le mariage, lorsque les époux n'ont pas assez de discernement pour donner un consentement réfléchi ; mais que cette considération n'est pas la seule qu'il faille envisager dans la question actuelle ; qu'il importe certainement à l'état que les mariages lui donnent des enfants robustes et bien conformés, et que les parents de ceux-ci aient la capacité nécessaire pour les conserver et en diriger la conduite.

Le C. *Berlier* dit que l'article proposé est en harmonie avec les usages reçus ; que la puberté, à laquelle

on a toujours attaché la capacité du mariage, est ici à
considérer principalement; qu'il s'agit d'une simple
faculté dont, comme par le passé, l'on n'usera sans
doute que bien rarement; qu'il est pourtant des individus chez lesquels les développements de la nature
précedent ceux de la raison ou d'un discernement parfait, et qu'il importe de laisser aux familles le soin
d'en prévenir ou d'en réparer les effets prématurés;
qu'enfin, le consentement des parents, condition sans
laquelle le mariage du mineur est invalide, offre une
garantie suffisante contre les abus qu'on paraît
craindre.

Le *Premier Consul* dit que, s'il ne serait pas avantageux que la génération tout entiere se mariât à
treize et à quatorze ans, il ne faut donc pas l'y autoriser par une regle générale; mais qu'il est préférable
d'ériger en regle ce qui est conforme à l'intérêt public,
et de ne permettre que par une exception dont l'autorité publique serait juge, ce qui ne sert que l'intérêt
particulier.

Le C. *Rœderer* dit que l'usage des dispenses, loin de
sauver l'honneur des familles, le compromettrait.
Plusieurs causes morales préviendront ordinairement
l'abus qu'on peut faire de la faculté de former des mariages entre des individus trop jeunes. Les parents
tendent naturellement à conserver le plus long-temps
possible leur autorité; ils veulent que l'éducation de
leurs enfants s'acheve; ils different de les doter.

Le *Premier Consul* dit que, dans un pays où le divorce est reçu, on ne peut espérer la durée des mariages si on permet de les contracter presque au sortir
de l'enfance. Même avant que le divorce fût usité en
France, on mariait rarement des enfants de treize à
quatorze ans; ou si de grands intérêts déterminaient
à former de telles unions, on séparait les époux jusqu'à ce qu'ils eussent atteint l'âge d'une maturité plus
avancée. Il serait bizarre que la loi autorisât des individus à se marier avant l'âge où elle permet de les eu-

tendre comme témoins, ou de leur infliger les peines destinées aux crimes commis avec un entier discernement.

Le C. *Rœderer* observe que l'extrême liberté du divorce sera probablement restreinte, et que, quand elle existerait, elle deviendrait pour beaucoup de familles un motif de ne pas consentir à des mariages prématurés ; que, d'un autre côté, les principes religieux seront un frein contre les abus.

Le *Premier Consul* dit que ce système serait peut-être le plus sage, qui n'autoriserait le mariage qu'à vingt-un ans pour les hommes et à quinze pour les filles.

Le C. *Tronchet* dit que la loi pourra sans inconvénient différer le mariage jusqu'à ces âges, si d'ailleurs elle établit un moyen de faire des exceptions à la regle générale.

L'article est rejeté ; et le conseil adopte en principe que le mariage ne sera permis qu'à dix-huit ans aux hommes et à quinze ans aux femmes, à moins qu'ils n'obtiennent des dispenses pour le contracter plutôt.

ARTICLE 146.

Il n'y a pas de mariage lorsqu'il n'y a point de consentement.

Discussion du Conseil d'Etat.

Première rédaction. (Séance du 26 fruct. IX, *t.* I, *p.* 234.)

III. « Sont incapables de contracter mariage, 1° l'interdit pour cause de démence ou de fureur ; 2° les sourds-muets de naissance, à moins qu'il ne soit constaté qu'ils sont capables de manifester leur volonté ; 3° l'individu frappé d'une condamnation emportant mort civile, même pendant le délai de temps qui lui est accordé pour purger la contumace.

IV. « Le mariage n'est pas valable, si les deux époux n'y ont pas donné un consentement libre.

« Il n'y a point de consentement,

« 1º S'il y a eu violence ;

« 2º S'il y a eu erreur dans la personne que l'une
« des parties avait eu intention d'épouser ;

« 3º S'il y a eu rapt, à moins que le consentement
« n'ait été donné par la personne ravie, après qu'elle
« a recouvré sa pleine liberté. »

Le *Premier Consul* demande, sur l'article III, pourquoi le mariage serait interdit au sourd-muet ?

Le C. *Réal* répond qu'il est admis à se marier lorsqu'il est capable de donner son consentement.

Le C. *Defermon* observe que la section exclut, par une disposition générale, le sourd-muet de naissance, et ne l'admet que par exception, quoique tous les sourds-muets sachent exprimer leur volonté.

Le *Premier Consul* dit que le mariage étant un contrat, et tout contrat se formant par le consentement, on conçoit que celui qui ne peut exprimer son consentement ne peut pas se marier ; mais le sourd-muet de naissance, en voyant son pere et sa mere, a connu la société du mariage ; il est toujours capable de manifester la volonté de vivre comme eux ; et alors pourquoi aggraver son malheur en ajoutant des privations à celles que lui a imposées la nature ?

Le consul *Cambacérès* dit que, puisque l'article n'a pour objet que d'expliquer que les sourds-muets ne peuvent se marier que lorsqu'ils peuvent consentir, sa disposition se confond avec celle de l'article IV ; on peut donc se borner à ce dernier.

Le C. *Regnaud* (de Saint-Jean-d'Angely) dit que l'article est devenu encore plus inutile depuis que l'on a découvert l'art de faire expliquer les sourds-muets.

Le *Premier Consul* demande pourquoi la privation de l'ouïe et de la parole serait un empêchement au mariage plutôt que d'autres infirmités qui peuvent également y avoir rapport.

Le C. *Fourcroy* dit qu'il y aurait plus de motif de déclarer incapables de mariage ceux qui sont atteints

de maladies héréditaires, ou de vices de conformation,
à l'instar de quelques législateurs anciens qui défen-
daient le mariage aux infirmes, aux hommes contre-
faits, de peur qu'il n'en provînt des enfants faibles,
malades, à charge à eux-mêmes et à la société.

Le C. *Réal* répond que la section a suivi la déclaration de 1736, qui parle des sourds-muets de naissance.

Le C. *Bigot-Préameneu* dit que l'article est inutile,
s'il n'explique le mode suivant lequel le sourd-muet
pourra donner son consentement.

Le C. *Réal* répond que la disposition qui réglera ce
mode, pourra être placée parmi les dispositions qui
déterminent la forme de la célébration des mariages.

Le C. *Portalis* dit que la rédaction de l'article doit
être renversée ; qu'au lieu d'établir en principe général que les sourds-muets ne pourront pas se marier,
et de ne leur en donner la capacité que par voie d'exception, il conviendrait, au contraire, de poser la
regle générale que les sourds-muets sont capables de
se marier, et de convertir ensuite en exceptions les
incapacités particulieres où ils peuvent se trouver.

Au surplus, la jurisprudence n'a jamais eu de difficultés à lever que par rapport à la comparution des
sourds-muets en justice. Leur mariage n'a pas causé
d'embarras. Ils sont entourés d'une famille, d'amis,
qui attestent le consentement qu'ils expriment par
leurs signes.

Le C. *Réal* dit qu'on ne pourra se dispenser de régler la maniere dont ils devront exprimer leur consentement.

Le C. *Regnaud* (de Saint-Jean-d'Angely) observe
que depuis la découverte de l'art de faire expliquer
les sourds-muets, on suppose tellement la possibilité
de les comprendre, qu'on ne leur nomme plus de cu-
rateurs lorsqu'ils sont traduits en justice ; mais seulement un interprete pour expliquer aux juges les signes
qui suppléent en eux à l'organe de la parole.

Le C. *Portalis* blâme cet usage, parceque, dit-il, il

importe de maintenir les formes instituées pour la sûreté des accusés. Mais il serait injuste de frapper les sourds-muets d'interdiction dans les facultés que leur a laissées la nature : il vaudrait mieux que la loi gardât le silence sur leur mariage.

Le C. *Tronchet* dit que la loi ne peut se dispenser de s'en expliquer. Les sourds-muets ne pouvant être admis indistinctement à contracter, il est impossible de leur donner, pour le plus important des contrats, la capacité indéfinie qu'on ne peut leur laisser à l'égard des autres. Et même, si on suivait rigoureusement les principes, il faudrait, pour les y admettre, exiger la preuve qu'ils connaissent les suites que doit avoir, par rapport à la femme, aux enfants, à la société, l'engagement qu'ils contractent ; et qu'ils se soumettent à toutes ces obligations. Les sourds-muets éduqués ont sans doute ce degré d'intelligence ; mais tous doivent manifester qu'ils sont instruits de la nature de l'engagement qu'ils contractent, car l'intérêt détermine, plus souvent que le goût, à épouser un individu affecté d'une infirmité aussi gênante : on doit donc être en garde contre cet intérêt, et contre les séductions qu'il essaie pour extorquer un consentement dont les conséquences ne sont pas aperçues par celui qui le donne.

Le *Premier Consul* dit qu'il ne suffit pas d'être en garde contre l'intérêt que des étrangers peuvent avoir de séduire le sourd-muet ; qu'il convient également de ne pas perdre de vue l'intérêt que peut avoir sa famille à l'empêcher de se marier.

Le C. *Portalis* dit que la loi n'a pas le pouvoir de changer la nature ni la destinée des hommes. Celle du sourd-muet l'expose inévitablement, par rapport au mariage, à divers dangers dont la loi ne l'affranchira jamais. Elle doit donc se borner à le déclarer incapable de se marier, lorsqu'il ne peut manifester son consentement : si elle se rend plus difficile, elle met le sourd-muet dans un état d'interdiction plus pénible même qu'un mariage hasardé.

Le C. *Rœderer* dit qu'un sourd-muet qui serait privé de sa famille, se trouverait trop heureux d'avoir le secours d'une compagne : elle l'abandonnera toujours moins que des mercenaires.

Le *Premier Consul* dit que l'article pourrait se taire sur les sourds-muets, puisqu'ils sont capables de se marier sous la condition commune à tous de donner leur consentement ; qu'il pourrait se borner à dire comment ils exprimeront qu'ils consentent au mariage.

Le consul *Cambacérès* propose de supprimer l'article. Les dispositions qu'il contient, ne sont que des conséquences naturelles de la regle générale, qui exige pour le mariage un consentement valable.

L'article est retranché. Il sera remplacé par une disposition sur la maniere dont les sourds-muets de naissance exprimeront leur consentement.

Cette disposition sera placée au chapitre relatif à la célébration des mariages.

L'article IV est soumis à la discussion.

Le C. *Rœderer* observe que les lois anciennes ne donnaient au consentement de la personne ravie l'effet de valider son mariage, que dix ans après qu'elle avoit recouvré sa pleine liberté.

Cette disposition était sage. Le mot *rapt* est générique ; il désigne également le rapt de violence et le rapt de séduction. L'un et l'autre tant qu'il dure doit être un empêchement au mariage ; mais le rapt de violence est le seul dont on puisse reconnaître la cessation d'une maniere certaine.

Le C. *Réal* répond que depuis cinq ans on ne reconnaît plus en France le rapt de séduction.

Le consul *Cambacérès* dit qu'il faudra examiner s'il ne convient pas de rendre leur force aux anciennes lois relatives à ce délit.

Le C. *Portalis* convient de la distinction établie par le C. Rœderer ; mais, ajoute-t-il, le rapt de séduction ne peut avoir lieu qu'à l'égard du mineur. Il est commis contre la famille de la personne séduite. Le rapt de violence est donc le seul que la loi doive reconnoître d'une maniere absolue ; elle ne doit voir le rapt de séduction que par rapport à la famille : or, comme il ne peut avoir lieu qu'en la personne d'un mineur, la loi a pourvu à l'intérêt de la famille en décidant que le consentement du mineur ne suffit pas pour valider son mariage. La disposition de l'article a donc toute l'étendue qu'elle doit avoir ; elle ne doit s'appliquer qu'au rapt proprement dit.

Un motif politique a été le principe de la disposition qui ne permettait le mariage entre le ravisseur et la personne ravie que dix ans après la cessation du rapt ; on a voulu empêcher ce qu'on nommait alors des *mésalliances*. Cette incapacité avait été substituée par le chancelier d'Aguesseau à la jurisprudence vicieuse qui, laissant au ravisseur l'option entre le mariage et l'échafaud, le favorisait par cette alternative même. La peine de mort était trop forte : cependant, comme il étoit nécessaire de conserver la terreur qu'elle inspirait, M. d'Aguesseau la laissa subsister, en déclarant seulement qu'elle n'étoit point applicable au simple commerce illicite, qu'il distingua du rapt ; et il donna au rapt l'effet d'annuller le mariage. Le motif d'empêcher les mésalliances telles qu'on les concevait alors ne subsiste plus ; mais il est encore nécessaire d'empêcher que des aventuriers ne viennent troubler les familles honnêtes : or la loi veille autant qu'elle le doit à l'intérêt des familles ; elle prévient le vol qui leur est fait par la séduction d'un mineur, lorsqu'elle déclare nul le mariage que ce mineur a contracté sans l'aveu de ses parents. L'article que l'on discute ne devoit donc plus s'occuper que du rapt proprement dit.

Le C. *Rœderer* dit que, puisque l'intérêt de s'introduire dans une famille opulente est encore aujourd'hui un appât pour les intrigants, il convient de leur opposer une barriere plus forte que la nécessité d'obtenir le consentement du tuteur. Ce tuteur peut se laisser corrompre.

Le C. *Réal* observe que le consentement du tuteur

seul ne suffit pas pour valider le mariage du mineur.

Le C. *Rœderer* se rend à cette observation.

Le *Premier Consul* dit que la rédaction de l'article n'est pas exacte. Il n'y a pas de mariage où il n'y a pas de consentement libre : l'article semble cependant supposer qu'il y a en ce cas un mariage, mais qu'il n'est pas valable.

Le C. *Boulay* propose de rédiger ainsi: « Il n'y a « pas de mariage si les deux époux n'y ont pas donné « un consentement libre. »

Le C. *Portalis* observe qu'il y a un consentement apparent toutes les fois que les parties ont contracté en présence de l'officier public ; que si ce consentement se soutient après que la personne ravie a recouvré sa liberté, il valide le mariage ; qu'il ne seroit donc pas exact de dire que dans ce cas il n'y a pas de mariage, puisqu'il y a un principe de mariage qui rend le mariage valable après un certain temps.

Le *Premier Consul* dit que la rédaction semble ne concerner que les mariages faits hors la présence de l'officier civil ; que cependant il est possible que le consentement donné devant cet officier n'ait pas été libre.

Le *Ministre de la justice* dit que cette considération avait porté les rédacteurs du projet de code à employer l'expression *consentement libre et formel.*

Le C. *Tronchet* dit qu'en effet les menaces faites par des parents avant qu'on se présente à l'officier civil, ont pu forcer le consentement de l'un des époux: c'est ainsi qu'autrefois on ne laissait à une jeune fille que l'option entre un couvent et la personne qu'on lui offrait pour époux.

Le *Premier Consul* dit que l'article devrait être rédigé de maniere à prévenir ces sortes de violences. Quand elles ont eu lieu, il y a un acte civil ; mais il est nul, car il n'y a pas de mariage là où il n'y a pas de consentement libre ; et l'on ne peut pas regarder comme tel le consentement d'un individu violenté par sa famille ; il faudrait même chercher une expression

qui rendît mieux cette idée que l'expression *consentement libre*.

Le consul *Cambacérès* préfere l'expression des rédacteurs du projet de code civil à celle qui a été em-
ployée par la section.

Le C. *Réal* dit que le mot *formel* est inutile, parceque l'officier de l'état civil ne célébrerait pas le mariage,
si le consentement n'était exprimé dans la forme établie par la loi; et que c'est là tout ce que signifie le
mot *formel*.

Le C. *Portalis* dit que la nécessité du consentement
formel est déja établie par le titre relatif aux actes de
l'état civil; mais qu'un consentement formel n'étant
pas toujours un consentement libre, le mot *formel* ne
rendrait pas l'idée qu'on veut exprimer.

Le *Premier Consul* dit qu'on pourrait décider d'a-
bord qu'il n'y a pas de mariage, quand le consentement n'a pas été donné dans les formes prescrites par
le titre relatif aux actes de l'état civil; ensuite, qu'il
n'y a pas de consentement lorsqu'il y a violence, séduction, ou erreur.

Le C. *Réal* observe que, dans la jurisprudence
actuelle, l'erreur ne vicie le mariage que lorsqu'elle
porte sur l'individu, et non quand elle ne tombe que
sur le nom ou sur les qualités.

Le *Premier Consul* dit que le nom, les qualités, la
fortune, entrent dans les motifs qui déterminent le
choix d'un époux ou d'une épouse. L'erreur sur ces
circonstances détruit donc le consentement, quoiqu'il
n'y ait pas d'erreur sur l'individu.

Ainsi tout se réduit à ceci:

Le mariage est valable lorsque les formes ont été
observées, et qu'il n'y a eu violence ni erreur sur la
personne.

Le mariage doit être cassé si les formes n'ont pas
été observées, ou s'il y a eu violence ou erreur.

Le C. *Tronchet* dit que les tribunaux ont pensé
qu'une loi qui déclarerait nuls les mariages pour
l'inobservation de toute forme quelconque, serait trop

générale, parceque toutes les formes n'étant pas également essentielles, elles ne doivent pas être également prescrites sous peine de nullité.

Le *Premier Consul* partage cette opinion. La loi, dit-il, doit spécifier les formes dont l'inobservation entraîne la nullité du mariage, et les distinguer de celles qui ne produisent pas le même effet.

Le C. *Tronchet* propose de placer le chapitre IV à la tête du projet de loi, et d'y placer l'article en discussion, ou de rédiger dans cet ordre : « Il n'y a pas « de mariage quand les formes n'ont pas été remplies, « sauf les exceptions ci-après. »

Le *Premier Consul* dit que, placer l'article en discussion dans le chapitre IV, ce serait mêler ensemble les cas où il n'y a pas de mariage, et les cas où le mariage peut être cassé.

Le C. *Berlier* propose de dire que le consentement donné devant l'officier civil ne suffit pas pour former le mariage, toutes les fois qu'il y a violence, erreur, ou séduction.

Le C. *Réal* observe que n'y ayant pas de consentement lorsqu'il y a erreur, séduction, ou violence, on peut se réduire à la disposition qui exige le consentement.

Le C. *Bigot-Préameneu* propose la rédaction suivante : « Il n'y a pas de mariage lorsqu'il n'y a pas de « consentement ; il n'y a pas de consentement, lors-« qu'il y a violence, séduction, ou erreur sur la per-« sonne. »

Cette proposition est adoptée, et l'article IV rejeté.

Rédaction communiquée au Tribunat.

III (146). « Il n'y a point de mariage, lorsqu'il n'y « a point de consentement. »

Observations du Tribunat.

On observe que cette disposition exige un article formel, qui établisse comme regle certaine et invariable que l'interdit, pour cause de démence, est, en fait de mariage, hors d'état de donner un consentement, lors même qu'il aurait des intervalles lucides.

On propose l'addition suivante:

« L'interdit pour cause de démence ne peut con-« tracter mariage. »

ARTICLE 147.

On ne peut contracter un second mariage avant la dissolution du premier.

148.

Le fils qui n'a pas atteint l'âge de vingt-cinq ans accomplis, la fille qui n'a pas atteint l'âge de vingt-un ans accomplis, ne peuvent contracter mariage sans le consentement de leurs pere et mere: en cas de dissentiment, le consentement du pere suffit.

149.

Si l'un des deux est mort, ou s'il est dans l'impossibilité de manifester sa volonté, le consentement de l'autre suffit.

150.

Si le pere et la mere sont morts, ou s'ils sont dans l'impossibilité de manifester leur volonté, les aïeuls et aïeules les remplacent: s'il y a dissentiment entre l'aïeul et l'aïeule de la même ligne, il suffit du consentement de l'aïeul.

S'il y a dissentiment entre les deux lignes, ce partage emportera consentement.

Discussion du Conseil d'Etat.

Premiere rédaction. (Séance du 26 fruct. IX, *t.* 1, *p.* 241.)

VI (148). « Le fils de famille qui n'a pas atteint l'âge « de vingt-cinq ans accomplis, la fille de famille qui « n'a pas atteint l'âge de vingt-un ans accomplis, ne « peuvent contracter mariage sans le consentement de

« leur pere et de leur mere ; en cas de dissentiment, le
« consentement du pere suffit »

Le consul *Cambacérès* demande qu'on ne se serve
pas de l'expression inusitée *fille de famille*, mais qu'on
emploie cette expression générique, *ceux qui sont en
puissance paternelle*.

Le C. *Réal* observe que l'expression proposée ne
s'étendrait pas aux enfants nés hors mariage.

Le consul *Cambacérès* dit qu'on pourrait décider
en général que le mariage du mineur n'est valable
que lorsque son pere y a donné son consentement.

Le C. *Tronchet* dit que cette rédaction ne serait pas
parfaitement exacte, attendu que le défaut de consentement du pere n'empêche pas qu'il n'y ait un mariage,
mais qu'il donne seulement au pere le droit de le
faire casser.

Le consul *Cambacérès* dit que c'est là le sens de la
disposition qu'il propose.

Le C. *Boulay* dit qu'il existe d'autres articles sur
le consentement des parents, et que celui-ci n'en doit
pas être séparé.

Le consul *Cambacérès* y consent, pourvu qu'on retranche l'expression *fille de famille*.

Le C. *Boulay* dit que la section n'a pas cru devoir
se servir, avec les rédacteurs du projet de code,
du mot générique *enfants*, parcequ'il établit, entre
les mâles et les filles, une différence quant à l'âge où
le consentement de la famille cesse de leur être nécessaire.

Le C. *Réal* dit que cette distinction est demandée
par presque tous les tribunaux.

Le C. *Portalis* ajoute qu'elle est dans le vœu de la
nature, qui a rendu les filles plus précoces que les
garçons.

L'article est adopté, sauf rédaction.

VII (149). « Si l'un des deux est mort, ou s'il est
« dans l'impossibilité de manifester sa volonté, le con-
« sentement de l'autre suffit, encore qu'il ait contracté
« un second mariage. »

Le C. *Defermon* demande que la disposition ne soit pas étendue au pere ou à la mere qui a contracté un second mariage.

Le C. *Réal* dit qu'en these générale, un pere qui contracte un second mariage ne doit perdre aucun des droits que la nature et la loi lui donnent sur ses enfants; que s'il peut y avoir des circonstances où cette regle doive fléchir, le juge en décidera, mais qu'il y aurait de l'inconvénient à ne pas présenter la regle dans toute sa pureté; qu'au reste, il croit que cette disposition pourrait être retranchée, comme répétant inutilement une disposition que la regle générale énonce formellement.

Le C. *Regnaud* (de Saint-Jean-d'Angely) ajoute que si l'on ne laisse au pere qui s'est remarié tous les droits qu'il tient de la nature, on sera fort embarrassé de régler, dans le même cas, les effets de la puissance paternelle.

Le consul *Cambacérès* dit que toutes ces questions sont naturellement subordonnées aux dispositions qu'on adoptera sur le divorce.

L'article est adopté, avec le retranchement demandé par le C. Defermon.

L'article VIII est ajourné jusqu'après la discussion du divorce; cet article est ainsi conçu :

« Néanmoins, si l'époux a contracté un second ma-
« riage après un divorce prononcé contre lui; si le
« divorce a été prononcé pour cause déterminée et
« prouvée, ou obtenu par lui sans cause déterminée,
« le conseil de famille sera légalement assemblé pour
« délibérer sur le consentement à donner au mariage
« de l'enfant qui n'a pas l'âge ci-dessus déterminé. »

IX (150). « Si le pere et la mere sont morts, ou
« s'ils sont dans l'impossibilité de manifester leur vo-
« lonté, les aïeuls et aïeules les remplacent; s'il y a
« dissentiment entre eux, la majorité ou le partage
« des voix emporte consentement. »

Le C. *Réal* dit que la section a voulu prévenir tous les doutes, en décidant positivement que les autres parents ne seraient pas admis à délibérer avec les peres, meres, aïeuls et aïeules.

L'article est adopté.

Rédaction communiquée au Tribunat.

VII (150). « Si le pere et la mere sont morts, ou s'ils « sont dans l'impossibilité de manifester leur volonté, « les aïeuls et aïeules les remplacent ; s'il y a dissenti- « ment entre eux, la majorité ou le partage des voix « emporte consentement. »

Observations du Tribunat.

On observe que, d'après les principes constamment reconnus, consacrés même par le nouveau code, notamment par l'article V (148) du projet actuel, lorsque la loi demande l'avis du mari et de la femme, et qu'ils ne peuvent s'accorder, celui du mari doit prévaloir ; cette regle n'est pas moins applicable à l'aïeul qu'au pere.

On propose en conséquence une nouvelle rédaction de cet article ; elle est ainsi conçue :

« Si le pere et la mere sont morts, ou s'ils sont dans « l'impossibilité de manifester leur volonté, les aïeuls « et aïeules les remplacent.

« S'il y a dissentiment entre l'aïeul et l'aïeule de la « même ligne, il suffit du consentement de l'aïeul.

« S'il y a dissentiment entre les deux lignes, ce par- « tage emportera consentement. »

ARTICLE 151.

Les enfants de famille ayant atteint la majorité fixée par l'article 148 sont tenus, avant de contracter mariage, de demander, par un acte respectueux et formel, le conseil de leur pere et de leur mere, ou celui de leurs aïeuls et aïeules lorsque leur pere et leur mere sont décédés, ou dans l'impossibilité de manifester leur volonté.

Discussion du Conseil d'Etat.

Premiere rédaction. (Séance du 26 fruct. IX, *t.* 1, *p.* 243.)

X (151). « Les enfants de famille majeurs ne sont
« point dispensés de demander, par un acte respec-
« tueux et formel, le conseil de leur pere et de leur
« mere, ou celui de leurs aïeuls et aïeules, lorsque
« leur pere et leur mere sont décédés, ou dans l'im-
« possibilité de manifester leur volonté. »

Le consul *Cambacérès* demande qu'on ne se serve
pas de cette expression, *ne sont point dispensés;* ce
n'est pas là le langage des lois.

Le C. *Tronchet* demande qu'on dise : « Les enfants
« de famille majeurs par rapport au mariage.

Le consul *Cambacérès* propose de dire: « Les en-
« fants de famille, quoiqu'ils aient atteint l'âge où il
« leur est permis de se marier sans le consentement de
« leur pere, sont tenus de demander, etc. . . »

L'article est adopté sauf rédaction.

Rédaction communiquée au Tribunat.

VIII (151). « Les enfants de famille ayant atteint la
« majorité fixée par l'article V (148) sont tenus, avant
« de contracter mariage, de demander, par un acte
« respectueux et formel, le conseil de leur pere et de
« leur mere, ou celui de leurs aïeuls et aïeules, lors-
« que leur pere et leur mere sont décédés, ou dans
« l'impossibilité de manifester leur volonté. »

Observations du Tribunat.

On pense qu'il serait nécessaire d'établir une peine
contre les enfants de famille qui ne se seraient pas
conformés à cette disposition : les anciennes lois auto-
saient l'exhérédation.

La section arrête que cette observation sera consi-
gnée dans le procès-verbal, pour y avoir égard au
titre des successions.

ARTICLE 152. (*)

Depuis la majorité, fixée par l'article 148, jusqu'à l'âge de trente ans accomplis pour les fils, et jusqu'à l'âge de vingt-cinq ans accomplis pour les filles, l'acte respectueux prescrit par l'article précédent, et sur lequel il n'y aurait pas de consentement au mariage, sera renouvelé deux autres fois de mois en mois, et, un mois après le troisieme acte, il pourra être passé outre à la célébration du mariage.

153.

Après l'âge de trente ans il pourra être, à défaut de consentement, sur un acte respectueux, passé outre, un mois après, à la célébration du mariage.

154.

L'acte respectueux sera notifié à celui ou ceux des ascendants désignés en l'article 151, par deux notaires ou par un notaire et deux témoins; et dans le procès-verbal qui doit en être dressé il sera fait mention de la réponse.

155.

En cas d'absence de l'ascendant auquel eût dû être fait l'acte respectueux, il sera passé outre à la célébration du mariage, en représentant le jugement qui aurait été rendu pour déclarer l'absence, ou, à défaut de ce jugement, celui qui aurait ordonné l'enquête; ou, s'il n'y a point encore eu de jugement, un acte de notoriété délivré par le juge de paix du lieu où l'ascendant a eu

(*) Cet article et les cinq qui le suivent ont été décrétés le 21 ventose an XII, et promulgués le premier germinal suivant. La discussion qui se trouve à la suite de l'art. 157 est commune aux six articles

son dernier domicile connu. Cet acte contiendra
la déclaration de quatre témoins appelés d'office
par ce juge de paix.

156.

Les officiers de l'état civil qui auraient procédé à la célébration des mariages contractés
par des fils n'ayant pas atteint l'âge de vingt-cinq
ans accomplis, ou par des filles n'ayant pas atteint l'âge de vingt-un ans accomplis, sans que
le consentement des peres et meres, celui des
aïeuls et aïeules, et celui de la famille, dans le
cas où ils sont requis, soient énoncés dans l'acte
de mariage, seront, à la diligence des parties intéressées, et du commissaire du gouvernement près
le tribunal de premiere instance du lieu où le
mariage aura été célébré, condamnés à l'amende
portée par l'article 192, et en outre à un emprisonnement dont la durée ne pourra être moindre
de six mois.

157.

Lorsqu'il n'y aura pas eu d'actes respectueux
dans les cas où ils sont prescrits, l'officier de
l'état civil qui aurait célébré le mariage sera condamné à la même amende, et à un emprisonnement qui ne pourra être moindre d'un mois.

Discussion du Conseil d'Etat.

Premiere rédaction. (Séance du 21 pluv. XII, *t.* 4, *p.* 441.)

Le C. *Bigot-Préameneu* dit que la section a examiné
un projet de loi présenté par le Grand-juge, ministre
de la justice, pour fixer le mode d'exécution de l'article (151) au titre *du Mariage*, lequel impose aux
majeurs qui se marient l'obligation de demander par
un acte respectueux le conseil de leur pere et de leur
mere, ou, à défaut des peres et meres, celui de leurs
aïeuls et aïeules.

La section a pensé que ce projet était susceptible de quelques modifications ; elle a en conséquence rédigé un autre projet.

Le rapporteur fait lecture des deux projets de loi.

Ils sont ainsi conçus :

PROJET DE LOI PRÉSENTÉ PAR LE GRAND-JUGE, MINISTRE DE LA JUSTICE.

Ier (152). « Les enfants de famille qui, aux termes « de l'article CLI (151) de la premiere partie du Code « civil, sont obligés, avant de se marier, de demander « le conseil de leurs pere et mere par un acte respec- « tueux et formel, seront tenus, si ce conseil est con- « traire à leur demande, de la réitérer deux autres « fois, l'une, deux mois après la premiere demande, « l'autre, deux mois après la seconde.

II (152). « Si, après le dernier acte, le conseil des « pere et mere continue à être contraire à la demande, « le mariage ne pourra être célébré que deux mois « après la date dudit acte.

III (153). « Sont exceptés des dispositions ci-dessus « les enfants mâles âgés de plus de trente ans, et les « filles de plus de vingt-cinq.

IV (154). « Les trois actes respectueux seront no- « tifiés aux pere et mere par le ministere d'un notaire, « assisté de deux temoins, lesquels signeront avec lui « le procès-verbal qui sera dressé de la réponse desdits « pere et mere.

V (156). « Les officiers de l'état civil et les ministres « des cultes qui procéderaient à la célébration des « mariages mentionnés en l'article Ier sans qu'il leur « apparût des trois actes respectueux qui doivent être « notifiés aux pere et mere, et avant l'expiration « des deux mois, à compter de la date du der- « nier, seront, outre l'amende portée par l'article « CLXXXVI (192) du Code civil, qui leur sera appli- « cable, condamnés correctionnellement à une réclu- « sion qui ne pourra être moindre d'une année.

VI (157). « Seront sujets aux mêmes peines les

« officiers de l'état civil ou ministres des cultes qui se
« permettraient de marier des enfants mineurs sans
« qu'il apparût de consentement de leurs pere et mere,
« aïeuls ou aïeules, et, au défaut desdits ascendants,
« de celui du conseil de famille. »

PROJET DE LOI PRÉSENTÉ PAR LA SECTION DE
LÉGISLATION.

Ier (152). « Les fils qui ont atteint l'âge de vingt-
« cinq ans accomplis, les filles qui ont atteint l'âge de
« vingt-un ans accomplis, lesquels, aux termes du
« Code civil (titre *du Mariage*, article 151), sont
« tenus, avant de contracter mariage, de demander
« le conseil de leur pere et de leur mere, ou celui de
« leurs aïeuls et aïeules, lorsque leur pere et leur
« mere sont décédés ou dans l'impossibilité de mani-
« fester leur volonté, satisferont à ce devoir ainsi
« qu'il suit.

II (154). « La demande de conseil sera faite par
« acte respectueux, que deux notaires, ou un notaire
« assisté de deux témoins, notifieront à celui ou ceux
« des ascendants désignés en l'article précédent, en
« faisant mention de la réponse dans le procès-verbal,
« qui sera signé des notaires, des témoins, et de l'as-
« cendant. En cas de refus de ce dernier, il en sera
« fait mention.

III (152). « Depuis l'âge de vingt-cinq ans accom-
« plis pour les fils, et de vingt-un ans accomplis pour
« les filles, jusqu'à l'âge de trente ans accomplis pour
« les uns et les autres, si, sur un premier acte res-
« pectueux, le conseil de l'ascendant n'est pas pour
« le mariage, il sera fait, après le délai d'un mois, un
« second acte respectueux ; si, sur ce second acte,
« l'ascendant insiste, il en sera fait, un mois après,
« un troisieme ; et si, sur ce troisieme acte, l'ascen-
« dant insiste encore, il pourra être, un mois après,
« passé outre au mariage.

IV (153). « Après l'âge de trente ans pour les fils
« et pour les filles, la demande de conseil sera faite

« par un seul acte respectueux ; et si le conseil de
« l'ascendant n'est pas pour le mariage, il pourra être,
« un mois après, passé outre au mariage.

V (158). « Les dispositions des articles précédents
« sont applicables aux enfants naturels légalement
« reconnus.

VI (156). « Les officiers de l'état civil qui auraient
« procédé à la célébration des mariages contractés par
« des fils n'ayant pas atteint l'âge de vingt-cinq ans
« accomplis, ou par des filles n'ayant pas atteint l'âge
« de vingt-un ans accomplis, sans que le consente-
« ment des peres et meres, aïeuls et aïeules, et celui
« de la famille, dans les cas où ils sont requis, soient
« énoncés dans l'acte de mariage, seront punis de l'a-
« mende portée en l'article CLXXXVI (192) du Code
« civil, au titre *du Mariage*, sans préjudice des peines
« correctionnelles qui pourront leur être infligées, s'il
« y échet.

VII (157) « Les mêmes peines seront encourues par
« les officiers de l'état civil qui auraient procédé au
« mariage des fils âgés de plus de vingt-cinq ans et
« des filles âgées de plus de vingt-un ans, sans que les
« actes respectueux prescrits par les articles précédents
« aient été énoncés dans l'acte de mariage. »

Le C. *Bigot-Préameneu* reprend et dit que la principale différence qui existe entre les deux projets porte
sur la disposition par laquelle le grand-juge appelle
les ministres du culte, cumulativement avec les officiers de l'état civil, à vérifier si la formalité de l'acte
respectueux a été remplie, et leur impose une peine
s'ils manquent à ce devoir.

La section a pensé que cette disposition est inutile,
parceque les ministres du culte ne pouvant donner la
bénédiction nuptiale qu'aux mariages qu'on leur justifie par un acte avoir été célébrés devant l'officier de
l'état civil, il y a certitude que les parties qui se présentent devant eux ont satisfait à l'obligation de faire
un acte respectueux.

D'un autre côté, on ne pourrait autoriser les ministres du culte à réviser les actes de mariage et les en rendre juges, sans blesser les principes de la législation actuelle.

Ainsi, si quelque peine doit leur être imposée, ce ne peut être que pour avoir béni des mariages sans s'être fait représenter l'acte qui justifie qu'ils ont été célébrés devant l'officier de l'état civil.

C'est au Code correctionnel à établir cette peine, ainsi que celle contre l'officier qui a négligé de vérifier si l'acte respectueux a eu lieu. La disposition serait déplacée dans le Code civil.

Le *Grand-juge* dit que la formalité de l'acte respectueux est tellement importante qu'il a cru ne devoir négliger aucune des précautions capables d'en prévenir l'omission.

Il est évident que les ministres des cultes sont obligés de se conformer aux lois : il n'y a donc aucune difficulté à énoncer cette obligation ; et c'est un avantage de se ménager une garantie de plus pour le cas où l'officier de l'état civil aurait été surpris ou négligent. Les parties osent moins se hasarder à s'écarter de la loi, lorsqu'elles savent qu'elles rencontreront un double obstacle à masquer leur fraude.

Au surplus, les ministres des cultes ne sont pas appelés à juger ces actes de mariage : leur fonction se bornera à vérifier si une formalité prescrite par la loi a été remplie.

Quelle que soit la responsabilité qu'on leur impose pour les forcer à se faire représenter les actes de mariage, elle ne conduirait jamais à faire réparer l'omission de la formalité dont on veut assurer l'effet. Puisque la loi ne prévient pas les contraventions en imposant une peine aux parties, elle ne peut plus les empêcher qu'en s'appesantissant sur les fonctionnaires.

Le C. *Berlier* dit que le surcroît de garantie qu'on cherche échappera lorsque les parties s'en tiendront à l'acte civil qui seul constitue le mariage ; ainsi point ou peu d'avantage dans la cumulation proposée, parceque dans le dissentiment du ministre du culte on passera outre.

Mais n'y aurait-il pas de graves inconvénients à immiscer les ministres des cultes dans le jugement des formalités requises pour la validité des mariages ? Quand on a retiré les registres de l'état civil aux prêtres, ç'a été une grande conquête qu'il ne faut pas compromettre.

Il est vrai qu'aujourd'hui les ministres des cultes ne peuvent bénir un mariage sans se faire représenter l'acte de célébration rédigé par l'officier de l'état civil ; mais il n'y a rien à conclure de cette obligation à l'attribution qu'on discute.

Sans doute il fallait obvier aux déplorables erreurs de ceux qui se seraient crus valablement mariés par le seul acte passé à l'église ou au temple ; mais la disposition prise à ce sujet met chaque chose à sa place : la bénédiction du mariage est subordonnée à sa célébration devant l'officier de l'état civil ; nulle concurrence n'est établie entre cet officier et le ministre du culte, et ils ne sont pas constitués en même temps juges et garants du même fait, comme cela arriverait dans l'espece qu'on examine, si la proposition du grand-juge était suivie : un tel point de contact ne donnerait-il pas naissance à de fréquentes contradictions entre les officiers de l'état civil et les ministres des cultes, et à beaucoup de fausses prétentions de la part de ces derniers ? C'est ce qu'il faut éviter.

Le C. *Bigot-Préameneu* ajoute qu'indépendamment des raisons qui viennent d'être exposées, la section a encore considéré qu'il serait impossible de vérifier si les ministres des cultes se sont fait représenter l'acte respectueux, puisqu'ils ne tiennent point de registres.

Le *Premier Consul* dit que le ministre du culte n'est pas en faute lorsqu'il imprime le sceau de la religion au mariage qui a déja reçu le sceau de la loi ; qu'on ne peut néanmoins l'obliger à bénir les mariages valables suivant les lois eiviles, lorsqu'il apperçoit quelque empêchement canonique. Cependant si son refus était mal fondé, il pourrait y avoir un appel comme d'abus, lequel serait porté devant le conseil d'état.

Le prêtre ne peut donc unir ceux qui ne l'ont pas été devant l'officier de l'état civil; et, s'il se le permet, la contravention doit être punie, attendu qu'elle met les parties dans une fausse position. Si au contraire le mariage dont on lui a représenté l'acte a été illégalement célébré par l'officier de l'état civil, c'est sur ce dernier que doit retomber la peine.

Il serait nécessaire que cette peine fût déterminée par la loi.

Le C. *Bigot-Préameneu* dit qu'elle sera fixée par le Code correctionnel.

Le *Grand-juge* dit qu'il est nécessaire de multiplier les obstacles à la contravention.

On objecte que ce serait donner lieu à une résistance mal fondée de la part du ministre du culte, qui peut-être s'ingérerait à juger de la validité du mariage, et même contrarierait l'officier de l'état civil. Mais il faut observer qu'il ne s'agit ici que d'un fait sur lequel il ne peut pas y avoir contradiction.

Le *Premier Consul* dit que l'obligation qu'on veut imposer aux ministres des cultes serait certainement une garantie de plus, mais qu'elle ne serait point dans l'esprit de la législation, laquelle exclut entièrement les ministres des cultes de tout ce qui concerne la validité du contrat civil du mariage.

Le C. *Treilhard* dit qu'il est convaincu de cette vérité.

Il y a des formalités plus essentielles encore que l'acte respectueux. Ainsi, d'après le système de multiplier les garanties, il faudrait autoriser les ministres du culte à examiner également si ces formalités ont été remplies.

Le projet de la section obtient la priorité.

Le *Premier Consul* dit qu'il serait nécessaire de faire entrer dans le Code civil le projet que l'on discute, comme contenant des dispositions additionnelles, et n'étant destiné qu'à fixer l'application d'un de ses articles.

Le C. *Treilhard* dit que ce serait peut-être affaiblir le respect dû au Code civil que de le modifier dans un temps aussi rapproché de sa confection.

On ne peut espérer que le Code civil, avec quelque sagesse qu'il ait été fait, soit entièrement exempt de fautes, et ne présente aucune lacune. La sagesse humaine ne va point jusqu'à faire un ouvrage parfait ; mais c'est à l'expérience seule qu'il appartient d'indiquer les modifications véritablement utiles ; et après que le temps aura essayé la législation nouvelle, on la revisera dans son universalité, et on y mettra la dernière main. Les changements partiels en détruiraient l'ensemble et seraient hasardés. Du moment qu'on s'en permettrait un seul, on verrait arriver de tous côtés des réclamations et des demandes produites par l'esprit d'innovation ou par l'intérêt personnel.

Le consul *Cambacérès* partage cette opinion ; il voudrait qu'on ne se permît pas avant dix ans au moins de faire aucun changement au Code civil. Alors seulement, par la manière dont les tribunaux l'auront appliqué, on connaîtra véritablement l'opinion nationale, les avantages et les inconvénients de chaque disposition. Jusque-là le tribunal de cassation rectifiera les erreurs graves et réprimera les écarts. Ceci ne regarde que les dispositions interprétatives.

Il n'en est pas de même des dispositions supplétives. Il peut y en avoir de nécessaires : celle qu'on propose l'est certainement, puisqu'elle tend à régler une formalité sur laquelle le Code civil ne s'est point expliqué, et à l'assurer par une sanction pénale.

Une édition officielle du Code civil sera indispensable, tant pour réunir en un seul corps de lois et pour placer dans leur ordre naturel les divers titres dont le Code civil se compose, que pour donner une série unique aux articles ; on est donc encore à temps d'insérer dans le Code la loi qui est proposée, et qui en fait évidemment partie.

Le C. *Treilhard* dit qu'on pourrait aussi placer cette loi dans le Code de procédure civile, dont la seconde partie concernera les procédures extraordinaires, et comprendra d'autres dispositions sur les matieres du Code civil. Cette loi n'établit en effet que le mode d'exécution d'un article du titre *du Mariage*, et n'en differe qu'en ce qu'elle prescrit un plus grand nombre de sommations respectueuses.

Le conseil arrête que le projet de loi proposé sera inséré dans le Code civil.

Le projet de la section est soumis à la discussion.

Les articles I (152) et II (154) sont adoptés.

L'article III (152) est discuté.

Le *Grand-juge* demande que le délai entre l'acte respectueux et la célébration du mariage soit porté à six mois. Le respect dû aux ascendants paraît exiger cette modification. Elle est sur-tout nécessaire pour que l'objet de la loi soit rempli : son but en effet est de donner aux passions le temps de s'amortir, soit qu'il s'agisse de faire revenir les parents de préventions mal fondées, soit qu'il faille ramener à la raison le fils qui se porte à un mariage mal assorti.

Le C. *Bigot-Préameneu* répond que la section a voulu concilier ce qui est dû aux parents avec les droits que la loi donne à un homme de vingt-cinq ans et à une fille de vingt-un ans.

Il est difficile d'espérer qu'un délai de six mois suffise pour calmer les passions, et il pourrait résulter de ces passions mêmes des désordres scandaleux qu'il faut aussi prévenir. On doit compter beaucoup sur de sages représentations plusieurs fois réitérées. D'ailleurs il importe de ne pas perdre de vue que la famille de celui au mariage duquel l'autre famille s'oppose est dans une position désagréable, et que le refus de consentement ne doit pas être un obstacle de trop longue durée au mariage que la loi autorise.

Le C. *Treilhard* ajoute qu'un délai trop long pourrait produire des désordres plus fâcheux même qu'un mariage nul.

Le conseil arrête que le délai sera de trois mois.

Les articles IV (153) et V (158) sont adoptés.

L'article VI (156) est discuté.

Le C. *Bigot-Préameneu* dit que la section a cru devoir renvoyer au Code correctionnel pour la fixation de la peine, attendu que le délit est susceptible de différentes nuances d'après lesquelles la peine doit être graduée.

Le C. *Regnaud* (de Saint-Jean-d'Angely) dit que cependant jusque-là la contravention demeurera impunie, puisqu'il n'existe point de peine dans notre législation actuelle.

Le C. *Treilhard* répond que toutes les parties du système de la pénalité doivent être coordonnées entre elles, afin que le châtiment soit toujours mesuré sur le plus ou le moins de gravité du délit. Il seroit donc possible, si l'on fixait ici la peine de la contravention, que cette peine fût ou plus forte ou plus foible qu'elle ne devrait l'être dans le système général de la législation criminelle.

Le C. *Berlier* ajoute que d'ailleurs le Code civil ne contient aucune peine proprement dite, parceque la matiere des peines appartient en entier au Code criminel ou correctionnel.

Le C. *Bérenger* propose d'établir la peine par une loi particuliere et séparée du Code civil.

Le C. *Cretet* demande qu'après avoir prononcé la peine de l'amende, on se borne à dire, *sans préjudice des peines correctionnelles, s'il y échet.*

Le C. *Regnaud* (de Saint-Jean-d'Angely) objecte que si la loi n'impose qu'une peine pécuniaire elle sera impunément violée par les particuliers opulents, qui indemniseront l'officier de l'état civil de l'amende qu'il aura encourue; qu'il parait donc nécessaire de prononcer la nullité du mariage.

Le C. *Bigot-Preameneu* observe qu'il y a nullité relative.

Le C. *Regnaud* (de Saint-Jean-d'Angely) pense que la nullité devrait être absolue.

Le *Grand-juge* dit qu'il est contre la dignité de la loi d'offrir elle-même un moyen de la violer impunément, ou du moins sous une peine tellement légère qu'elle ne punît pas réellement le prévaricateur. Il faut donc menacer l'officier de l'état civil de châtiments graves, et non d'une faible amende de deux cent cinquante francs, dont il serait indemnisé sans difficulté par ceux qui auront payé sa complaisance un prix beaucoup plus considérable.

Le C. *Treilhard* dit que l'officier civil convaincu d'avoir manqué à son devoir pour de l'argent serait puni comme prévaricateur, et par conséquent avec beaucoup plus de sévérité que par une peine purement pécuniaire. Au reste, si l'on suppose qu'il soit capable de se laisser séduire, même un emprisonnement d'un an ne l'arrêtera pas, lorsqu'il en résultera pour lui des avantages considérables et que sa fortune sera à ce prix.

Mais la question est de savoir s'il y a ici tellement urgence qu'il soit nécessaire de mettre dans le Code civil une disposition qui appartient au Code correctionnel, et qu'il faudra peut-être incessamment changer, pour la coordonner avec le système général de pénalité qui sera établi. Il ne paraît pas qu'on soit réduit à cette nécessité, puisqu'il y a très peu d'exemples d'enfants qui se marient sans avoir requis le consentement de leurs ascendants.

Le *Grand-juge* répond que, s'il en était ainsi, la loi serait inutile ; mais que déja le conseil en a décidé autrement, puisqu'il a jugé la loi nécessaire, et qu'il a arrêté qu'elle serait insérée dans le Code civil. Or, si elle est nécessaire, il faut en assurer l'exécution. Ce ne sera pas par une modique amende ; ce ne sera pas même en punissant comme prévaricateur l'officier civil qui se serait fait indemniser : car on ne saisira presque jamais les preuves de la prévarication. Il ne reste donc plus d'autre moyen que de fixer dès à présent une peine déterminée.

L'inconvénient de transporter ensuite cette disposition dans le Code criminel est de peu d'importance. Il serait malheureux que jusqu'à la confection de ce Code on ne pût plus établir aucune peine. Cependant toutes celles qui seront prononcées pour d'autres cas devront aussi par la suite être coordonnées avec le système général de la pénalité.

Le conseil adopte la peine proposée par le projet du Grand-juge, et arrête que la disposition pénale sera insérée dans la loi en discussion.

L'article VII (157) est adopté.

Seconde rédaction. (Séance du 24 pluv. XII, *t.* 4, *p.* 451.)

Le C. *Bigot-Préameneu* présente le projet de loi sur les *actes respectueux à faire par les enfants aux peres et meres, aïeuls et aïcules, dans les cas où ils sont prescrits au titre du mariage,* rédigé conformément aux amendements adoptés dans la séance du 21 pluviose. L'article III (154) de ce projet est ainsi conçu :

« L'acte respectueux sera notifié à celui ou à ceux « des ascendants désignés en l'article (151), par deux « notaires, ou par un notaire et deux témoins. »

Les cinq autres articles du projet sont conformes aux articles du code civil auxquels ils correspondent.

Le conseil adopte le projet.

Rédaction communiquée au Tribunat.

III (154). « L'acte respectueux sera notifié à celui « ou à ceux des ascendants désignés en l'article (151), « par deux notaires, ou par un notaire et deux témoins. »

Observations du Tribunat.

Cet article est le seul qui ait fait naître une observation.

La section pense qu'il convient d'ajouter à cet article un paragraphe ainsi conçu :

« Il sera fait mention de la réponse ou du motif « pour lequel on n'a point répondu. »

Au moyen de cette précaution, l'intention de la loi

sera mieux remplie; et il ne sera plus à craindre que son but soit éludé.

Rédaction définitive.

(Séance du 5 ventose XII , *tome* 5 , *page* 69.)

Le C. *Bigot-Préameneu* présente la rédaction définitive du projet de loi sur les actes respectueux.
Le conseil l'adopte.

ARTICLE 158.

Les dispositions contenues aux articles 148 et 149, et les dispositions des articles 151, 152, 153, 154 et 155, relatives à l'acte respectueux qui doit être fait aux pere et mere dans le cas prévu par ces articles, sont applicables aux enfants naturels légalement reconnus.

159.

L'enfant naturel qui n'a point été reconnu, et celui qui, après l'avoir été, a perdu ses pere et mere, ou dont les pere et mere ne peuvent manifester leur volonté, ne pourra, avant l'âge de vingt-un ans révolus, se marier qu'après avoir obtenu le consentement d'un tuteur *ad hoc* qui lui sera nommé.

Discussion du Conseil d'Etat.

Premiere rédaction. (Séance du 26 fruct. IX , *t.* 1,*p.* 243.)

XI (158). « Les dispositions contenues aux articles « VI (148), VII (149), VIII (supprimé), IX (150) et « X (151), sont applicables aux enfants naturels légalement reconnus. »

Le C. *Réal*, au nom de la section de législation, propose l'article additionnel suivant:

(159). « L'enfant naturel qui n'a point été reconnu, « et celui qui, après l'avoir été, a perdu ses pere et « mere, ou dont les pere et mere ne peuvent mani-

« fester leur volonté, ne pourra, avant l'âge de vingt-
« un ans révolus, se marier qu'après avoir obtenu le
« consentement du tuteur *ad hoc* qui lui sera nommé
« dans les formes ci-après établies. »

Le C. *Réal* dit que la section a cru moral de donner un tuteur au mineur né hors mariage, qui veut se marier, et dont le pere est inconnu. Ce mode couvre la trace de l'illégitimité de sa naissance, et appelle ses amis à délibérer sur son mariage.

Le C. *Defermon* dit que l'intérêt de la société n'exigeant pas qu'elle s'occupe du mariage de l'individu né hors mariage, elle doit le laisser user librement des droits que lui donne sa position. Il n'appartient à personne.

Le C. *Tronchet* répond que c'est pour l'intérêt du mineur lui-même qu'on lui nomme un tuteur. Il ne peut ni contracter ni disposer sans autorisation; comment pourrait-il se marier sans y être autorisé?

Le C. *Réal* ajoute que tout mineur, pour se marier, devant représenter le consentement de son pere, la dispense accordée à l'enfant illégitime faciliterait la fraude aux mineurs nés d'une union légale: pour ne pas représenter le consentement de leur pere, ils se supposeraient nés hors mariage.

Le C. *Boulay* dit que le consentement des peres et des tuteurs n'est pas moins exigé pour l'intérêt du mineur que pour l'intérêt des familles; que la société doit à l'enfant illégitime une protection plus spéciale, parcequ'il est privé de tout autre appui.

Le C. *Réal* dit qu'il serait toujours nécessaire de lui donner un tuteur pour régler les conventions matrimoniales.

Le C. *Defermon* dit qu'il est rare qu'un enfant illégitime ait quelques biens lorsque son pere est inconnu.

Le C. *Emmery* répond qu'un pere avantage souvent ses enfants illégitimes, sans cependant les reconnaître; qu'il en est même qu'on ne peut reconnaître: tels sont les adultérins.

L'article est adopté.

Rédaction communiquée au Tribunat.

IX (158). « Les dispositions contenues aux articles
« V et VI (148 et 149), sont applicables aux enfants
« naturels légalement reconnus. »

Observations du Tribunat.

Comme les dispositions auxquelles se réfere cet article ne doivent s'appliquer qu'aux devoirs à remplir
par tout enfant envers ses pere et mere, ainsi qu'aux
droits appartenants à ces derniers, et qu'il ne peut
être ici question des aïeuls et aïeules, on propose de
rédiger l'article ainsi qu'il suit :

« Les dispositions contenues aux articles IV, V, et
« VI (147, 148, et 149) et à la disposition de l'article
« VIII (151), relative à l'acte respectueux qui doit
« être fait aux pere et mere, dans le cas prévu par cet
« article, sont applicables aux enfants naturels légale-
« ment reconnus. »

ARTICLE 160.

S'il n'y a ni pere ni mere, ni aïeuls ni aïeules,
ou s'ils se trouvent tous dans l'impossibilité de
manifester leur volonté, les fils ou filles mineurs
de vingt-un ans ne peuvent contracter mariage
sans le consentement du conseil de famille.

Rédaction communiquée au Tribunat.

« S'il n'y a ni pere ni mere, ni aïeuls ni aïeules, ou
« s'ils se trouvent tous dans l'impossibilité de manifes-
« ter leur volonté, les fils ou filles mineurs de vingt-un
« ans ne peuvent contracter mariage sans le consente-
« ment du conseil de famille. »

Observations du Tribunat.

Sur cet article la section a exprimé son vœu pour
une organisation précise du conseil de famille, tant
sur les mariages que sur les tuteles. Cette nouvelle

organisation peut seule prévenir les embarras et difficultés qui naîtraient des lois encore existantes sur
cette matiere.

ARTICLE 161.

En ligne directe, le mariage est prohibé entre
tous les ascendants et descendants légitimes ou
naturels, et les alliés dans la même ligne.

Discussion du Conseil d'Etat.

Premiere rédaction. (Séance du 26 fruct. IX, *t.* 1, *p.* 244.)

XIV (161). « En ligne directe, le mariage est pro-
« hibé entre les parents légitimes ou naturels, et les
« alliés au même degré. »

Le C. *Regnaud* (de Saint-Jean-d'Angely) dit que
l'article n'indique pas assez clairement entre quels
alliés le mariage est défendu. Il demande que, pour
faire cesser l'équivoque, on ajoute à ces mots *en ligne
directe*, ceux-ci, *ascendante ou descendante.*

L'article est adopté avec cet amendement.

ARTICLE 162.

En ligne collatérale, le mariage est prohibé
entre le frere et la sœur légitimes ou naturels,
et les alliés au même degré.

163.

Le mariage est encore prohibé entre l'oncle et
la niece, la tante et le neveu.

164.

Néanmoins le gouvernement pourra, pour des
causes graves, lever les prohibitions portées au
précédent article.

Discussion du Conseil d'Etat.

Premiere rédaction. (Séance du 25 fruct. IX, *t.* 1, *p.* 244.)

« XV (162). En collatérale, le mariage est prohibé
« entre le frere et la sœur légitimes ou naturels. »

Le consul *Cambacérès* demande si la prohibition établie par cet article doit être étendue aux alliés.

Le C. *Réal* dit que cette extension est dans le vœu de la minorité de la section.

Le C. *Portalis* expose les motifs de la minorité de la section.

Il dit que les prohibitions civiles des mariages entre collatéraux et entre alliés, sont fondées :

1° Sur l'intérêt de multiplier les alliances ;

2° Sur la nécessité de prévenir la corruption de mœurs qui se glisse facilement à la suite des communications familieres, lorsque le mariage peut en effacer la honte ;

3° Sur l'intérêt de ne pas laisser dégénérer les races : car l'expérience a prouvé que cet effet suit ordinairement les mariages entre individus de la même famille ; les mariages des princes en ont fourni des exemples.

Les prohibitions ne viennent pas des lois ecclésiastiques ; on retrouve les plus anciennes dans les lois grecques et romaines : celle du mariage entre la tante et le neveu a été faite par *Théodose*. Les lois ecclésiastiques ne les ont adoptées que fort tard, et quand elles se mêlerent des mariages : jusque-là les souverains seuls en accordaient les dispenses. La premiere dispense qui a été donnée par l'autorité ecclésiastique, fut celle que *Pascal II* accorda au roi de France sur la fin du onzieme siecle. Les princes n'eurent recours au pape que parcequ'il leur parut inconvenant de se dispenser eux-mêmes des lois qu'ils avaient établies ; mais ils n'en conserverent pas moins leurs droits. On trouve encore dans *Cassiodore* et dans *Marculfe* les formules dont ils se servaient. Les prohibitions et les dispenses appartiennent donc en entier au droit civil : or, la minorité de la section n'a vu aucun intérêt à limiter des prohibitions consacrées par l'assentiment de tant de siecles, et fondées sur des motifs puissants, ni à priver le gouvernement du droit d'en dispenser.

Le C. *Emmery* répond que la majorité de la section ne conteste pas le droit qu'a le gouvernement d'accorder des dispenses ; mais elle a cru que la législation relative aux prohibitions devait rester dans l'état où elle est aujourd'hui, pour ne jeter ni défaveur ni inquiétude sur les mariages actuellement contractés entre des personnes auxquelles s'étendrait la prohibition. Elle pense néanmoins que le mariage doit être défendu entre le neveu et la tante, parceque celle-ci suppléant en quelque sorte la mere, il est difficile de concilier le respect que le neveu doit à la tante avec le respect que la tante devrait au neveu s'il devenait son mari La même raison n'existe pas à l'égard de l'oncle et de la niece. Il n'y a aucune raison de défendre aux beaux-freres et aux belles-sœurs de s'épouser ; et même l'intérêt des enfants demande qu'on autorise ces unions : ils retrouvent dans le frere ou dans la sœur de leur pere ou de leur mere, l'affection et les soins de ces derniers. Quant à ce qu'on a dit de la nécessité de prévenir les effets des fréquentations trop faciles, si l'on adoptait cette considération, il faudrait aller jusqu'à interdire le mariage entre cousin et cousine.

Le consul *Cambacérès* dit que, quoique la section appuie son système sur ce qu'elle trouve de l'inconvénient à changer la législation actuelle, elle y déroge cependant elle-même en défendant le mariage entre la tante et le neveu.

Le C. *Boulay* dit qu'il peut y avoir des circonstances particulieres qui justifient le mariage entre beaux-freres et belles-sœurs ; mais que leur en donner en général la faculté, c'est jeter un levain de discorde dans les familles, et créer un intérêt, pour ces sortes d'alliés, de provoquer le divorce de leurs freres ou sœurs.

Le C. *Cretet* dit que la question des dispenses n'est pas encore suffisamment examinée. Les dispenses ne seront qu'une vaine formalité si la loi ne détermine les cas où elles pourront être obtenues : au lieu d'être des exceptions, elles deviendront bientôt la regle.

La loi doit défendre absolument ce qui est nuisible, et abandonner l'usage de ce qui ne l'est pas à la discrétion des particuliers

Le C. *Réal* dit que la majorité ne consent à la prohibition du mariage entre les tantes et les neveux, que sous la condition qu'il pourra leur être accordé des dispenses: elle observe que le code prussien restreint cette prohibition aux tantes plus âgées que les neveux, et qu'encore il admet des dispenses pour ce cas; qu'il avoue que ce n'est pas l'église qui a introduit la prohibition, mais qu'on ne peut nier que ses ministres s'en sont par la suite emparés, en ont fait une propriété dont ils ont chassé la puissance civile, et qu'aujourd'hui encore ils prétendent y dominer exclusivement à toute autre puissance.

Le C. *Boulay* dit que les prohibitions et les dispenses sont tellement des institutions civiles, que *Claude* fut obligé d'obtenir un décret du sénat pour épouser sa nièce *Agrippine*. Les historiens remarquent que cet exemple ne fut pas suivi.

Le consul *Cambacérès* dit qu'il s'agit principalement des mariages entre beaux-freres et belles-sœurs, et que la question est de savoir s'il y a plus d'inconvénients à étendre jusqu'à eux les prohibitions, qu'à les laisser dans les limites qu'elles ont suivant la législation actuelle.

Les mariages qui peuvent avoir été contractés d'après les dispositions de la loi de 1792, ne sont pas des obstacles à l'extension; il ne faut pas craindre qu'ils soient vus de mauvais œil: chacun sait que la loi ne rétroagit pas; et c'est par cette raison qu'elle parle au futur. Ce qu'on a dit de l'intérêt des enfants, qu'on suppose retrouver une seconde mere dans leur tante, n'est exact que dans des cas fort rares: des motifs beaucoup moins respectables déterminent ordinairement ces sortes de mariages; et dans un pays où le divorce est admis, on doit craindre que la possibilité de rompre le mariage existant, joint à la faculté de s'épouser, ne porte les beaux-freres et les belles-sœurs au concubinage, et ne trouble l'intérieur des familles. Du moins faudrait-il ne permettre a ces alliés de s'épouser que lorsque leur premier mariage a été dissous par la mort de leur époux ou de leur épouse; mais rien ne serait plus scandaleux que de leur permettre de s'en dégager par le divorce, pour voler ensuite dans les bras de leur beau-frere ou de leur belle-sœur. D'ailleurs, avec l'usage des dispenses, tous les inconvénients de la prohibition disparaissent. Au surplus, si on ne veut pas admettre de prohibition absolue, qu'on distingue les cas et les hypotheses où elle aura lieu.

Le *Ministre de la justice* affirme que la faculté donnée par la loi de 1792 aux beaux-freres et aux belles-sœurs, porte en effet le trouble dans les familles, et est le principe des demandes en divorce dont les tribunaux sont actuellement saisis.

Le C. *Berlier* admet la prohibition du mariage entre beaux-freres et belles-sœurs, dans le cas où le premier mariage a été rompu par un divorce; mais il pense que cette prohibition ne doit pas être étendue plus loin. Il repousse le moyen subsidiaire des dispenses : l'on sait qu'elles n'étaient autrefois qu'une vaine formalité, et s'obtenaient facilement par quiconque pouvait les acheter.

L'opinant ne doute pas que le gouvernement actuel ne parvînt à les rendre moins abusives; mais dans les matieres qui tiennent à l'honnêteté publique, il n'y a pas de transaction. Ainsi, il faut permettre le mariage entre beaux-freres et belles-sœurs, si les mœurs ne s'y opposent point; autrement, il faut le rejetter, sans admettre d'exceptions ni de dispenses.

Il vote pour l'admission absolue, et rejette celle qui ne serait qu'exceptionnelle et fondée sur des dispenses. Quel serait en effet le motif apparent de ces dispenses? Comme autrefois, on alléguerait une grossesse, et la permission serait accordée; mais ce motif même appellerait le déréglement; puisqu'un commerce illicite deviendrait un moyen d'obtenir des dispenses. Or, il vaut mieux que la loi permette ouvertement une chose qui n'est pas essentiellement mauvaise, que de dire que l'honnêteté publique la défend, et de placer cependant à côté du précepte un moyen légal de le violer.

Au reste, c'est le dernier état de la législation, et il est bon.

Le C. *Tronchet* dit que la prohibition des mariages entre beaux-freres et belles-sœurs est réclamée par les mœurs, parcequ'elle prévient les inconvénients de la familiarité ; que cependant il ne l'adopte qu'autant qu'elle pourra être levée par dispenses ; que dans le cas contraire, il préfere qu'on permette indistinctement le mariage.

Le C. *Maleville* dit que tous les tribunaux s'élevent contre ces sortes de mariages.

Le *Premier Consul* résume les diverses propositions, et les met aux voix.

Le *Conseil* adopte,

1° Que les mariages entre beaux-freres et belles-sœurs seront prohibés ;

2° Qu'il n'y aura pas de dispenses pour ces mariages ;

3° Que les mariages entre oncles et nieces seront prohibés ;

4° Qu'il pourra être accordé des dispenses pour ces mariages.

5° Que les mariages entre tantes et neveux seront prohibés ;

6° Qu'il pourra être accordé des dispenses pour ces mariages.

CHAPITRE II.

Des Formalités relatives à la célébration du mariage.

165. Le mariage sera célébré publiquement devant l'officier civil du domicile de l'une des deux parties.

Discussion du Conseil d'Etat.

Premiere rédaction. (Séance du 4 vendém. X, *t.* I, *p.* 249.)

L'article Ier est adopté ; il est ainsi conçu :

(165) « Le mariage sera célébré publiquement, dans « les formes ci-après établies. »

L'article II est soumis à la discussion ; il porte :

(165) « Il sera célébré dans la commune où l'un des « deux époux aura son domicile.

« Ce domicile, quant au mariage, s'établira par « six mois d'habitation continue dans la même com- « mune. »

Le *Premier Consul* demande pourquoi ce chapitre parle du domicile, puisque cette matiere est réglée par un autre titre.

Le C. *Tronchet* répond qu'il s'agit ici de la simple habitation, qui n'est pas toujours le domicile.

Le *Premier Consul* dit qu'il faut donc changer la rédaction, et ne parler que d'une habitation de six mois, afin que l'article n'apporte aucune modification aux dispositions sur le domicile.

Le C. *Maleville* dit qu'il est nécessaire d'expliquer que la loi entend parler de la derniere résidence, et d'une résidence continue.

Le C. *Tronchet* répond que la rédaction ne laisse aucun doute à cet égard.

Le consul *Cambacérès* propose de réunir les articles I et II, en supprimant dans le Ier ces mots, *dans les formes ci-après établies.*

Le C. *Tronchet* adopte cette proposition ; il préférerait cependant que l'article Ier se bornât à dire que le mariage sera célébré publiquement, et que l'article II indiquât le lieu où il sera célébré : ce sont en effet deux regles différentes.

Le C. *Réal* propose de rédiger ainsi :

« Le mariage sera célébré dans la commune où l'un « des époux aura son domicile ; il pourra l'être égale- « ment dans la commune où l'un des deux époux aura « six mois d'habitation. »

Le C. *Bigot-Préameneu* demande qu'on ne se serve pas du mot *pourra*, pour ne pas paraître déroger à la regle générale.

Le *Premier Consul* demande si une personne pourra célébrer son mariage dans le lieu de son domicile, quoique depuis six mois elle ait résidé ailleurs.

Le C. *Bigot-Préameneu* observe que la célébration du mariage est entourée d'une plus grande publicité, lorsqu'elle est faite dans le lieu de la résidence.

Le C. *Tronchet* répond que la publicité du mariage a pour objet de donner aux personnes intéressées à l'empêcher, le moyen de former leur opposition : or le domicile d'un homme est toujours plus certain et plus connu que sa résidence. La disposition qui permet de célébrer le mariage dans le lieu de la résidence, n'est qu'une exception à la regle générale : d'ailleurs les publications sont faites et au lieu de la résidence et au lieu du domicile.

Le C. *Réal* observe que si l'on substitue dans l'article le mot *habitation* au mot *domicile*, on renverse la jurisprudence reçue, parcequ'il est de principe que le domicile, par rapport au mariage, s'établit par six mois de résidence.

Le C. *Tronchet* répond que ce principe n'a été introduit que pour garantir que le mariage serait célébré en présence du propre curé. Cette raison ne subsiste plus ; les six mois de résidence ne sont exigés maintenant que pour empêcher les mariages clandestins, faciliter les oppositions, et donner aux parents le temps de ramener des jeunes gens que la passion égare.

Le *Premier Consul* dit que ce but ne serait atteint qu'autant qu'on mettrait un intervalle d'un mois entre la publication au lieu du domicile et le mariage ; car il est possible, par exemple, qu'un jeune homme domicilié à Lyon forme une inclination à Paris ; et qu'après y être resté six mois, il envoie à Lyon la publication du mariage qu'il projette, dans un temps tellement mesuré, qu'aucune opposition ne puisse arriver à Paris avant qu'il soit marié.

Le C. *Tronchet* observe que les publications entraî-
nent nécessairement un délai de treize jours; mais
que d'ailleurs le terme de six mois permet aux parents
de suivre la conduite de leurs enfants.

Le C. *Regnaud* (de Saint-Jean-d'Angély) dit qu'en
autorisant les oppositions à la délivrance des certifi-
cats de publications, on forcerait le fils à venir plai-
der en main-levée au lieu où est le domicile du pere,
avant de passer outre au mariage.

Le C. *Réal* dit que le mariage n'a une véritable
publicité que dans le lieu où il est célébré.

Le C. *Regnaud* (de Saint-Jean-d'Angely) répond
que, par le fait, cette publicité n'existe plus, puisqu'on peut se présenter devant l'officier de l'état civil
à toutes heures; que le public ne va pas voir célébrer
les mariages, et que la célébration ne demande qu'un
moment.

Le *Premier Consul* dit que les oppositions sont trop
tardives si elles arrivent après le mariage; qu'il est
donc très important de placer un délai entre les publications et la célébration.

Le C. *Tronchet* dit qu'en effet un délai de treize
jours n'est pas suffisant. Il voudrait qu'on fixât un
délai plus long lorsque le mariage est célébré hors du
lieu du domicile.

L'article est adopté, sauf rédaction, et renvoyé au
titre *des actes destinés à constater l'état civil.*

ARTICLE 166.

Les deux publications ordonnées par l'art. 63,
au titre des *Actes de l'état civil* seront faites à
la municipalité du lieu où chacune des parties
contractantes aura son domicile.

167.

Néanmoins, si le domicile actuel n'est établi
que par six mois de résidence, les publications
seront faites en outre à la municipalité du dernier domicile.

Discussion du Conseil d'Etat.

Premiere rédaction. (Séance du 4 vendém. X, *t.* 1, *p.* 251.)

III (166). « La célébration du mariage sera précé-
« dée de deux publications. »

Le C. *Berlier* demande la suppression de cet article :
ses dispositions se trouvent avec plus de détails dans
le titre *des actes de l'état civil ;* il suffit donc de dire
au commencement de l'article IV (166) « Les deux pu-
« blications ordonnées par l'article... (63) du titre
« des actes de l'état civil, seront faites, etc. »

Cette proposition est adoptée.

ARTICLE 168.

Si les parties contractantes, ou l'une d'elles
sont, relativement au mariage, sous la puissance d'autrui, les publications seront encore
faites à la municipalité du domicile de ceux sous
la puissance desquels elles se trouvent.

169.

Le gouvernement, ou ceux qu'il préposera à
cet effet, pourront, pour des causes graves, dispenser de la seconde publication.

Discussion du Conseil d'Etat.

Premiere rédaction. (Séance du 4 vendém. X, *t.* 1, *p.* 252.)

V (169). « Le gouvernement, ou ceux qu'il prépo-
« sera à cet effet, pourront, pour des causes graves,
« dispenser desdites publications. »

Le C. *Berlier* combat en général le système des dispenses ; il y a, selon lui, plus d'abus à craindre, que
d'avantages à espérer de la faculté accordée même aux
magistrats les plus éminents, de déroger aux dispositions d'une loi : depuis dix ans, l'on n'accorde plus
de dispenses, et l'on n'a ouï ni plaintes, ni réclamations à ce sujet ; on n'en trouve même aucune dans
le travail des tribunaux consultés sur le projet de

code civil, projet qui ne ressuscitait point ce dangereux système.

Le C. *Berlier* ajoute que si, comme cela est probable, le gouvernement, occupé des grands intérêts de l'état, délègue la faculté dont il s'agit, on doit craindre que ses préposés n'en abusent pour accorder indéfiniment des dispenses à tous ceux qui en solliciteront, et que par-là la plupart des mariages ne deviennent clandestins.

Le C. *Boulay* dit qu'on préviendra cet abus par un réglement, lequel réservera au gouvernement le pouvoir de dispenser des deux publications.

Le C. *Tronchet* dit qu'autrefois l'on prenait des dispenses par un sentiment d'orgueil ; on dédaignait de laisser prononcer publiquement son nom.

Ces motifs avaient rendu très ordinaires les dispenses de deux publications au moins : mais ils n'existent plus ; et d'ailleurs le projet exige des causes réelles et puissantes, lorsqu'il dit, *pour causes graves.*

Les dispenses sont sur-tout nécessaires pour les mariages *in extremis.* On ne s'est pas encore prononcé sur ces sortes de mariages : or la question de leur validité se lie à celle des dispenses.

Le projet devrait au surplus constituer le gouvernement seul juge de la nécessité de dispenser des deux publications. La dispense de la seconde publication pourrait être abandonnée au préfet ; et ce serait ordinairement la seule qu'on solliciterait ; car rarement le mariage est assez pressé pour qu'on ne puisse pas faire une publication.

Le C. *Réal* dit que ce cas est rare sans doute ; mais qu'il suffit qu'il soit possible, pour que la loi doive y pourvoir.

Quant aux mariages *in extremis*, l'avis unanime de la section est qu'ils doivent être déclarés valables toutes les fois qu'ils n'ont pas été précédés de concubinage. Il y a différence d'opinion, entre les membres de la section, sur la validité des mariages *in extremis* que le concubinage aurait précédés.

Mais il y a d'autres cas d'urgence dont on a déja parlé. On a cité l'exemple d'un militaire, d'un ambassadeur, d'autres fonctionnaires qu'un ordre du gouvernement force à partir sans délai, lorsqu'ils sont près de se marier.

La section, en rédigeant cet article, avait le projet de proposer un réglement qui établit d'abord quelles dispenses seraient délivrées immédiatement par le gouvernement ; quelles dispenses seraient délivrées par ses agents ; ce réglement aurait ensuite fixé les causes pour lesquelles les dispenses pourraient être obtenues.

Le C. *Tronchet* dit que la loi doit déclarer qu'au gouvernement seul appartient de délivrer des dispenses dans tous les cas ; mais qu'il peut déléguer à des agents le pouvoir de dispenser de la seconde publication.

Le C. *Portalis* dit que si le gouvernement seul délivre des dispenses, elles ne seront obtenues que par ceux qui l'approchent : cependant elles peuvent être nécessaires à toutes les classes de citoyens ; elles le sont par-tout où il y a urgence. L'opinion a fait justice de la manie de prendre des dispenses par ton ; mais il faut favoriser les mariages, et ne pas rendre l'obtention des dispenses impossible au plus grand nombre de ceux qui en ont besoin. Par exemple, les marins doivent trouver dans les ports la facilité de contracter mariage avant un départ précipité : les mœurs et l'honnêteté publique exigent aussi quelquefois qu'un mariage accéléré prévienne des scandales.

Le C. *Tronchet* observe qu'il ne réserve au gouvernement que la dispense des deux publications, parcequ'elle ne doit être accordée que dans des cas très rares et pour les plus puissantes considérations ; mais que la dispense de la seconde publication pouvant être souvent nécessaire, elle serait accordée par des agents plus rapprochés de ceux qui ont besoin de l'obtenir.

Le C. *Berlier* trouve dans la réserve même proposée par le C. Tronchet, un exemple frappant de l'inégalité qu'une telle disposition placera parmi les citoyens.

La dispense des deux publications n'existera réellement que pour les citoyens résidant près du lieu où siege le gouvernement ; les délais ordinaires seront moindres pour les autres que le temps nécessaire pour obtenir des dispenses à Paris : tout cela ne prouve-t-il pas que le système des dispenses est vicieux en lui-même ?

Le C. *Regnaud* (de Saint-Jean-d'Angely) doute que les dispenses soient nécessaires. Depuis plusieurs années on n'en accorde plus, et cependant personne ne réclame.

Le *Premier Consul* dit que la loi ne peut vouloir que les femmes soient victimes des formalités, et qu'elles perdent l'occasion de contracter un mariage convenable, parceque le temps manque pour remplir les formes. Il est assez dans les habitudes des hommes de ne terminer leurs affaires qu'au dernier moment. Ainsi, pour se régler sur ces habitudes, on doit établir que la dispense de la seconde publication sera accordée toutes les fois qu'on le jugera nécessaire : elle réduit le délai du mariage à trois jours, ce qui suffit.ordinairement. A l'égard de la dispense des deux publications, il importe de déterminer les causes qui pourront la faire obtenir.

Le C. *Tronchet* dit qu'elle n'est nécessaire que dans le cas d'un ordre subit de départ.

Le *Premier Consul* ajoute que, cependant, par l'effet de l'éloignement du domicile, la dispense de la seconde publication pourrait différer le mariage de plus de trois jours ; qu'ainsi il y a un motif de donner plus de facilité pour l'obtention de la dispense des deux publications.

Le consul *Cambacérès* dit que la question est de savoir s'il est utile que la loi ne donne qu'au gouvernement seul le pouvoir de dispenser des deux publications.

Le C. *Boulay* dit que la section propose de décider

que le pouvoir d'accorder des dispenses n'appartient qu'au gouvernement ; mais qu'il peut déléguer le pouvoir de dispenser de la seconde publication.

Le C. *Berlier* craint que la faculté d'obtenir la dispense des deux publications ne favorise les mariages clandestins.

Le C. *Portalis* dit que le gouvernement ne peut être que difficilement trompé dans la concession des dispenses, depuis que les causes d'opposition sont réduites à deux qu'il lui est aisé de vérifier.

L'utilité des dispenses a été universellement reconnue dans tous les temps, dans tous les pays, dans tous les cultes : il faut donc en maintenir l'usage. Le gouvernement doit avoir à cet égard une certaine latitude. Le pouvoir ne lui serait pas nécessaire si les lois ne pouvaient statuer materiellement sur tous les cas ; mais comme jamais la loi ne pourra se plier à toutes les circonstances, il faut bien une main qui l'assouplisse.

Le C. *Berlier* dit que la loi doit régler seule tout ce qui concerne l'état civil, sans la coopération de l'homme autrement que pour appliquer ce qu'elle a prescrit.

Le C. *Portalis* dit que la loi, qui n'a ni yeux, ni oreilles, doit pouvoir être modifiée d'après ce que l'équité exige, suivant les circonstances, et suivant les inconvénients qu'elle produit dans les cas particuliers. On a vu des pays bien gouvernés par des hommes sans l'intervention des lois ; on n'en a jamais vu régis par les lois sans le concours des hommes.

Le conseil adopte en principe,

1º Qu'il y aura des dispenses ;

2º Qu'elles pourront être accordées pour la seconde publication ;

3º Qu'elles ne le seront jamais pour la premiere.

Le C. *Boulay* dit que, d'après cette décision, la loi peut dire que le gouvernement délivrera les dispenses ou par lui-même, ou par ses préposés.

Conférence. II.   4

ARTICLE 170.

Le mariage contracté en pays étranger entre
Français, et entre Français et étranger, sera valable s'il a été célébré dans les formes usitées dans
le pays, pourvu qu'il ait été précédé des publications prescrites par l'art. 63, au titre des *Actes
de l'état civil*, et que le Français n'ait point
contrevenu aux dispositions contenues au chapitre précédent.

Discussion du Conseil d'Etat.

Premiere rédaction. (Séance du 4 vendém. X, *t.* 1, *p.* 256.)

VIII (170). « Le mariage contracte en pays étran-
« ger entre Français, et entre Français et étranger,
« sera valable s'il a été célébré dans les formes usitées
« dans le pays, pourvu qu'il ait été précédé des publi-
« cations prescrites par l'article III (63), et qu'il n'ait
« point été contracté en contravention aux disposi-
« tions contenues au chapitre premier du présent
« titre.

« Et néanmoins le mariage contracté en pays étran-
« ger entre Français, ne sera valable qu'autant que,
« avant la célébration, l'une des deux parties contrac-
« tanctes y résiderait depuis six mois. »

Le C. *Réal* dit que quelques tribunaux, celui de
Bruxelles entre autres, ont craint que l'article XXVII
du projet de code civil ne favorisât des abus et des
fraudes. Quelques habitants des pays frontieres pourraient, en haine des lois françaises, contracter mariage en pays étranger, et se dispenser ainsi de pa-
raitre devant l'officier de l'état civil ; ils éluderaient
ainsi la disposition qui exige les six mois de domicile
en France. C'est pour obvier à ces fraudes et à ces
abus que la section a cru devoir présenter la rédaction actuelle, et sur-tout insérer la disposition qui termine l'article.

Le C. *Regnaud* (de Saint-Jean-d'Angely) dit que cette partie de l'article ne remplit pas les intentions de la section , puisque l'inobservation des formes n'est pas la seule contravention aux lois françaises qu'on puisse se permettre.

Le C. *Réal* répond que l'idée de la section est rendue, attendu que les dispositions fondamentales, indépendantes des formalités , sont consignées dans le chapitre premier , auquel l'article renvoie.

Le *Premier Consul* dit que l'article est trop général ; que, par exemple, le chapitre Ier , auquel il renvoie , ne permet pas aux filles de se marier avant l'âge de quinze ans, et que cependant aux Indes il est impossible de ne pas avancer cette faculté.

Le C. *Tronchet* dit qu'un Français demeure soumis aux lois de son pays par rapport au mariage ; mais que ces lois ne s'étendent pas à l'étrangere qu'il épouse ; qu'ainsi il lui est permis de prendre une fille à qui les lois du pays où il se trouve donnent la capacité de se marier ; qu'en conséquence il convient de rédiger l'article de maniere à faire appercevoir qu'il ne concerne que les Français.

Le C. *Defermon* observe que le climat influant également sur les enfants de Français, la disposition doit être étendue jusqu'à eux.

Le C. *Réal* dit qu'il sera nécessaire de faire au Code civil, en général , les exceptions qu'exigera la différence des climats et des habitudes dans les contrées séparées du continent.

L'amendement du C. *Tronchet* est adopté.

Le C. *Crétet* dit qu'il est difficile d'exiger qu'un Français qui réside depuis long-temps chez l'étranger, envoie publier son mariage à son domicile en France.

Le C. *Réal* dit que le dispenser de cette formalité , ce serait le dispenser aussi de prendre le consentement de sa famille lorsqu'il est mineur.

Le C. *Portalis* ajoute qu'on a l'exemple de doubles mariages contractés l'un en France, l'autre chez l'étranger.

Le C. *Tronchet* dit que dispenser le Français résidant chez l'étranger de faire publier son mariage
en France, ce ne serait point violer la disposition
relative au consentement de la famille. Il faut en effet
saisir l'ensemble du projet de loi. Or, on verra par la
suite que le défaut de consentement de la famille
n'annulle absolument le mariage que lorsqu'il y a
d'autres vices.

Le *Premier Consul* demande s'il est permis à un
Français de prendre domicile en pays étranger.

Le C. *Tronchet* pense qu'un Français établi chez
l'étranger, et qui ne s'est pas réservé d'habitation en
France, n'y a pas de domicile; qu'il devient donc impossible alors de publier son mariage en France, à
moins qu'on ne décide que la publication se fera au
dernier domicile connu.

Le *Premier Consul* dit qu'il faut aller plus loin, et
voir les Français qui, sans cesser de l'être, sont établis dans le Levant depuis plus de trente années.

Le C. *Portalis* dit que, d'après la raison alléguée
par le C. *Tronchet*, ils ne sont pas obligés de faire
publier leur mariage en France.

Le *Premier Consul* demande pourquoi on ne laisserait pas les Français suivre, à l'égard de leur mariage, les lois du pays où ils se trouvent.

Le C. *Réal* répond qu'avec cette faculté ils pourraient se marier au degré prohibé, et sans le consentement de leur pere.

Le C. *Tronchet* rappelle que la formalité de la publication est fondée sur le principe qu'il vaut mieux
prévenir un mariage vicieux que de l'annuller après
qu'il est contracté : ainsi la publicité des mariages se
lie à l'intérêt public.

Le *Premier Consul* dit que c'est aussi pour que
l'omission des publications ne prépare pas unen ullité,
qu'il convient de ne les pas ordonner lorsqu'elles sont
impossibles, et qu'évidemment elles ne seraient pas
faites : il faut donc se borner à exiger les conditions
prescrites par le chapitre Ier.

Le C. *Tronchet* dit que la formalité des publications est établie précisément pour empêcher les contraventions aux dispositions de ce chapitre.

Le *Premier Consul* demande pourquoi le projet ne s'explique pas sur les mariages contractés en France par des étrangers.

Le C. *Réal* répond que c'est parcequ'un article déja adopté par le conseil décide en général que les étrangers résidant en France sont soumis aux lois françaises.

Le *Premier Consul* dit que la seconde partie de l'article est inutile, puisque l'article III (167) exige en général que les publications soient faites au lieu du domicile, indépendamment du lieu où l'individu a six mois de résidence.

Le conseil adopte la premiere partie de l'article.

La seconde est retranchée, d'après la réflexion faite par le premier consul.

ARTICLE 171.

Dans les trois mois après le retour du Français sur le territoire de la république, l'acte de célébration du mariage contracté en pays étranger sera transcrit sur le registre public des mariages du lieu de son domicile.

Discussion du Conseil d'Etat.

Premiere rédaction. (Séance du 4 vendém. X, *t.* 1, *p.* 258.)

Le C. *Defermon* demande pourquoi l'exécution de cet article n'est pas assurée par une disposition pénale.

Le C. *Réal* répond que cette disposition pénale n'appartient pas au code civil, et que sa place naturelle est dans les lois sur l'enregistrement, où déja elle se trouve.

Le C. *Tronchet* voudrait que la peine de la contravention fût une amende, indépendamment du double droit.

L'article est adopté.

Rédaction communiquée au Tribunat.

XXII (171). « Trois mois après le retour du Fran-
« çais sur le territoire de la république, l'acte de célé-
« bration du mariage contracté en pays étranger sera
« transcrit sur le registre public des mariages du lieu
« de son domicile.

Observations du Tribunat.

Au lieu de ces mots « trois mois après » on pense
qu'il faut dire « dans les trois mois après, etc... »
autrement on pourrait croire que la transcription
exigée par cet article peut et même ne doit être faite
qu'après l'expiration des trois mois, tandis qu'il est
dans l'intention de la loi que les trois mois forment
le délai pendant lequel cette transcription doit avoir
lieu.

CHAPITRE III.
Des Oppositions au mariage.

172. Le droit de former opposition à la célébration du mariage appartient à la personne engagée par mariage avec l'une des deux parties
contractantes.

Rédaction communiquée au Tribunat.

XXIII (172). Le droit de former opposition à la
« célébration du mariage est accordé à la personne
« engagée par mariage avec l'une des deux parties
« contractantes. »

Observations du Tribunat.

On propose de substituer le mot « appartient » aux
mots « est accordé. »

On se fonde sur ce que le projet ayant établi en
principe, article IV (147), qu'on ne peut contracter
un second mariage avant la dissolution du premier,

il en résulte la conséquence évidente que le droit de
former opposition appartient nécessairement à la personne engagée par mariage avec l'une des deux parties contractantes.

ARTICLE 173.

Le père, et, à défaut du père, la mere, et, à
défaut de pere et mere, les aïeuls et aïeules, peuvent former opposition au mariage de leurs enfants et descendants, encore que ceux-ci aient
vingt-cinq ans accomplis.

Discussion du Conseil d'Etat.

Premiere rédaction. (Séance du 4 vendém. X, *t.* I, *p.* 259.)

I (173). « Le pere, et, à son défaut, la mere, et, à
« leur défaut, les aïeuls et aïeules, peuvent former
« opposition au mariage de leurs enfants et descen-
« dants, encore que ceux-ci aient vingt-cinq ans
« accomplis. »

Le consul *Lebrun* dit que la rédaction n'est pas
assez claire ; qu'il faudrait dire, « Le pere, et, à son
« défaut, la mere; au défaut du pere et de la mere, les
« aïeuls; et, au défaut d'aïeuls, les aïeules, peuvent,
« etc... »

L'article est adopté avec cet amendement.

ARTICLE 174.

A défaut d'aucun ascendant, le frere ou la
sœur, l'oncle ou la tante, le cousin ou la cousine germains, majeurs, ne peuvent former opposition que dans les deux cas suivants :

1° Lorsque le consentement du conseil de famille, requis par l'article 160, n'a pas été obtenu;

2° Lorsque l'opposition est fondée sur l'état
de démence du futur époux; cette opposition,

dont le tribunal pourra prononcer main-levée pure et simple, ne sera jamais reçue qu'à la charge par l'opposant de provoquer l'interdiction, et d'y faire statuer dans le délai qui sera fixé par le jugement.

Discussion du Conseil d'Etat.

Premiere rédaction. (Séance du 4 vendém. X, *t.* i, *p.* 259.)

II (174). « A défaut d'aucuns ascendants, l'oncle ou « la tante, le frere ou la sœur, le cousin ou la cou- « sine germains, majeurs, ne peuvent former oppo- « sition que dans les deux cas suivants :

1° « Lorsque le consentement du conseil de famille, « requis par l'article...., n'a pas été obtenu ou sup- « pléé, conformément à l'article....

2° « Lorsque l'opposition est fondée sur l'état de « démence du parent; et cette opposition n'est reçue « qu'à la charge, par l'opposant, de provoquer l'in- « terdiction, et d'y faire statuer dans le délai qui sera « fixé par le jugement. »

Le *Premier Consul* demande si les personnes désignées par cet article peuvent former opposition, indépendamment l'une de l'autre, ou si elles n'ont ce droit que concurremment.

Le C. *Tronchet* répond que la nature des deux causes qui autorisent des oppositions rend l'alternative indifférente.

Le C. *Defermon* demande la suppression de la disposition qui porte que l'opposant sera tenu de provoquer l'interdiction, parceque cette condition pourrait devenir un moyen de suspendre le mariage par une opposition fondée sur une fausse supposition de démence, et par les retards qu'on mettrait à provoquer l'interdiction.

Le C. *Tronchet* répond que le juge, en ce cas, userait du droit qui lui appartient, de faire comparaitre d'office le prévenu de démence, de l'examiner, et de prononcer la main-levée de l'opposition , s'il la trouve mal fondée.

Le C. *Boulay* ajoute que d'ailleurs l'article n'oblige pas celui sur qui l'opposition est formée d'attendre l'opposant, et qu'il lui est libre de se pourvoir.

Le C. *Tronchet* dit qu'il est libre aux tribunaux de ne pas recevoir l'opposition , et d'ordonner qu'on passera outre ; mais, pour ne laisser aucune équivoque , la loi pourrait exprimer cette faculté.

L'article est adopté, avec l'amendement du C. *Tronchet.*

Rédaction communiquée au Tribunat.

XXV (174). « A défaut d'aucun ascendant, le « frere ou la sœur, l'oncle ou la tante, le cousin ou la « cousine germains, majeurs, ne peuvent former op- « position que dans les deux cas suivants :

1° « Lorsque le consentement du conseil de famille, « requis par l'article..., n'a pas été obtenu ou sup- « pléé conformément à l'article....

2° « Lorsque l'opposition est fondée sur l'état de « démence du parent ; et cette opposition, dont le tri- « bunal pourra prononcer main-levée pure et simple, « ne sera jamais reçue qu'à la charge, par l'opposant, « de provoquer l'interdiction, et d'y faire statuer dans « le délai qui sera fixé par le jugement. »

Observations du Tribunat.

La section est d'avis qu'à la suite des mots « le cousin ou la cousine germains, majeurs » on ajoute ceux-ci « le tuteur et le curateur. »

Il a paru convenable que dans les deux cas prévus par cet article, savoir, le cas de démence, et celui où le consentement de famille n'aurait pas été obtenu, le tuteur et le curateur pussent former opposition au mariage de ceux dont la personne était confiée à leur surveillance.

La section vote la suppression des mots « ou sup- « pléé, conformément à l'article... » comme ajoutés

par erreur, puisqu'ils sont inapplicables à ce qui pré-
cede et à ce qui suit.

« Lorsque l'opposition est fondée sur l'état de démence du parent, etc. ». La section pense qu'il faut
dire : « lorsque l'opposition est fondée sur l'état de
démence du futur époux. »

Cette substitution des mots *futur époux* au mot
« parent » est motivée sur ce que le tuteur et le curateur devant avoir également le droit de former
opposition, il est possible que l'opposition soit formée par un individu qui ne soit pas parent; d'où
résulte la nécessité d'une expression plus générique.

« Et cette opposition, dont le tribunal pourra prononcer la main-levée pure et simple, etc. »

Il peut arriver, a-t-on dit, des circonstances où
l'opposition motivée sur l'état de démence serait si
évidemment absurde qu'il y aurait trop d'inconvénients à ce qu'elle arrêtât une célébration de mariage qui serait sur le point d'être faite. Il parait
que les rédacteurs du projet ont parfaitement senti
cette vérité ; et en effet ils n'auraient pas dit que le tribunal pouvait prononcer la main-levée pure et simple
de l'opposition, s'ils n'eussent pas entendu prévoir le
cas où il serait inutile d'appeler l'opposant. Mais pour
qu'il ne puisse pas s'élever le moindre doute sur le
véritable sens de la disposition précitée, on propose
d'ajouter *sur requête, et sans appel.*

La section a pensé qu'il convient de placer entre
l'art. XXV (174) et l'art. XXVI (176) une disposition
pénale contre ceux qui auraient formé des oppositions
sans avoir aucune des qualités auxquelles la loi aurait
attaché ce droit.

La rédaction suivante est adoptée :

« Nulle autre que les personnes désignées dans les
« articles précédents, ne pourra former opposition à
« la célébration d'un mariage, à peine d'une amende
« qui ne pourra excéder trois cents francs, et ce, sans
« préjudice des dommages-intérêts qui pourraient

« être prononcés contre l'opposant déclaré non rece-
« vable. »

Sur cet article on observe qu'il importe que les parties intéressées aient une parfaite connaissance, dès que l'opposition paraît, et des qualités de l'opposant, et des motifs de l'opposition ; et que de plus on ne soit pas tenu de l'aller chercher dans un autre lieu que celui où le mariage doit être célébré.

ARTICLE 175.

Dans les deux cas prévus par le précédent article, le tuteur ou curateur ne pourra, pendant la durée de la tutele ou curatele, former opposition qu'autant qu'il y aura été autorisé par un conseil de famille qu'il pourra convoquer.

176.

Tout acte d'opposition énoncera la qualité qui donne à l'opposant le droit de la former ; il contiendra élection de domicile dans le lieu où le mariage devra être célébré ; il devra également, à moins qu'il ne soit fait à la requête d'un ascendant, contenir les motifs de l'opposition ; le tout à peine de nullité, et de l'interdiction de l'officier ministériel qui aurait signé l'acte contenant opposition.

Discussion du Conseil d'Etat.

Premiere rédaction. (Séance du 4 vendem. X, *t.* 1, *p.* 260.)

IV (176). « Tout opposant sera tenu d'élire domi-
« cile dans le lieu où le mariage doit être célébré. »

Le C. *Defermon* observe que les opposants ignoreront le lieu où le mariage doit être célébré ; qu'il serait donc préférable de leur permettre d'élire domicile dans le lieu où se trouve celui au mariage duquel ils forment opposition.

Le C. *Boulay* répond que les publications énoncent le lieu de la célébration du mariage.

Le C. *Emmery* ajoute que, pour assurer l'effet de son opposition, l'opposant ne manquera pas de la former également et au domicile du futur époux et au domicile de la future épouse.

L'amendement du C. Defermon est rejeté, et l'article est adopté.

Rédaction communiquée au Tribunat.

XXVI (176). « Tout opposant sera tenu d'élire « domicile dans le lieu où le mariage doit être cé- « lébré. »

Observations du Tribunat.

Comme cet article n'a pas pourvu aux divers points de l'article précédent, on propose de substituer la rédaction suivante :

« Tout acte d'opposition énoncera la qualité qui « donne à l'opposant le droit de la former, et les mo- « tifs de son opposition, et contiendra élection de « domicile dans le lieu où le mariage doit être célébré, « à peine d'interdiction contre l'officier ministériel « dont l'acte ne contiendrait pas ces énonciations. »

ARTICLE 177.

Le tribunal de première instance prononcera dans les dix jours sur la demande en main-levée.

178.

S'il y a appel, il y sera statué dans les dix jours de la citation.

179.

Si l'opposition est rejetée, les opposants, autres néanmoins que les ascendants, pourront être condamnés à des dommages-intérêts.

Discussion du Conseil d'Etat.

Premiere Rédaction. (Séance du 4 vendém. X, *t.* 1, *p.* 260.)

Les articles V (177, 178) et VI (179) sont adoptés ainsi qu'il suit :

V (177, 178). « La demande en main-levée d'op-
« position sera portée devant les tribunaux ordi-
« naires.

« Le délai pour la conciliation sera de trois jours.

« Le tribunal de premiere instance prononcera
« dans la décade.

« Et s'il y a appel, il sera statué dans la décade
« de la citation, et sans qu'il soit besoin de recourir à
« conciliation.

VI (179). « Si l'opposition est rejetée, les oppo-
» sants, autres que les ascendants, pourront être
« condamnés en des dommages et intérêts. »

Rédaction communiquée au Tribunat.

XXIX (178). « S'il y a appel, il y sera statué dans
« la décade de la citation, et sans qu'il soit besoin de
« recourir à la conciliation. »

Observations du Tribunat.

On propose et la section vote la suppression des mots « et sans qu'il soit besoin de recourir à la conciliation. »

Le motif est que, d'après les lois actuellement existantes, le recours à la conciliation n'a plus lieu en cause d'appel.

CHAPITRE IV.
Des Demandes en nullité de mariage.

180. Le mariage qui a été contracté sans le consentement libre des deux époux, ou de l'un d'eux, ne peut être attaqué que par les époux,

ou par celui des deux dont le consentement n'a pas été libre.

Lorsqu'il y a eu erreur dans la personne, le mariage ne peut être attaqué que par celui des deux époux qui a été induit en erreur.

181.

Dans le cas de l'article précédent, la demande en nullité n'est plus recevable, toutes les fois qu'il y a eu cohabitation continuée pendant six mois, depuis que l'époux a acquis sa pleine liberté, ou que l'erreur a été par lui reconnue.

Discussion du Conseil d'Etat.

Première rédaction. (Séance du 4 vendém. X, *t.* 1, *p.* 261.)

II. « La nullité résultant de ce qu'un mariage a été « contracté par l'effet d'un rapt ou de la violence exer- « cée envers l'un des époux, peut être invoquée, soit « par celui des époux qui a subi cette violence, soit « par ses pere et mere, aïeul ou aïeule.

« Néanmoins la demande n'en pourra être admise « s'il y a des enfants vivants, ou si, quoiqu'il n'y ait « pas d'enfants vivants, les époux ont cohabité pen- « dant une année révolue, et s'il n'y a pas preuve de « la continuation de violence. »

Le C. *Maleville* demande pourquoi le conseil de famille n'exercerait pas les droits des ascendants lors-qu'ils sont morts.

Le *Premier Consul* dit qu'il faut d'abord convenir du principe : admettra-t-on l'allégation de la violence, sur-tout à l'égard de l'homme, lorsque le mariage est consommé?

Le C. *Tronchet* dit que la preuve de la consomma-tion du mariage serait aussi contraire aux mœurs qu'elle est impossible; que d'ailleurs la violence va jusque-là.

Le *Premier Consul* dit que, dans le principe, il n'y a point de contrat s'il y a violence, mais que la consommation du mariage forme le contrat par les sens ; qu'en effet la difficulté est de la constater.

L'indice le plus clair est la procréation des enfants : cependant le mari peut soutenir qu'il n'en est pas le pere ; ainsi la grossesse ne donne qu'une preuve incertaine.

Le C. *Boulay* dit que la section admet aussi que la volonté et le consentement tacite peuvent effacer le vice de violence, qui, dans le principe, détruisait la validité du mariage ; que, sous ce rapport, elle a admis deux exceptions ; savoir, la cohabitation continuée, et la survenance d'enfants.

Le consul *Cambacérès* dit que la loi pourrait ne pas entrer dans tous ces détails, et laisser aux juges à prononcer d'après les circonstances et les faits particuliers ; qu'il suffit de n'ouvrir les réclamations qu'aux peres et aux meres, afin d'exclure les collatéraux.

Le C. *Réal* dit que la section n'a fait que rédiger en projet de loi la jurisprudence existante.

Le consul *Cambacérès* dit que les tribunaux suivent d'eux-mêmes cette jurisprudence.

Le *Premier Consul* dit que la jurisprudence est le résultat composé d'une foule de dispositions ; qu'ainsi, si la loi devait la reproduire, il faudrait que ses articles fussent multipliés à l'infini.

Le C. *Tronchet* partage l'opinion du consul *Cambacérès*. Dans ces matieres, dit-il, tout dépend des circonstances et des faits. On peut donc se borner à dire que le recours ne demeurera ouvert que tant que la continuation de la violence sera prouvée.

Le *Premier Consul* propose de donner encore un terme de trois mois après la cessation de la violence.

Le C. *Tronchet* adopte cet amendement.

Le *Ministre de la justice* observe que ce terme de trois mois est même trop long ; que la réclamation doit suivre immédiatement le moment où la violence a cessé ; que toute cohabitation postérieure est une véritable ratification.

Le *Premier Consul* fait une autre observation : il

dit qu'il faut distinguer la violence dont l'effet a conduit la personne violentée devant l'officier de l'état civil, de toute autre espece de violence. Quand la violence a eu cet effet, il y a une apparence de mariage que la cassation doit détruire; dans les autres cas de violence, il n'y a pas même de mariage.

Le C. *Tronchet* dit qu'on ne peut concevoir de violence devant l'officier public, qu'autant que l'officier public aurait été violenté lui-même; mais qu'alors, n'y ayant pas de consentement, il n'y a pas de mariage.

Le *Premier Consul* répond qu'il entend parler d'une violence morale et cachée, résultant de la faiblesse de l'âge et de la tyrannie des familles: elle peut être telle, qu'elle contraigne la personne violentée à donner un consentement apparent devant l'officier de l'état civil; mais comme alors il n'y a pas de consentement réel, il n'y a aussi de mariage qu'en apparence. Le mot *violence* qu'emploie la section, est trop pris dans le sens physique; il serait bon de trouver un terme plus générique.

Le C. *Réal* dit que la section n'a pas dû, dans cet article, définir la violence, ni établir comment la preuve serait faite; elle laisse à ce mot son acception morale et physique; elle suppose la preuve établie; et alors son objet est et doit être uniquement de désigner dans cet article ceux qui, en cas de violence, pourraient réclamer, et à qui la loi donnerait l'action.

La premiere partie de l'article est adoptée.

La seconde est supprimée.

III (180, 181) « La nullité résultant de ce que, dans
« un mariage, il y a eu erreur sur la personne que
« l'une des deux parties avait intention d'épouser, n'ap-
« partient qu'à celui des époux qui a été dans l'erreur ;
« elle est couverte par trois mois de cohabitation. »

Le C. *Fourcroy* pense qu'il ne faut pas trois mois pour reconnaitre physiquement la supposition de personne, et que s'il s'agit d'une erreur morale, il est difficile de fixer un terme à sa reconnaissance, et à la faculté de se soustraire à ses effets.

Le *Premier Consul* dit que ce terme n'est pas trop long, puisque l'identité dont il s'agit n'est pas seulement l'identité physique, mais encore l'identité morale du nom, de l'état, et des autres circonstances qui ont déterminé le choix de la personne : peut-être même que l'erreur ne devrait être couverte par aucun laps de temps ; car tout contrat frauduleux est essentiellement faux.

Le C. *Tronchet* dit que la nullité venant alors du défaut de consentement, le recours doit être ouvert indéfiniment et tant que l'erreur subsiste, sur-tout dans le système où l'on a égard à l'erreur sur le nom, sur l'état, enfin sur l'identité morale.

Le *Premier Consul* dit que cependant la moralité pourrait défendre la dissolution du mariage contracté par erreur avec une aventurière, si, par une bonne conduite long-temps soutenue, elle avait fait le bonheur de son mari.

Le C. *Tronchet* répond que si le mari est satisfait de son épouse, il ne fera pas valoir la nullité de son mariage.

Au surplus, en y réfléchissant, on conçoit que l'intérêt des enfants doit faire mettre un terme à la faculté de la réclamer.

Le consul *Cambacérès* dit que cette disposition rencontrera de grandes difficultés dans la pratique. La femme prétendra qu'elle s'est fait connaître à son mari ; et le mari sera réduit à l'impuissance de prouver qu'il a été trompé.

Le *Premier Consul* dit que le nom et les qualités civiles tiennent aux idées sociales ; mais qu'il y a quelque chose de plus réel dans les qualités morales, comme l'honnêteté, la douceur, l'amour du travail et autres semblables. Si ces qualités doivent influer beaucoup sur le choix d'une épouse, pourra-t-on dire que celui-là a été trompé, qui les trouve dans la personne

Conférence. II.   5

qu'il s'est associée, quoiqu'il se soit mépris sur de simples accessoires?

Le C. *Tronchet* dit qu'on ne peut pas supposer de vertu dans celle qui s'est présentée sous le nom d'une autre.

Le *Premier Consul* dit qu'elle peut avoir été de bonne foi; que son tuteur peut l'avoir trompée elle-même, et qu'elle peut n'avoir connu son véritable état que long-temps après son mariage.

Le C. *Tronchet* dit que, dans ce cas, l'erreur ne tombe pas sur l'individu, mais sur ses qualités.

Le *Premier Consul* dit qu'il n'y a pas véritablement erreur sur la personne, quand l'individu qu'on a épousé était physiquement présent au moment où l'on donnait son consentement: il n'y a de véritable erreur de personne que quand un individu est substitué physiquement à un individu; et alors seulement le mariage est radicalement nul. L'erreur sur les qualités ne doit pas vicier le mariage, lorsqu'elle ne procede pas du fait de l'individu sur lequel elle tombe; ainsi l'article confond mal-à-propos ces diverses sortes d'erreurs.

Le C. *Tronchet* dit qu'il a été reconnu que l'erreur annulle le mariage; qu'il ne s'agit plus maintenant que de savoir dans quel cas elle opere cet effet. Or l'erreur dépendant de circonstances qui se diversifient tellement à l'infini que la loi ne peut toutes les embrasser, la loi doit ne poser que le principe, et ne pas aller jusqu'à déterminer les divers cas où il y a erreur.

Le *Premier Consul* dit que lorsqu'il y a erreur physique, elle opere toujours, et dans tous les temps, la nullité du mariage; que cependant, comme le mariage existe en apparence, il faut que l'autorité prononce qu'il n'existe pas réellement. Si, au contraire, l'erreur ne porte que sur les qualités, et qu'il n'y ait pas de fraude de la part de l'individu sur lequel elle porte, le temps et la survenance d'enfants doivent couvrir le vice originaire du mariage, parceque ces circonstances indiquent qu'il a été effacé par un consentement postérieur.

Il faut que la loi explique et distingue toutes ces choses; et c'est ce que l'article ne fait pas. On n'entend pas ce qu'il appelle *erreur de personne*.

Le C. *Boulay* dit que l'article n'est destiné qu'à poser le principe.

Le C. *Thibaudeau* dit que si l'on raisonnait d'un individu dans l'état de nature, dans l'ordre purement physique, on pourrait prétendre qu'il n'y a point erreur de personne quand on épouse la femme dont les charmes et les qualités physiques et morales ont déterminé le mariage, en un mot identiquement celle que l'on a voulu épouser. Mais il en est autrement dans l'ordre social; car cette femme, comme tous les individus, a des qualités essentielles qui constituent son existence, qui la *personnalisent*, pour ainsi dire; et si, croyant épouser l'individu qui a ces qualités, on en a épousé un qui ne les avait pas, il y a véritablement erreur de personne. Du moins cela a toujours été ainsi entendu en droit; et c'est dans ce sens que le mot *personne* a constamment été pris.

Le C. *Tronchet* dit que les tribunaux ont demandé qu'on évitât le mot *personne*, et qu'on se servît du mot *individu*.

Le *Premier Consul* voudrait que le mariage fût déclaré nul toutes les fois, 1° qu'il y aurait erreur sur l'identité de l'individu; 2° qu'il y aurait erreur sur la famille, et que l'individu en serait complice; que, dans tous ces cas, le mariage fût valable s'il était consommé et qu'il en fût né des enfants.

L'article est renvoyé à un nouvel examen de la section.

L'article IV est adopté; il est ainsi conçu:

« La nullité résultant de ce qu'un mariage a été con-
« tracté par un interdit pour démence ou fureur, ou
« par un sourd-muet, peut être réclamée par les pere
« et mere, aïeul ou aïeule, ou curateur de l'interdit
« ou du sourd-muet. »

Nota. Cet article a été supprimé.

Rédaction communiquée au Tribunat.

XXXI (180). « Le mariage qui a été contracté sans
« le consentement libre des deux époux, ou de l'un
« d'eux ne peut être attaqué que par les époux, ou par
« celui des deux dont le consentement a été forcé. »

« Lorsqu'il y a eu erreur dans la personne, le ma-
« riage ne peut-être attaqué que par celui des deux
« époux qui a été induit en erreur. »

Observations du Tribunat.

Au lieu des mots «dont le consentement a été
forcé» on propose de dire : «dont le consentement
n'a pas été libre.»

On pense que ce léger changement rendra mieux la
pensée tout entière de la loi, vu que la disposition
s'appliquera dès-lors beaucoup plus clairement au défaut de liberté morale, comme au défaut de liberté
physique.

Rédaction communiquée au Tribunat.

XXXIII (181). « Dans le cas des articles précédents
« la demande en nullité n'est plus recevable, toutes
« les fois qu'il y a eu cohabitation continuée pendant
« un an depuis que l'époux a acquis sa pleine liberté,
« ou que l'erreur a été par lui reconnue. »

Observations du Tribunat.

On trouve que le laps d'une année exigé par cette
disposition, pour que la demande en nullité ne soit
plus recevable, est un terme trop long, et que d'a-
près les conditions sans lesquelles cette fin de non-recevoir ne peut avoir lieu, un intervalle de six mois
est suffisant.

ARTICLE 182.

Le mariage contracté sans le consentement
des pere et mere, des ascendants ou du conseil

de famille, dans les cas où ce consentement était nécessaire, ne peut être attaqué que par ceux dont le consentement était requis, ou par celui des deux époux qui avait besoin de ce consentement.

Rédaction communiquée au Tribunat.

XXIV (182). « Le mariage contracté sans le con-
« sentement des pere et mere, des ascendants, ou du
« conseil de famille, dans les cas où ce consentement
« pouvait être nécessaire, ne peut être attaqué que
« par ceux dont le consentement était requis, ou par
« celui des deux époux qui avait besoin de ce consen-
« tement. »

Observations du Tribunat.

Il y a des cas où le consentement du tuteur ou curateur est nécessaire pour la validité du mariage. L'article X (159) du projet en cite un exemple.

D'après ce motif, on propose et la section vote l'addition des mots « du tuteur ou du curateur » à la suite de ceux-ci « des ascendants ou du conseil de famille. »

La section desire aussi que dans le même article, au lieu des mots «pourrait être nécessaire» il soit dit «était nécessaire». Cette derniere expression étant plus formelle, a paru mieux répondre au vœu de la loi.

ARTICLE 183.

L'action en nullité ne peut plus être intentée ni par les époux, ni par les parents dont le consentement était requis, toutes les fois que le mariage a été approuvé expressément ou tacitement par ceux dont le consentement était nécessaire, ou lorsqu'il s'est écoulé une année sans réclamation de leur part depuis qu'ils ont eu connaissance du mariage. Elle ne peut être intentée non plus par l'époux lorsqu'il s'est écoulé une année sans réclamation de sa part depuis qu'il a atteint l'âge compétent pour consentir par lui-même au mariage.

Rédaction communiquée au Tribunat.

XXXV (183). « L'action en nullité ne peut plus « être intentée ni par les époux, ni par les parents « dont le consentement était requis, toutes les fois que « le mariage a été approuvé expressément ou tacite« ment par ceux dont le consentement était nécessaire, « ou lorsqu'il s'est écoulé une année sans réclamation « de leur part, depuis qu'ils ont eu connaissance du « mariage. »

Observations du Tribunat.

Lorsque l'enfant est parvenu à l'âge compétent pour se marier, et qu'il a laissé une année s'écouler sans réclamer contre le défaut de consentement, il parait juste qu'il ne soit plus reçu dans la réclamation qu'il voudrait faire. Son silence pendant ce laps de temps doit équivaloir à une approbation.

Une nouvelle rédaction est présentée et approuvée ; elle est ainsi conçue :

« L'action en nullité ne peut plus être intentée « ni par les époux, ni par ceux dont le consentement « était requis, toutes les fois que le mariage a été ap« prouvé expressément ou tacitement par ceux dont « le consentement était nécessaire, ou lorsqu'il s'est « écoulé une année sans réclamation de leur part, « depuis qu'ils ont eu connaissance du mariage.

« Elle ne peut plus être intentée non plus par « l'époux, lorsqu'il s'est écoulé une année sans récla« mation de sa part, depuis qu'il a atteint l'âge compé« tent pour consentir lui-même au mariage. »

ARTICLE 184.

Tout mariage contracté en contravention aux dispositions contenues aux articles 144, 147, 161, 162 et 163, peut être attaqué, soit par les époux eux-mêmes, soit par tous ceux qui y ont intérêt, soit par le ministere public.

Rédaction communiquée au Tribunat.

XXXVI (184). « Tout mariage contracté en con-
« travention à quelques unes des autres dispositions
« du chapitre Ier du présent titre, peut être attaqué
« par les époux eux-mêmes, soit par tous ceux qui y
« ont intérêt, soit par le ministere public. »

Observations du Tribunat.

Cette expression « à quelques unes des autres dis-positions » a paru trop vague. D'ailleurs l'article XXXVI (184) ne doit se référer qu'aux dispositions du chapitre Ier, non relatives au défaut de consente-ment; car, à l'égard des dispositions relatives à ce défaut, d'autres articles ont réglé quelles sont les personnes qui peuvent attaquer le mariage.

En conséquence on propose de commencer ainsi cet article :

« Tout mariage contracté en contravention aux dis-
« positions des articles II, IV, XII, XIII, XIV (144,
« 147, 161, 162 et 163) du titre Ier, etc. »

ARTICLE 185.

Néanmoins le mariage contracté par des époux qui n'avaient point encore l'âge requis, ou dont l'un des deux n'avait point atteint cet âge, ne peut plus être attaqué, 1° lorsqu'il s'est écoulé six mois depuis que cet époux ou les époux ont atteint l'âge compétent; 2° lorsque la femme, qui n'avait point cet âge, a conçu avant l'échéance de six mois.

186.

Le pere, la mere, les ascendants et la famille qui ont consenti au mariage contracté dans le cas de l'article précédent, ne sont point recevables à en demander la nullité.

187.

Dans tous les cas où, conformément à l'article 184, l'action en nullité peut être intentée par tous ceux qui ont un intérêt, elle ne peut l'être par les parents collatéraux, ou par les enfants nés d'un autre mariage, du vivant des deux époux, mais seulement lorsqu'ils y ont un intérêt né et actuel.

188.

L'époux au préjudice duquel a été contracté un second mariage, peut en demander la nullité, du vivant même de l'époux qui était engagé avec lui.

189.

Si les nouveaux époux opposent la nullité du premier mariage, la validité ou la nullité de ce mariage doit être jugée préalablement.

190.

Le commissaire du gouvernement, dans tous les cas auxquels s'applique l'article 184, et sous les modifications portées en l'article 185, peut et doit demander la nullité du mariage du vivant des deux époux, et les faire condamner à se séparer.

Discussion du Conseil d'Etat.

Prem. rédact. (Séance du 4 vend. X, *t.* 1, *p.* 261, 266, 275.)

I (185). « La nullité résultant de ce qu'un mariage « aurait été contracté avant que les époux eussent

« atteint l'âge requis par la loi, peut être réclamée par
« les époux, ou l'un d'eux.

« Ils sont non-recevables à la demander, 1° s'il s'est
« écoulé six mois depuis l'âge exigé par l'article...,
« 2° si la femme à conçu avant l'époque de la récla-
« mation. »

L'article est adopté.

V (188). « La nullité résultant de ce qu'un mariage
« aurait été contracté avant la dissolution légale d'un
« premier mariage d'un des époux, peut être réclamée
« par l'époux qui était lié, par ses pere et mere, ou
« aïeul et aïeule, et par le ministere public. »

Le C. *Bigot-Préameneu* dit qu'on a trop resserré
le droit de réclamer la nullité du second mariage : il
doit appartenir non seulement à celui des époux qui
se trouvait lié par le premier mariage, mais encore
aux enfants qui en sont issus, et même au bigame ;
car il faut qu'il puisse réparer le délit qu'il a commis.

Le C. *Emmery* dit qu'il serait inconvenant qu'une
femme, que des enfants eussent une action criminelle
contre leur mari ou leur pere ; qu'il ne le serait pas
moins que le bigame pût venir arguer de sa propre
turpitude ; et que, pour éviter ces inconvénients, la
section avait cru devoir autoriser le ministere public
à intervenir, parceque toutes ces personnes, à qui la
pudeur semble interdire la faculté d'actionner, pourraient exciter la partie publique.

Le *Ministre de la justice* demande la suppression de
l'article, parcequ'il donne à une nullité absolue le
caractere d'une nullité simplement relative.

La bigamie est un crime ; on ne peut donc attribuer aucun effet au mariage contracté au préjudice
d'un premier mariage légal subsistant. Ouvrir alors
une action à telle ou telle personne, c'est supposer
que ce second mariage a besoin d'être attaqué pour
être nul ; il l'est de plein droit.

Le C. *Portalis* dit que l'action civile contre le second mariage doit être ouverte à tous ceux qui ont
intérêt de l'attaquer. En effet, si le premier mariage

était vicieux, le second serait régulier ; et le second n'est vicieux que lorsque le premier ne l'est pas : ainsi le débat peut s'ouvrir sur cette double question, qui sous ce rapport est purement civile.

Le délit de celui qui est devenu bigame, du moins par l'intention, présente une question différente, laquelle seule appartient au droit criminel. Ces motifs justifient l'opinion du C. Bigot-Préameneu.

Le *Ministre de la justice* partage cet avis; mais il attaque la rédaction, parcequ'elle ne présente pas ce sens et qu'elle est trop générale. Il propose de dire : «Avant la dissolution légale d'un premier mariage « *déja attaqué.* »

Le C. *Portalis* observe qu'un mariage peut être nul sans être attaqué, et que conséquemment, si on contracte un second mariage, ce second mariage n'est annullé qu'autant qu'à l'époque où on réclame contre le second mariage, on n'est point autorisé à faire prononcer la nullité du premier.

L'article est adopté avec l'amendement du C. Bigot-Préameneu.

VI (184). « La nullité résultant de ce qu'un mariage « aurait été contracté entre parents ou alliés aux degrés « prohibés, peut être réclamée par les époux ou l'un « d'eux, par leurs pere et mere, ou aïeul et aïeule, « par leurs freres et sœurs, et même par le ministere « public, dans le cas où il n'écheoit pas d'accorder des « dispenses.

XI (187). « Les héritiers ne sont pas recevables à « attaquer de nullité le mariage pendant la vie du conjoint dont ils sont parents; et ils ne le peuvent, au « décès de ce conjoint, qu'autant qu'ils y ont un intérêt civil et personnel, et dans les seuls cas où le mariage a été contracté en contravention de l'article II « (supprimé), des deux premiers paragraphes de l'article III (180, 181), des articles V (188), XIV (supprimé), et XV (198) du chapitre premier». (*Voyez page* 88.)

ARTICLE 191.

Tout mariage qui n'a point été contracté publiquement, et qui n'a point été célébré devant l'officier public compétent, peut être attaqué par les époux eux-mêmes, par les pere et mere, par les ascendants, et par tous ceux qui y ont un intérêt né et actuel, ainsi que par le ministere public.

192.

Si le mariage n'a point été précédé des deux publications requises, ou s'il n'a pas été obtenu des dispenses permises par la loi, ou si les intervalles prescrits dans les publications et célébrations n'ont point été observés, le commissaire fera prononcer contre l'officier public une amende qui ne pourra excéder trois cents francs; et contre les parties contractantes, ou ceux sous la puissance desquels elles ont agi, une amende proportionnée à leur fortune.

Rédaction communiquée au Tribunat.

XLIV (192). « Le mariage qui n'a point été précédé « des deux publications requises, et lors duquel il n'a « point été obtenu la dispense permise par la loi, ou « dans les publications ou célébrations duquel on n'a « point observé les interstices prescrits par la loi, ne « peut être attaqué de nullité que dans le cas où il con- « tient d'ailleurs une contravention à quelqu'une des dis- « positions du chapitre Ier du présent titre ; et il ne peut « l'être, en ce cas, que par les personnes auxquelles l'ac- « tion en nullité est accordée dans le titre précédent. »

XLV (192). Le commissaire, dans les cas de l'ar- « ticle précédent, doit seulement faire prononcer, con- « tre l'officier public, l'amende établie par la loi; et « contre les parties contractantes, ou ceux sous la

« puissance desquels elles ont agi, une amende pro-
« portionnée à leur fortune. »

Observations du Tribunat.

Sur le Ier article on propose de supprimer comme
inutile la disposition portant que « le mariage ne peut
« être attaqué de nullité que dans le cas où il contient
« d'ailleurs une contravention à quelqu'une des dispo-
« sitions du chapitre Ier du présent titre, et qu'il ne
« peut l'être, en ce cas, que par les personnes auxquelles
« l'action en nullité est accordée dans le titre précé-
« dent. »

On fonde le motif de cette suppression sur ce que
la contravention à l'une des dispositions dont parle
l'article, entraîne la nullité du mariage, qu'il y ait,
ou non, des publications.

On pense qu'il conviendrait de réunir l'article XLV
avec la partie restante de l'article XLIV. La rédaction
suivante est adoptée :

(192). « Si le mariage n'a point été précédé des
« deux publications requises, ou s'il n'a pas été obte-
« nu des dispenses permises par la loi, ou, si les inter-
« valles prescrits dans les publications et célébrations
« n'ont pas été observés, le commissaire fera pronon-
« cer contre l'officier public une amende qui ne pour-
« ra excéder trois cents francs, et contre les parties
« contractantes, ou ceux sous la puissance desquels
« elles ont agi, une amende proportionnée à leur for-
« tune. »

On ajoute qu'il serait utile de placer ici un article
supplémentaire, à l'effet d'assurer l'observation des
conditions proposées par la loi, pour constater la publicité du mariage.

Cette observation est accueillie ; et la section adopte
la disposition suivante qui remplacera l'art. XLV (193).

« Les mêmes peines prononcées par l'article précé-
« dent seront encourues par les personnes qui y sont
« désignées, pour toutes contraventions aux règles
« prescrites par l'article XVI (165), lors même que

« ces contraventions ne seraient pas jugées suffisantes
« pour faire prononcer la nullité du mariage. »

ARTICLE 193.

Les peines prononcées par l'article précédent
seront encourues par les personnes qui y sont
désignées, pour toute contravention aux regles
prescrites par l'article 165, lors même que ces
contraventions ne seraient pas jugées suffisantes
pour faire prononcer la nullité du mariage.

194.

Nul ne peut réclamer le titre d'époux et les
effets civils du mariage, s'il ne représente un
acte de célébration inscrit sur le registre de l'état
civil, sauf les cas prévus par l'article 46, au titre
des Actes de l'état civil.

195.

La possession d'état ne pourra dispenser les
prétendus époux qui l'invoqueront respectivement de représenter l'acte de célébration du mariage devant l'officier de l'état civil.

Rédaction communiquée au Tribunat.

XLVII (195). « La possession d'état ne peut, à l'é-
« gard des prétendus époux, suppléer la représentation
« de ce titre, ni faire admettre la preuve testimoniale
« de la célébration du mariage, si ce n'est dans les cas
« prévus par la loi du 2 floréal an VII, sur la perte
« des registres de l'état civil, encore que les préten-
« dus époux exhibassent un contrat de mariage et non-
« obstant toute reconnaissance et déclaration con-
« traires émanées des deux époux, ou de l'un d'eux.

Observations du Tribunat.

Comme la loi du 2 floréal an VII concerne tout à la
fois le cas où il n'existe point de registres de l'état ci-

vil, et celui où les registres sont perdus, et comme d'un autre côté cet article doit s'appliquer aux deux cas, on propose de dire : «Dans le cas de la non-existence ou de la perte des registres de l'état civil.»

ARTICLE 196.

Lorsqu'il y a possession d'état, et que l'acte de célébration du mariage devant l'officier de l'état civil est représenté, les époux sont respectivement non-recevables à demander la nullité de cet acte.

197.

Si néanmoins, dans le cas des articles 194 et 195, il existe des enfants issus de deux individus qui ont vécu publiquement comme mari et femme, et qui soient tous deux décédés, la légitimité des enfants ne peut être contestée sous le seul prétexte du défaut de représentation de l'acte de célébration, toutes les fois que cette légitimité est prouvée par une possession d'état qui n'est point contredite par l'acte de naissance.

198.

Lorsque la preuve d'une célébration légale du mariage se trouve acquise par le résultat d'une procédure criminelle, l'inscription du jugement sur les registres de l'état civil assure au mariage, à compter du jour de sa célébration, tous les effets civils, tant à l'égard des époux qu'à l'égard des enfants issus de ce mariage.

199.

Si les époux ou l'un d'eux sont décédés sans avoir découvert la fraude, l'action criminelle peut être intentée par tous ceux qui ont intérêt de faire déclarer le mariage valable, et par le commissaire du gouvernement.

200.

Si l'officier public est décédé lors de la découverte de la fraude, l'action sera dirigée au civil contre ses héritiers par le commissaire du gouvernement, en présence des parties intéressées et sur leur dénonciation.

201.

Le mariage qui a été déclaré nul produit néanmoins les effets civils tant à l'égard des époux qu'à l'égard des enfants, lorsqu'il a été contracté de bonne foi.

202.

Si la bonne foi n'existe que de la part de l'un des deux époux, le mariage ne produit les effets civils qu'en faveur de cet époux et des enfants issus du mariage.

Discussion du Conseil d'Etat.

Première rédaction. (Séance du 5 vendém. X, *t.* 1, *p.* 268.)

L'article VII est soumis à la discussion; il est ainsi conçu :

« La nullité résultant de ce qu'un mariage aurait « été contracté par une personne frappée de condam- « nation emportant mort civile, peut être réclamée par « l'autre époux. »

Le C. *Maleville* dit que la nullité du mariage dont parle l'article, étant absolue, le droit de la réclamer doit être étendu aux peres et aux aïeuls de l'autre époux, et en un mot à tous ceux qui ont intérêt à la faire valoir.

Le C. *Réal* dit que cette nullité n'est établie que pour l'intérêt de l'époux qui a été induit en erreur. L'action en nullité ne peut, en effet, être refusée à celui des contractants qui, croyant s'unir à un individu jouissant de ses droits, et non flétri, aurait été trompé; mais il semble que la justice et la morale ne peuvent accorder à d'autres cette action. Si la femme, par exemple, apprend trop tard que l'époux qu'elle a accepté est un condamné mort civilement ; et si cependant sa conscience, si ce qu'elle croira son honneur, celui de ses enfants, si une généreuse compassion, si un sentiment plus tendre et que la survenance d'enfants aura exalté, commandent à cette femme de rester attachée à cet époux malheureux, donnera-t-on à des collatéraux, même à des ascendants, le droit de briser des nœuds que tant d'intérêts semblent serrer ? Pourrait-on sur-tout donner ce droit au mari ? et ne regarderait-on pas comme un infâme sacrilege l'homme dépravé qui, dans ce cas, oserait ainsi se faire un droit de sa honte et de sa flétrissure ?

Le C. *Tronchet* dit qu'un homme mort civilement, ne pouvant communiquer les droits de famille, ni par conséquent donner à ses enfants le droit de succéder à des collatéraux, il est inconséquent de supposer que son mariage aura des effets vis-à-vis de tiers.

Le C. *Regnaud* (de Saint-Jean-d'Angely) dit que ce serait contredire les principes adoptés sur la mort civile, laquelle retranche tellement un homme de la société, que la loi ne reconnait pas ses enfants.

Le C. *Réal* observe que l'état des enfants pourrait cependant être assuré par la bonne foi de l'autre époux.

Le C. *Tronchet* dit que les effets de cette bonne foi sont une exception à la regle générale ; qu'au surplus, ils sont bornés à celui des deux époux qui a été trompé, et à ses enfants.

Au surplus, la nullité du mariage étant absolue, elle peut être invoquée par tous.

Le consul *Cambacérès* dit que cette discussion amene une observation générale.

Ne serait-il pas avantageux de ne pas déterminer d'une maniere absolue, par qui et dans quels délais l'action peut être exercée, et de laisser tous ces points à l'arbitrage du juge ?

Le C. *Tronchet* dit que le principe général est qu'il y a des nullités absolues et des nullités relatives. Autrefois, quand il s'agissait de les distinguer, les questions que cette distinction faisait naître étaient décidées d'après la jurisprudence; aujourd'hui les nullités n'étant pas les mêmes, et les anciennes ayant disparu, la jurisprudence ne peut pas être appliquée à ces sortes de questions: or, l'objet de ce titre est de classer les nullités et de les distinguer. Au reste, les nullités absolues peuvent être proposées par tous; les nullités relatives, seulement par les personnes intéressées.

Le *Premier Consul* dit que l'article paraît supposer un mariage quelconque de la part du mort civilement; qu'il serait donc possible que ce mariage subsistât, s'il n'était pas attaqué; qu'ainsi il vaut mieux ne pas parler de ces sortes de mariages.

Le C. *Tronchet* dit qu'on n'en parle que pour régler la maniere dont ils peuvent être attaqués, et que l'objet de l'article est de décider à quelles personnes il appartient ou il n'appartient pas d'en demander la nullité; qu'au reste, le mariage des morts civilement étant privé de tout effet civil, n'engage pas ceux entre lesquels il est formé.

Mais un point sur lequel il importe de se fixer avant tout, c'est l'ordre qu'on donnera à cette section. On peut classer ses dispositions, ou suivant les diverses especes de nullités ou suivant les personnes qui ont le droit de les proposer. Ce dernier ordre est celui que les rédacteurs du projet de Code civil avaient suivi: si on l'adoptait, on dirait d'abord quelles nullités peuvent être réclamées par les époux; quelles, peuvent l'être par les pere, mere, aïeul et aïeule; quelles, peuvent l'être par les collatéraux. Ceux-ci n'ont la faculté d'attaquer un mariage frappé de nullité absolue, que lorsqu'ils ont intérêt à le faire casser; parcequ'après tout, ce mariage subsiste dans le fait, et qu'ils n'ont pas qualité pour

Conférence. II.   6

le discuter. L'intérêt dont il s'agit ne pourrait être que pécuniaire, à la différence des ascendants, qui ont un intérêt d'une autre nature.

Le C. *Portalis* dit qu'il aimerait mieux classer les dispositions du projet par especes de nullités, parceque l'autre classement serait plus embarrassé. Le changement survenu dans la législation ne s'opposerait point au classement qu'il propose : à la vérité les nullités ne sont plus les mêmes; mais les anciennes sont remplacées par des nullités nouvelles qui sont de la même nature. La nullité relative, résultant de la non-présence du propre curé, est remplacée par celle qui résulterait de l'absence de l'officier de l'état civil. Les empêchements dirimants forment encore des nullités absolues.

On commencerait par décider que les nullités absolues peuvent être réclamées par tous ceux qui ont intérêt de les faire valoir; les nullités relatives, par ceux en faveur de qui elles sont établies.

On définirait ensuite chaque nullité.

Le C. *Tronchet* trouve cet ordre infiniment simple; il observe que seulement on devra ne pas omettre d'exprimer que le ministere public peut aussi faire valoir les nullités absolues.

Le C. *Portalis* dit que les nullités absolues sont quelquefois couvertes par des considérations qui arrétent l'action du ministere public. En général, il y a deux sortes de nullités absolues : rien ne saurait couvrir le scandale des unes ; telle est la nullité qui résulte de l'inceste : il y aurait, au contraire, plus de scandale à faire valoir les autres qu'à les dissimuler, et à troubler la paix des ménages pour de simples omissions de formes.

Le C. *Tronchet* dit que la loi ne sera cependant pas aussi simple qu'on paraît le croire. Il faudra entrer dans une infinité de détails pour distinguer les diverses especes de nullités : car toutes les nullités absolues ne produisent pas le même effet; il en est qui

peuvent se couvrir, comme est celle résultant du défaut d'âge.

Le C. *Portalis* dit qu'il y a des nullités continues et
d'autres qui ne le sont pas. Les collatéraux peuvent
faire valoir les premieres ; mais s'ils ne le font pas, si
la paix est établie dans la famille, si la nullité ne résulte que de l'inobservation de quelques formes, per-
mettra-on au ministere public de venir troubler cette
heureuse harmonie ? C'est encore là une de ces nuances qu'il faudra saisir pour régler l'étendue de son
action.

Le C. *Réal* dit que la conséquence nécessaire des
idées qui viennent d'être développées serait peut-être
qu'il faudrait changer l'ordre de la discussion.

Jusqu'à ce moment on a supposé les nullités assez
bien définies par les auteurs, pour se dispenser d'introduire dans le Code d'inutiles définitions ; et la section, d'accord sur ce point avec les auteurs du projet,
s'est bornée à dire à quelles personnes l'action serait
accordée pour faire valoir ces nullités, dont elle suppose toujours la définition.

La discussion actuelle commande un autre ordre
de travail, puisqu'elle semble annoncer que ces définitions sont nécessaires. C'est un point qu'il faut
alors décider avant tout. Si ce travail est possible, il
sera d'une grande utilité ; mais peut-être que la question même de savoir si l'exécution de cette conception
est possible, devrait être soumise à une discussion
préalable, et renvoyée à la section.

Sur la distinction établie entre les nullités relatives
et les nullités absolues, le C. Réal observe que d'A-
guesseau, qui l'adopte avec tous les auteurs, ne paraît pas adopter également la dénomination de *nullités
relatives :* elles n'ont été, dit-il, ainsi appelées que
dans le style barbare des auteurs scholastiques.

Le C. *Portalis* dit que tout ce qui est conforme à
la nature des choses et à l'ordre public ne saurait être
barbare. Ces expressions, *nullités absolues*, *nullités*

relatives, sont des termes techniques et simples qui rendent des idées composées, et qui, sous ce rapport, doivent être conservés dans le langage des lois. M. d'Aguesseau distingue, dans tous ses plaidoyers, les nullités absolues des nullités relatives, et il tenait à cette distinction, parcequ'il tenait à la paix des familles : il voulait que l'offense faite à la majesté des mœurs en la personne du pere ne produisît qu'une nullité relative, afin que le pere pût remettre l'offense; mais il réclamait avec force contre la faculté malheureuse qu'aurait le ministere public d'élever la voix lorsque l'offensé pardonne.

Le *Premier Consul* dit que le projet explique par qui la nullité pourra être demandée, mais qu'il n'explique pas en quels cas le mariage est nul de plein droit.

Le C. *Tronchet* dit que jamais le mariage n'est nul de plein droit; il y a toujours un titre et une apparence qu'il faut détruire. Mais en quels cas la nullité peut-elle être demandée? par qui peut-elle l'être? voilà les questions que présente cette matiere.

Quant à la difficulté du classement proposé, elle disparaîtra, si, après avoir distingué les nullités absolues d'avec les nullités relatives, on énumere les exceptions qui couvrent les unes et les autres.

Le consul *Cambacérès* demande s'il n'est point de nullité qui soit absolue ou relative suivant les circonstances.

Le C. *Tronchet* répond qu'une nullité relative ne peut jamais devenir absolue, parcequ'elle n'a de force que par la réclamation de ceux en faveur desquels elle est établie.

Le *Premier Consul* dit qu'il serait trop dur de donner à ces sortes de nullités une durée indéfinie; qu'il faudrait les circonscrire dans un délai déterminé. Par exemple, doit-on écouter la réclamation d'un pere qui n'a pas donné de consentement au mariage de son fils mineur, qui cependant l'a connu, et a gardé un long silence?

Le C. *Tronchet* répond que le silence du pere sera une exception que fera valoir le fils, parcequ'il équivaut à une ratification tacite du mariage. Dans tous les temps, la moindre approbation de la part du pere a établi une fin de non-recevoir contre lui. La loi pourrait donc le déclarer non-recevable, dans tous les cas où il aurait consenti directement ou indirectement au mariage contracté sans son autorité.

Le consul *Cambacérès* dit qu'on doit trouver dans la loi un moyen de faire prévaloir l'équité sur la sévérité des principes.

Le C. *Maleville* dit que, suivant le projet, la nullité, résultant du défaut de consentement du pere ou de la famille, est couverte par la majorité des époux ; mais cette fin de non-recevoir pourra-t-elle être invoquée par ceux qui ne sont mariés que quelques jours avant leur majorité ? Il sera communément impossible que, dans un si court intervalle, les ascendants ou la famille aient le temps de réclamer contre le mariage ; bien souvent ils n'en seront pas même instruits ; et cependant, pour de très importantes raisons, la loi a voulu que des mineurs ne pussent se marier sans le consentement de leurs ascendants ou de leur famille ; et tout mariage contracté sans ce consentement jusqu'au dernier jour de la minorité est absolument nul. Il serait donc inconséquent d'établir la regle que le projet présente. Le tribunal de cassation propose que la fin de non-recevoir ne soit admise que deux ans après la majorité. Ce délai serait trop long, sans doute ; mais il en faut un quelconque.

Le *Premier Consul* dit qu'indistinctement, et dans tous les cas, le pere et la famille doivent perdre le droit de réclamer contre le mariage fait sans leur aveu, lorsqu'ils n'ont pas proposé leur réclamation un mois après qu'ils ont eu connaissance du mariage ; car ils ne devaient pas rester neutres.

Le C. *Tronchet* dit que ce délai serait trop court ; il affaiblirait la puissance paternelle, dont l'intérêt se lie avec celui des mœurs. Il est une foule de moyens et de ruses pour soustraire à la connaissance du pere et de la famille le mariage du mineur : l'argent surtout peut beaucoup dans cette occasion ; car, avec ce secours, on parvient à faire dresser un procès-verbal d'affiches, quoiqu'il n'y ait pas eu d'affiches. Il faudrait assigner à la réclamation du pere le terme d'un an, à compter du jour où il a eu connaissance du mariage.

Le consul *Cambacérès* propose de déclarer nul le mariage d'un mineur, lorsqu'il a été contracté sans le consentement de ceux dont l'autorisation était nécessaire ; à moins qu'il ne résulte des circonstances que le pere ou ceux qui étaient fondés à l'attaquer en ont eu connaissance, et qu'ils n'ont pas réclamé, ou ont pardonné l'injure.

Le C. *Tronchet* dit qu'une telle disposition serait préférable à celle qui fixerait un délai pour la réclamation. Ce délai, quel qu'il soit, peut être trop court dans certaines circonstances. Il vaut donc mieux que les circonstances soient pesées par le juge, et qu'il se décide d'après les preuves qui en résultent.

Le C. *Réal* dit que l'action du pere serait inutilement prolongée au-delà de la majorité du fils, parcequ'alors, le consentement du pere ne lui étant plus nécessaire, le fils rétablirait son mariage en le contractant de nouveau. On ne doit pas perdre de vue que la même loi, qui se montre très facile lorsqu'il ne s'agit que de retarder ou même d'empêcher un mariage que la raison désapprouve, se montre très réservée, très sévere, lorsqu'il s'agit de rompre des nœuds formés : elle balance alors les inconvénients ; et tels moyens qui auraient paru assez forts pour empêcher une union de se former, sont impuissants pour la dissoudre. La loi se refuse sur-tout à un mal, à un scandale inutiles ; et, dans l'espece, ce serait bien inutilement que la loi ferait mal et scandale, puisque, si les époux sont de bonne intelligence, ils pourront renouer le lendemain les liens qui auront été brisés la veille ; et la puissance paternelle aura reçu une double injure. Si les époux ne sont plus en bonne intelligence, si le mari est devenu inconstant, on lui offre, et à lui seul, à sa famille seule, une ressource équivalente au divorce par incompatibilité, qui sera justement proscrit. C'est à lui *seul*, à sa famille *seule*; car cette espece de divorce, qui laisse la mere et les enfants dans la misere et l'opprobre, ne sera jamais demandé par la femme ni par ses parents.

Le consul *Cambacérès* dit que le C. Réal ne résout point la difficulté, puisqu'il demeure toujours constant qu'un pere n'a pas le temps de réclamer contre un mariage contracté trois jours avant la majorité du fils, si cette majorité est le terme de la faculté de réclamer.

Le C. *Réal* dit que le cas d'un tel mariage sera très rare, puisque pour le valider il suffirait au mineur de le différer de trois jours; mais qu'il est dangereux et contraire aux mœurs de permettre la cassation d'un mariage qui serait ensuite contracté de nouveau.

Le *Premier Consul* dit qu'en principe le consentement du pere, et le droit de réclamer contre le mariage de son fils mineur, lorsqu'il n'y a pas consenti, sont une précaution établie, non pour l'intérêt du pere, mais pour l'intérêt du fils; qu'elle est inutile au fils devenu majeur, puisqu'alors la loi suppose qu'il est en état d'agir par lui-même, et de connaître ce qui lui est avantageux : le droit de réclamer contre son mariage ne doit donc appartenir qu'à lui seul.

Le C. *Réal* dit qu'il ne peut revenir contre le consentement qu'il a donné étant mineur; car la loi qui admet son consentement, le répute majeur, et suppose qu'il savait par lui-même ce qui lui était avantageux.

Le *Premier Consul* répond qu'il n'a pu consentir, puisqu'il était incapable de contracter.

Le C. *Tronchet* dit que ceci rentre dans la question de savoir si un époux peut réclamer lui-même contre son mariage.

Ici la difficulté se résout par un principe fort simple ; c'est que celui qui ne peut disposer de ses biens, peut encore moins diposer de sa personne.

Le C. *Boulay* rappelle la discussion à l'objet sur lequel elle est établie ; il persiste à croire que le classement proposé par les CC. *Portalis* et *Tronchet* sera très difficile.

Le *Premier Consul* dit qu'en général le projet de Code civil ne laisse pas assez de latitude aux tribunaux, et qu'il n'est pas assez dogmatique. Si la loi n'indique pas le but qu'elle veut atteindre et n'explique pas ses intentions, on décidera souvent contre son vœu par l'analyse de ses dispositions.

Le C. *Boulay* dit que le procès-verbal levera les doutes, et expliquera l'intention de la loi.

Les articles discutés et ceux qui ne l'ont pas été, sont renvoyés à la section de législation pour en présenter une rédaction nouvelle, d'après le plan tracé par les CC. *Portalis* et *Tronchet*.

Les articles non discutés sont ainsi conçus :

XII. « Tout mariage prétendu contracté en France « entre Français, ou entre Français et étranger, le- « quel n'a point été célébré conformément à l'article « VI (170) du chapitre II, devant l'officier public, « est radicalement nul, et ne produit aucun effet « civil ni aucun lien civil entre les deux époux. »

XIII. « L'action résultant de ce qu'un officier pu- « blic devant lequel un mariage aurait été réellement « célébré, n'en aurait rédigé l'acte que sur une feuille « volante, peut être intentée tant par les époux eux- « mêmes que par le commissaire du gouvernement.

XIV. « Elle est dirigée par le commissaire du gou- « vernement, tant contre l'officier public que contre « les époux eux-mêmes, si le délit a été commis de « concert avec eux, ou contre celui des deux époux « qui aurait seul concouru à la fraude ; et, dans ce « dernier cas, l'action peut être intentée contre cet « époux par l'autre.

XV (198). « Dans le cas où la preuve de la célé-

« bration du mariage se trouve acquise par l'évène-
« ment d'une procédure criminelle, l'inscription du
« jugement sur les registres de l'état civil assure au
« mariage, à compter de sa célébration, tous les effets
« civils, tant à l'égard des époux qu'à l'égard des en-
« fants.

XVI. « Le mariage auquel on ne peut opposer que
« l'omission des formalités prescrites par les articles
« I, II, III, IV et V (165 à 169) du chapitre II,
« ou de quelqu'une de ces formalités, si d'ailleurs il
« ne contient aucune contravention aux dispositions
« contenues dans le chapitre Ier du présent titre,
« doit être réhabilité, soit à la requisition des époux,
« soit à la diligence du commissaire près le tribunal
« de première instance.

« Le défaut de réhabilitation n'autorise pas néan-
« moins les époux ni les tiers à en demander la nul-
« lité : mais si la réhabilitation n'en est provoquée
« que par le ministere public, les parties contrac-
« tantes, ou leur tuteur, si elles étaient mineures,
« sont condamnés à une amende proportionnée à
« leurs facultés, laquelle ne peut être moindre de
« cent francs, et ne peut excéder mille francs.

XVII. « La réhabilitation qui a lieu dans les cas
« de l'article précédent valide le mariage, du jour
« de sa premiere célébration, tant à l'égard des époux
« que des enfants issus de ce mariage.

XVIII (201). « Tout mariage qui a été déclaré nul
« produit néanmoins les effets civils, tant à l'égard
« des époux qu'à l'égard des enfants, lorsqu'il a été
« contracté de bonne foi par les deux époux.

(202). « Si la bonne foi n'existe que de la part
« de l'un des deux époux, le mariage ne produit les
« effets civils qu'en faveur de cet époux et des en-
« fants. »

Rédaction définitive.

(Séance du 6 brumaire XI, *tome* 2, *page* 110.)

Le C. *Réal*, d'après la conférence tenue avec le tribunat, présente une nouvelle rédaction du titre du mariage.

Les articles qui suivent sont de nouveau discutés.

XLVI (195). « La possession d'état ne peut, à « l'égard des prétendus époux, suppléer la représen- « tation de ce titre (l'acte de célébration), ni faire ad- « mettre la preuve testimoniale de la célébration du « mariage, si ce n'est dans les cas prévus par la loi « du 2 floréal an VII, de la non-existence, ou de la « perte des registres de l'état civil, encore que les « prétendus époux exhibassent un contrat de mariage, « et nonobstant toute reconnaissance et déclaration « contraires émanées des deux époux ou de l'un « d'eux. »

XLVII (197). « Si néanmoins, dans le cas de l'ar- « ticle précédent, il existe des enfants issus de deux « individus qui ont vécu publiquement comme mari « et femme, et qui soient décédés tous deux, la légi- « timité des enfants ne peut être contestée sous le seul « prétexte du défaut de l'acte de célébration, toutes « les fois qu'un acte de naissance, appuyé de la pos- « session d'état, prouve cette légitimité. »

Le consul *Cambacérès* dit que l'art. XLVII (197) expose l'état des enfants, dans le cas où l'un des deux époux serait décédé, et que l'autre ne pourrait repré- senter l'acte de son mariage : la possession d'état qu'ils auraient, quelque certaine qu'elle fût, ne pourrait l'emporter sur l'exclusion que leur donnerait une disposition aussi absolue. Cette disposition serait dangereuse, sur-tout après une longue révolution, pendant le cours de laquelle beaucoup de Français se sont mariés en pays étranger ; beaucoup ont négligé de remplir les formes prescrites pour les actes de l'état civil.

Le C. *Treilhard* trouve également l'article XLVI (195) vicieux, en ce qu'il suppose que la possession d'état n'est pas une preuve suffisante du mariage de l'un des époux vis-à-vis de l'autre.

Ces observations sont adoptées.

CHAPITRE V.

Des Obligations qui naissent du mariage.

203. Les époux contractent ensemble, par le fait seul du mariage, l'obligation de nourrir, entretenir et élever leurs enfants.

204.

L'enfant n'a pas d'action contre ses pere et mere pour un établissement par mariage ou autrement.

Discussion du Conseil d'Etat.

Première rédaction. (Séance du 5 vendém. X, *t.* 1, *p.* 277.)

(Les deux articles, réunis ensemble, forment l'article Ier du projet; du reste la rédaction est la même que celle du Code.)

Le C. *Maleville* rappelle qu'en pays de droit écrit la fille avait action contre son pere pour en obtenir une dot. Cette action était autorisée par le chapitre XXXV de la loi *Julia*.

Le tribunal d'appel de Montpellier et plusieurs autres demandent qu'elle soit conservée. Eh! que deviendraient en effet les filles, si, par caprice ou par un sordide intérêt, un pere s'opposait constamment à leur mariage? elles ne pourraient s'en venger qu'au préjudice des mœurs et à la honte des familles. On sait bien que ces cas doivent être rares; mais il suffit qu'ils existent pour que la loi doive y pourvoir. A Athenes, la loi dispensait les enfants de fournir des aliments à leurs peres, lorsque ceux-ci ne leur avaient pas donné le moyen de fournir à leurs propres besoins; mais le mariage est aussi un besoin des filles. Cependant cet article, loin de laisser subsister tacitement l'usage des pays de droit écrit, établit une disposition toute contraire.

Le C. *Boulay* dit que l'action dont on parle était juste dans le droit romain. Là, le pere était maître

absolu de la personne et des biens de ses enfants;
tout étant contre eux, il fallait bien que ce droit rigoureux fût modifié par quelque tempérament.

Le C. *Réal* dit que l'expérience des pays coutumiers a prouvé que cette action n'était pas nécessaire.

Au reste, c'est précisément parcequ'il y a une jurisprudence, que la loi ne peut pas rester muette,
mais qu'elle doit s'expliquer.

Le consul *Cambacérés* dit que le respect pour la
qualité de pere doit céder cependant à la vérité des
choses. On ne peut mettre toujours l'équité du côté
des peres, et l'injustice du côté des enfants : il existe
des peres sordides et injustes. Rien ne serait donc plus
bizarre que de donner au pere la jouissance des biens
de son fils mineur, et de ne pas donner aux filles, à
un certain âge, le droit de demander une dot. Au surplus, la disposition peut être conçue de maniere à ne
pas devenir nuisible.

Le C. *Tronchet* dit que les rédacteurs du projet de
Code civil ont trouvé en France deux systêmes établis. Dans les pays de droit écrit, la fille avait une
action contre son pere pour demander une dot : cette
jurisprudence était une modification à l'extrême étendue que le droit écrit donne à la puissance paternelle ;
et voilà pourquoi la fille n'avait pas la même action
contre sa mere. Dans les pays coutumiers, au contraire, on tenait pour maxime que *ne dote qui ne
veut.*

Il fallait choisir entre ces deux systêmes.

Les rédacteurs se sont déterminés par le principe
que la loi doit, autant qu'il est possible, ne pas déranger les habitudes des hommes ; en conséquence,
ils ont préféré la regle du droit coutumier, lequel
régit la majorité de la France. La preuve qu'ils ne
se sont pas trompés à cet égard, c'est que peu de tribunaux ont réclamé contre la disposition. Que l'on
compte ces tribunaux, qui sont tous des pays de droit

écrit, et l'on sera convaincu que les rédacteurs se sont conformés aux habitudes de la majorité des Français.

Une autre considération encore a déterminé les rédacteurs : ils ont réfléchi que la dureté des peres envers leurs enfants est un cas rare, et en quelque sorte une exception à l'ordre naturel des choses ; en conséquence, ils ont cru devoir s'arrêter davantage aux inconvénients plus fréquents que produirait la jurisprudence des pays de droit écrit, qu'aux inconvénients rares que peut avoir l'usage des pays coutumiers. Il faut bien se garder d'armer les enfants contre leur pere : l'action qu'on propose de leur donner deviendrait un moyen de le gêner, de l'embarrasser, de rompre ses spéculations. Quelquefois il ne voudra pas consentir à un mariage indiscret ; et l'on forcera son consentement, en le plaçant dans l'alternative, ou de le donner, ou d'exposer aux regards du public le bilan de ses affaires. Au reste, pour corriger les abus rares du refus des peres, on pourrait autoriser la famille à réclamer la dot au nom de la fille.

Le C. *Maleville* soutient que la plus grande partie de la France vit sous l'empire du droit romain. Il régissait déja la moitié de l'ancien territoire ; il régit également presque tous les départements réunis, la Savoie, le comté de Nice, la Belgique, sauf quelques statuts particuliers, et les quatre départements nouveaux.

Au fond, les mariages sont favorables, et préviennent la corruption des mœurs ; aussi Domat dit-il : « La fille qui se marie doit être dotée par son pere, s'il « est vivant ; car le devoir du pere de pourvoir à la « conduite de ses enfants renferme celui de doter sa « fille. » L'obligation de doter n'était pas aussi directement imposée à la mere ; elle y était cependant tenue subsidiairement, et lorsque le pere était pauvre ; ce qui prouve que c'était la faveur des mariages, et non l'objet d'affaiblir l'autorité paternelle, qui avait

été le motif de la loi. Que du moins on ne détruise
pas formellement la jurisprudence des pays de droit
écrit.

Le C. *Réal* répond que le Code civil ne peut laisser
subsister cette opposition des lois ; et même, s'il ne détruisait formellement l'usage du pays de droit écrit,
il serait possible qu'on tirât de son silence la conséquence que cet usage peut être adopté dans les pays
coutumiers.

Le *Premier Consul* dit qu'il est avoué que le Code
civil ne peut pas se taire sur la question ; mais il voudrait qu'on discutât les motifs de la loi *Julia*. Il est
difficile de concevoir que la puissance paternelle, qui
n'est instituée que pour l'intérêt des enfants, pût tour-
ner contre eux. D'ailleurs c'est un principe constant
que le pere doit des aliments à tous ses enfants. Cette
obligation va jusqu'à marier sa fille ; car elle ne peut
former d'établissement que par le mariage, tandis que les garçons s'établissent de beaucoup d'autres manieres. C'est, sans doute, cette différence qui
a porté la loi *Julia* à accorder aux filles une action
qu'elle refuse aux garçons.

Le C. *Maleville* dit que l'objet de la loi *Julia* est de
favoriser les mariages.

Le C. *Tronchet* soutient qu'elle avait pour but de
tempérer la dureté de la puissance paternelle telle
qu'elle existait chez les Romains. Il en donne pour
preuve que cette loi n'accordait point d'action contre
la mere pour l'obliger à fournir une dot.

Le *Premier Consul* adopte le terme moyen proposé
par le C. Tronchet, et qui consiste à faire présenter la
réclamation par la famille.

Le C. *Maleville* rappelle que la novelle 115 autorise
les pere et mere à déshériter leur fille, si elle a refusé
de se marier, et qu'elle vive dans le libertinage ; mais
cette novelle ajoute : *Si verò usque ad viginti quinque
annorum ætatem pervenerit filia, et parentes distule-
rint eam marito copulare, et forsitan ex hoc contigerit
in suum corpus eam peccare, aut sine consensu paren-*

tum marito se, libero tamen, conjungere, hoc ad in-
gratitudinem filiæ noluimus imputari ; quia non suâ
culpâ, sed parentum, id commisısse cognoscitur.

Le C. *Tronchet* propose les amendements suivants :

1º Qu'un conseil de famille décide s'il y a lieu à l'action ;

2º Qu'il la dirige : il est inconvenant d'autoriser une fille à actionner directement son pere.

Le consul *Cambacérès* dit qu'on ne peut se dispenser de décider la question, afin de rendre la législation uniforme ; mais la disposition pourrait être moins absolue que dans le projet. Après avoir dit que le pere doit nourrir, entretenir et élever ses enfants, il suffirait d'ajouter : « Ses obligations peuvent s'étendre jus-« qu'à leur procurer un établissement, si ses facultés le « permettent, si le conseil de famille le juge nécessaire « et possible, etc. »

Le C. *Tronchet* ajoute un nouvel amendement à ceux qu'il a présentés. Il propose de n'ouvrir l'action que lorsque la fille aura atteint l'âge de vingt-cinq ans.

Les considérations qui portent le pere à différer jusque-là ne doivent être ni dévoilées ni jugées.

Le C. *Cretet* demande s'il y a beaucoup d'exemples qu'on ait fait usage de l'action dans les pays de droit écrit, et sur-tout qu'elle ait eu une issue heureuse. En effet cette action ouvre une guerre entre le pere et la fille : le pere peut donc dissimuler et déguiser sa fortune. L'expérience prouve-t-elle qu'on soit parvenu à surmonter ces difficultés, et à obliger le pere à fournir réellement une dot ?

Le consul *Cambacérès* dit que rarement on a fait usage de l'action ; mais quand elle a été intentée, et qu'on a reconnu des facultés au pere, on a fixé la dot à la moitié de celle qu'il eût donnée volontairement.

Le C. *Lacuée* dit qu'avec les amendements proposés, la loi ne peut avoir aucun inconvénient : peu de filles seront réduites à actionner leur pere ; car la crainte seule d'un procès toujours fâcheux détermi-

nera à l'avenir, comme il détermine à présent, les peres
à les marier.

Le C. *Portalis* examine comment la loi qui ouvre
l'action a été établie. Cette action fut inconnue tant
que Rome conserva ses mœurs républicaines; les empereurs entreprirent de les changer; et, dans cette
vue, ils tentèrent d'affaiblir la puissance paternelle,
qui était étroitement liée aux anciennes mœurs des
Romains: la loi n'a pas eu d'autres motifs. Les filles
en ont rarement usé; mais quand l'action était présentée, le pere ne pouvait se dispenser de fournir son
bilan, afin qu'on déterminât *dotem congruam;* alors
aussi on discutait tout à la fois et ses facultés, et les
avantages du mariage que la fille voulait contracter:
tout était remis à l'arbitraire du juge.

En France, la législation s'est partagée: celle des
pays de droit écrit a admis l'action en dot; celle des
pays coutumiers l'a rejetée. Qu'arrivera-t-il, si, forcé d'uniformiser la législation, on étend aux pays coutumiers la jurisprudence des pays de droit écrit? Il y
aura une commotion qui ne sera pas en faveur des
peres, sur-tout dans le relâchement actuel des mœurs.
Les rédacteurs du projet ne pouvant se taire sur la
question, se sont déterminés par les considérations
suivantes. Ils ont examiné s'il y aurait plus de peres
qui abuseraient de la liberté de ne pas doter, qu'il n'y
aurait d'enfants qui abuseraient du droit d'exiger une
dot. En général, on n'abuse pas d'un droit qui est
établi depuis long-temps; une longue habitude en a
réglé l'usage et séparé les inconvénients. Mais on doit
craindre l'abus d'un droit nouveau, principalement
lorsqu'on l'établit chez une nation dont les habitudes
sont formées. Au reste, les peres barbares ne sont pas
la masse des peres; il est plus ordinaire qu'ils aiment
leurs enfants, qu'il ne l'est qu'ils en soient aimés.
Cette différence vient de ce qu'une sorte d'esprit de
propriété ajoute encore à l'amour que la nature a placé
dans le cœur des peres.

Le C. *Maleville* observe que la loi *Julia* exprime le motif sur lequel elle est fondée : c'est l'intérêt de favoriser les mariages. *Montesquieu*, qui en a parlé fort au long, ne lui en donne pas d'autres, et on peut s'en rapporter à sa perspicacité.

Le C. *Portalis* dit qu'à la vérité la loi *Julia* ne paraît faite que pour diminuer les célibataires et favoriser les mariages ; mais ce motif n'est qu'apparent ; son motif réel était d'affaiblir la puissance paternelle. Peu importe au surplus l'origine de cette loi ; tout se réduit à ceci : il faut choisir entre deux usages opposés. Si celui du droit écrit existait par-tout, on n'aurait pas à en craindre l'abus ; mais il est dangereux de l'introduire, lorsque la puissance paternelle et la sévérité des mœurs sont affaiblies.

Le C. *Boulay* observe que si la crainte de la barbarie des pères pouvait être un motif de décider, elle conduirait jusqu'à renverser tout le système de la puissance paternelle. Le Code civil va enlever aux pères l'avantage qu'ils avaient, dans le pays de droit écrit, de jouir des biens de leurs enfants jusqu'à l'émancipation : il est donc juste de les affranchir, par compensation, d'une action uniquement destinée à tempérer leur puissance, lorsqu'elle avait une étendue que la loi va restreindre.

Le consul *Cambacérès* dit qu'on ne peut forcer tous les pères indistinctement à doter leurs enfants et à les établir ; mais il serait étrange qu'une disposition prohibitive empêchât de les y obliger en aucun cas. La raison et l'expérience enseignent qu'il y a des pères à l'égard desquels cette mesure est nécessaire. On parle de la dépravation des mœurs : elle est chez les pères comme chez les enfants ; elle n'est même ordinairement chez les enfants que parcequ'elle est chez les peres. Il importe donc d'examiner, si, dans l'état actuel, les tribunaux ne doivent pas avoir l'autorité de ramener les peres à leurs obligations. L'affirmative paraît incontestable ; c'est dans des circonstances pareilles que la loi *Julia* a été portée. En conséquence, il serait sage, après avoir posé le principe que les peres doi-

Conférence. II.   7

vent des aliments à leurs enfants, d'ajouter que cette
obligation *peut* s'étendre jusqu'à les marier et les établir. Cette disposition ne serait ni absolue ni rigou-
reuse. En général les lois civiles doivent être faites de
maniere qu'elles n'excluent pas les tempéraments d'é-
quité.

On objecte qu'elle obligera le pere à rendre public
son bilan. Une telle objection tournerait contre l'obligation de fournir des aliments, puisque, pour y contraindre le pere, il faudra aussi prendre connaissance
de l'état de sa fortune.

Le C. *Regnaud* (de Saint-Jean-d'Angely) dit qu'il
y aurait de grands inconvénients à rejeter la rédaction
proposée. En pays de droit écrit, il est permis à la fille
de demander une dot, même après qu'elle est mariée;
et alors elle est sous l'influence de son mari, qui n'a
pas naturellement pour le pere le même respect et la
même tendresse que la fille. Il arriverait de là qu'un
homme intéressé épouserait une fille sans dot, dans
l'espoir d'en exiger une ensuite du pere, qu'il poursui-
vrait, sous le nom de la fille, sans aucun ménagement.

Une autre raison encore s'éleve contre ce systême.
Un pere se voyant exposé aux poursuites d'enfants
que leur âge et leur sexe rendent plus susceptibles de
recevoir l'impression de mauvais conseils, dénaturera
sa fortune. On ne pourrait l'en empêcher qu'en le ré-
duisant à un état d'interdiction. Ainsi l'action dont il
s'agit deviendrait une cause de plus de l'avilissement
des propriétés, puisqu'elle réduirait une classe de citoyens à mettre leur fortune en porte-feuille, pour se
ménager la facilité de ne doter leurs enfants que suivant la satisfaction qu'ils auraient de leur conduite.

L'article est adopté.

ARTICLE 205.

Les enfants doivent des aliments à leurs pere
et mere, et autres ascendants qui sont dans le
besoin.

206.

Les gendres et belles-filles doivent également,
et dans les mêmes circonstances, des aliments à
leurs beau-pere et belle-mere ; mais cette obligation cesse, 1° lorsque la belle-mere a convolé en
secondes noces, 2° lorsque celui des époux qui
produisait l'affinité, et les enfants issus de son
union avec l'autre époux, sont décédés.

207.

Les obligations résultant de ces dispositions
sont réciproques.

Discussion du Conseil d'Etat.

Premiere rédaction. (Séance du 5 vendém. X, *t.* I, *p.* 283.)

II (205). « Les enfants doivent des aliments à leurs
« pere et mere et autres ascendants qui sont dans le
« besoin.

« Les enfants doivent également des aliments à leurs
« alliés dans la même ligne, à moins que lesdits alliés
« n'aient convolé en secondes noces. »

Le consul *Cambacérès* demande ce que la section
entend dans cet article par le mot *alliés.*

Le C. *Réal* répond qu'elle a entendu désigner les
degrés correspondants à ceux des ascendants.

Le consul *Cambacérès* dit qu'alors la disposition
est trop étendue, puisqu'elle pourrait obliger à fournir des aliments à une marâtre.

Le C. *Tronchet* dit qu'il faudrait se servir des mots
beau-pere et belle-mere, et restreindre l'effet de la
disposition aux ascendants de l'autre époux.

Le C. *Maleville* dit que la disposition devrait être
réciproque, et obliger les beau-pere et belle-mere
à fournir des aliments à leur gendre et à leur bru.

Le C. *Réal* répond que la situation n'est pas la même ;
qu'il faut des aliments à un vieillard, mais qu'un gendre
est d'un âge qui lui permet de pourvoir par son travail à sa subsistance.

Le C. *Maleville* observe que les aliments ne sont dus qu'à celui qui ne peut gagner sa vie.

Le consul *Cambacérès* dit que ce n'est aussi que dans ce cas que l'obligation serait réciproque.

Le C. *Boulay* dit qu'un pere ne doit pas d'aliments à son fils majeur; qu'il n'est tenu que d'entretenir et d'élever ses enfants.

Le consul *Cambacérès* dit qu'il ne conçoit pas de circonstances qui dispensent le pere de fournir la subsistance à un fils dans le besoin; que si le système contraire était admis, il devrait restreindre aussi l'obligation du fils envers le pere. Cependant l'obligation générale de nourrir ses enfants, comprend nécessairement l'obligation de fournir à leur subsistance dans tous les cas où ce secours leur est nécessaire.

Le C. *Réal* dit que c'est dans l'intention de restreindre cette obligation au premier âge, et pour faire sentir qu'elle cesse lorsque l'enfant est élevé, que la section a placé le mot *élever* après celui *entretenir*.

Le C. *Boulay* dit que sans doute un pere n'abandonnera pas son fils dans le besoin, et que la loi ne peut le supposer; mais que si elle impose formellement au pere l'obligation de remplir ce devoir naturel, elle favorisera la paresse dans les enfants.

Le *Premier Consul* dit qu'il serait révoltant de laisser à un pere riche la faculté de chasser de sa maison ses enfants après les avoir élevés, et de les envoyer pourvoir par eux-mêmes à leur subsistance, fussent-ils même estropiés. Telle est cependant l'idée que présente la rédaction. Si elle pouvait être admise, il faudrait donc aussi défendre aux peres de donner de l'éducation à leurs enfants: car rien ne serait plus malheureux pour ces derniers, que de s'arracher aux habitudes de l'opulence et aux goûts que leur aurait donnés leur éducation, pour se livrer à des travaux pénibles ou mécaniques auxquels ils ne seraient pas accoutumés. Pourquoi, si le pere était quitte envers eux lorsqu'il les a élevés, ne les priverait-on pas aussi de sa succession? Les aliments ne se mesurent pas seulement sur les besoins physiques, mais encore sur les habitudes : ils doivent être proportionnés à la fortune du pere qui les doit, et à l'éducation de l'enfant qui en a besoin.

Le C. *Tronchet* dit que l'obligation imposée au pere de fournir des aliments à son fils est absolue ; mais que la loi doit se borner à en consacrer le précepte, et laisser le juge l'appliquer suivant les circonstances : la loi ne peut pas poser une regle générale d'application, parceque l'obligation des peres varie selon leur fortune et leur état. Le juge n'a pas besoin de lois pour empêcher un pere opulent de chasser son fils lorsque son éducation est achevée. Les juges doivent encore avoir égard à la position du pere. Il est possible, par exemple, qu'un pere ait un grand nombre d'enfants et ait beaucoup dépensé pour leur éducation. Si l'on descend dans les classes les moins opulentes, l'obligation du pere se réduit à mettre ses enfants en état de travailler. Le juge saura faire toutes ces distinctions.

Le *Premier Consul* dit qu'à la vérité la loi ne peut pas déterminer précisément la quotité des aliments qui seront dus par le pere ; mais elle peut déclarer en général que le pere est tenu de nourrir et d'élever ses enfants mineurs, et de les établir quand ils sont majeurs, ou de leur fournir des aliments. Le fils, en effet, a un droit acquis aux biens du pere : l'effet de ce droit est suspendu tant que le pere vit ; mais alors même il se réalise dans la mesure des besoins du fils. Cependant, si la loi déclare qu'il n'est point dû d'aliments au fils majeur, elle met les tribunaux dans l'impossibilité d'en adjuger.

Le C. *Réal* demande ce que deviendra le respect filial, si le pere et le fils sont obligés de vivre ensemble, après que ce dernier aura été installé dans la maison paternelle par le ministere d'un huissier.

Le C. *Cretet* dit que la discussion seule a fait appercevoir dans l'article une limitation que ne présente point sa rédaction. Il y a peut-être du danger à ce que la loi établisse formellement l'obligation du pere pour tous les cas : mais il suffit qu'elle ne porte point de limitation ; alors ces sortes de questions demeurent abandonnées à la prudence du juge.

Le C. *Tronchet* propose de dire que « le pere est « tenu de nourrir ses enfants toutes les fois qu'ils sont « dans le besoin et que ses facultés le lui permettent. »

L'article est adopté avec l'amendement du C. Tronchet.

Le C. *Berlier* observe sur la seconde partie de l'article relative aux aliments dus par les enfants à leurs alliés dans la ligne ascendante, que cette disposition est inutile, parceque le pere a naturellement action contre sa fille pour en obtenir des aliments, même lorsqu'elle est mariée, et que cette action est alors dirigée contre le gendre comme chef de la société conjugale ; que cette suppression fera disparaitre les difficultés naissant du sens équivoque que plusieurs orateurs ont justement reproché à cet article.

Le consul *Cambacérès* dit que l'article doit être rédigé dans ce sens, 1° qu'une marâtre ne puisse venir demander des aliments à son beau-fils ; 2° que le beau-pere ne puisse demander des aliments à son gendre que pendant la vie de la femme de ce dernier, et celle des enfants nés de leur mariage : car si la femme et les enfants sont décédés, le gendre devient étranger à son beau-pere, sur-tout lorsque ce gendre s'est remarié.

La deuxieme partie de l'article est retranchée, et la proposition du consul Cambacérès adoptée.

ARTICLE 208.

Les aliments ne sont accordés que dans la proportion du besoin de celui qui les réclame, et de la fortune de celui qui les doit.

209.

Lorsque celui qui fournit ou celui qui reçoit des aliments est replacé dans un état tel que l'un ne puisse plus en donner, ou que l'autre n'en ait plus besoin en tout ou en partie, la décharge ou réduction peut en être demandée.

Discussion du Conseil d'Etat.

Premiere rédaction. (Séance du 5 vendém. X, *t.* 1, *p.* 286.)

NOTA. La rédaction est la même que celle du Code.

Le C. *Boulay* dit que l'article IV (209) parait inutile, puisque les articles I et II (206 et 207) n'admettent l'obligation de fournir des aliments que lorsqu'il y a besoin d'un côté, et faculté de l'autre.

Le C. *Réal* dit que l'article est nécessaire pour détruire le jugement par lequel les aliments ont été accordés.

L'article est adopté.

ARTICLE 210.

Si la personne qui doit fournir les aliments justifie qu'elle ne peut payer la pension alimentaire, le tribunal pourra, en connaissance de cause, ordonner qu'elle recevra dans sa demeure, qu'elle nourrira et entretiendra celui auquel elle devra des aliments.

Discussion du Conseil d'Etat.

Premiere rédaction. (Séance du 5 vendém. X, *t.* 1, *p.* 286.)

V (210). « Celui qui ne peut payer une pension ali- « mentaire, reçoit dans sa demeure, nourrit et entre- « tient celui auquel il doit des aliments, pourvu que « son revenu et son travail suffisent pour fournir de « semblables secours. »

Le *Premier Consul* dit qu'il conviendrait d'abandonner à la prudence du juge tout ce que cet article érige en dispositions formelles.

Le C. *Réal* observe que cet article est encore un de ceux qui ne font qu'ériger en loi la jurisprudence actuelle.

Le C. *Emmery* dit que la faculté de recevoir en sa demeure, de nourrir et d'entretenir celui auquel les aliments sont dus, n'était admise que dans le cas où celui qui les devait, ne pouvait fournir une pension alimentaire. Cette jurisprudence avait pour objet d'empêcher que le pere, à qui seul alors les aliments étaient dus, ne les reçût d'une maniere trop pénible : mais aujourd'hui que l'obligation de fournir des aliments est étendue au pere, il faut qu'il puisse offrir à son fils de le recevoir dans sa demeure et à sa table ; autrement, et si le pere devait à son fils des secours pécuniaires, celui-ci les dissiperait à mesure qu'ils lui seraient payés, et reviendrait sans cesse faire valoir ses besoins.

Le C. *Tronchet* dit qu'il sent toute la justesse de cette réflexion. Il propose en conséquence de donner, par l'art. Ier (206), l'alternative au pere, et de laisser l'article V (210) dans sa généralité.

L'article est adopté avec la proposition du C. Tronchet.

Rédaction communiquée au Tribunat.

LXI (210). « Celui qui ne peut payer une pension « alimentaire, reçoit dans sa demeure, nourrit et « entretient celui auquel il doit des aliments, pourvu « que son revenu et son travail suffisent pour fournir « de semblables secours.

LXII (211). « Le pere ou la mere ne pourra, dans « aucun cas, être contraint de payer la pension alimentaire, lorsqu'il offrira de recevoir, nourrir et « entretenir dans sa demeure l'enfant à qui il devra « des aliments. »

Observations du Tribunat.

On propose de supprimer ces deux articles, comme étant purement réglementaires, et statuant sur des points dont la décision, subordonnée à des circonstances infiniment variées, doit être abandonnée à la prudence des tribunaux.

ARTICLE 211.

Le tribunal prononcera également si le pere ou la mere qui offrira de recevoir, nourrir et entretenir dans sa demeure, l'enfant à qui il devra des aliments, devra dans ce cas être dispensé de payer la pension alimentaire.

CHAPITRE VI.

Des Droits et des Devoirs respectifs des époux.

212. Les époux se doivent mutuellement fidélité, secours, assistance.

213.

Le mari doit protection à sa femme, la femme obéissance à son mari.

214.

La femme est obligée d'habiter avec le mari, et de le suivre par-tout où il juge à propos de résider : le mari est obligé de la recevoir et de lui fournir tout ce qui est nécessaire pour les besoins de la vie, selon ses facultés et son état.

Discussion du Conseil d'Etat.

Premiere rédaction. (Séance du 5 vendém. X, *t.* 1, *p.* 287.)

L'article II (214) est soumis à la discussion ; il est ainsi conçu :

« La femme est obligée de demeurer avec le mari,
« et de le suivre par-tout où il jugera à propos de
« résider ; le mari est obligé de la recevoir, et de lui
« fournir tout ce qui est nécessaire pour les besoins
« de la vie, selon ses facultés et son état.

« Si le mari voulait quitter le sol de la république,
« il ne pourrait contraindre sa femme à le suivre, si
« ce n'est dans le cas où il serait chargé par le gouver-
« nement d'une mission à l'étranger exigeant rési-
« dence. »

La premiere partie de cet article est adoptée.

Le C. *Réal* observe sur la seconde que le projet de Code civil portait, *le sol continental ou colonial de la république*. Les tribunaux ont demandé la suppression de ces mots, et la section l'a adoptée.

Le C. *Regnaud* (de Saint-Jean-d'Angely) dit qu'un Français peut être appelé dans les colonies par ses affaires; qu'alors il doit lui être permis de forcer sa femme à le suivre, parcequ'il peut voir des inconvénients à la laisser éloignée de lui.

Le *Premier Consul* pense que l'obligation où est la femme de suivre son mari est générale et absolue.

Le C. *Emmery* dit que cependant cette obligation ne doit pas aller jusqu'à suivre le mari dans l'étranger.

Le C. *Regnaud* (de Saint-Jean-d'Angely) dit que sans doute le mari n'a pas le droit de faire de sa femme une étrangere; mais que cependant il ne doit pas être forcé de s'en séparer lorsque ses affaires le conduisent hors du territoire français.

Le *Premier Consul* dit que l'obligation de la femme ne doit recevoir aucune modification, et que la femme est obligée de suivre son mari toutes les fois qu'il l'exige.

Le C. *Réal* demande comment on y forcera la femme lorsqu'elle ne voudra pas y consentir.

Le C. *Regnaud* (de Saint-Jean-d'Angely) répond que le mari lui fera une sommation de le suivre, ainsi que l'usage l'a consacré, et que, si elle persiste à s'y refuser, elle sera réputée l'avoir abandonné.

Le C. *Réal* répond qu'il faudra cependant un jugement; il demande comment on parviendra à l'exécuter.

Le *Premier Consul* dit que le mari cessera de donner des aliments à sa femme.

Le C. *Tronchet* observe que cette discussion est une anticipation sur la matiere du divorce. Les tribunaux ont remarqué que l'abandon appliqué au divorce serait le rétablissement de la cause d'incompatibilité d'humeur.

Le C. *Boulay* dit que toutes ces difficultés doivent être abandonnées aux mœurs ou aux circonstances.

La seconde partie de l'article est retranchée.

ARTICLE 215.

La femme ne peut ester en jugement sans l'autorisation de son mari, quand même elle serait marchande publique, ou non commune, ou séparée de biens.

216.

L'autorisation du mari n'est pas nécessaire lorsque la femme est poursuivie en matiere criminelle ou de police.

Discussion du Conseil d'Etat.

Premiere rédaction. (Séance du 5 vendém. X, *t. 1, p.* 288.)

III (215). « La femme ne peut ester en jugement sans « l'assistance de son mari, quand bien même elle se-« rait marchande publique, ou non commune, ou sé-« parée de biens.

« (216). L'assistance du mari n'est pas nécessaire « lorsque la femme est poursuivie en matiere crimi-« nelle ou de police. »

Le C. *Boulay* demande qu'on substitue le mot *autorisation* au mot *assistance*, lequel a un autre sens dans l'article Ier (212).

L'article est adopté avec l'amendement.

ARTICLE 217.

La femme, même non commune, ou séparée de biens, ne peut donner, aliéner, hypothéquer, acquérir à titre gratuit ou onéreux, sans le concours du mari dans l'acte, ou son consentement par écrit.

Discussion du Conseil d'État.

Premiere rédaction. (Séance du 5 vendém. X, *t.* I, *p.* 289.)

IV (217). « La femme, même non commune ou
« séparée de biens, ne peut donner, aliéner, accepter
« une succession ou une donation, ni hypothéquer,
« sans le consentement par écrit ou le concours du
« mari dans l'acte.

« Le consentement du mari, quoique postérieur à
« l'acte, suffit pour le valider. »

Le C. *Maleville* rappelle que, dans les pays de
droit écrit, la femme avait des biens paraphernaux
dont elle disposait sans le consentement de son mari.

Le C. *Portalis* dit que c'était un abus qui donnait
au mari la facilité de dissiper les biens de son épouse :
là le mari n'était pas retenu par la nécessité de donner
une autorisation publique.

Le C. *Maleville* répond qu'en pays coutumier le
mari peut aussi dissiper les biens de sa femme, puisqu'ils deviennent aliénables avec son consentement ;
que du moins, en pays de droit écrit, le mari ne peut
toucher à la dot.

Le C. *Cretet* observe que le mari est retenu, en
pays coutumier, par l'obligation de répondre des aliénations qu'il autorise.

Le C. *Tronchet* dit que le droit écrit se contredit
lui-même lorsqu'il établit d'un côté cette maxime,
Interest reipublicæ mulieres indotatas non relinquere;
et que de l'autre il permet aux femmes de disposer
de tous leurs biens, pourvu qu'elles leur donnent le
caractere de biens paraphernaux. Il faut que le mari
puisse veiller à la conservation des biens de son
épouse.

Le C. *Maleville* dit que, pour ménager une ressource assurée pour la subsistance de la femme et des
enfants, il faudrait déclarer une quote des biens de
celle-ci inaliénable, et que tel était aussi l'objet de la
loi romaine.

Le C. *Portalis* dit qu'il vaut mieux laisser aux

époux la liberté de régler, comme ils le jugent convenable, les conditions de leur mariage.

Le C. *Tronchet* dit que le projet de Code civil a été rédigé dans cet esprit : les époux sont entièrement libres dans leurs conventions matrimoniales, quoique le projet regle les effets des stipulations les plus ordinaires et les plus connues; mais il exige, comme une garantie contre les aliénations désavantageuses des biens de la femme, l'autorisation du mari.

Le C. *Maleville* observe que, suivant l'article, la femme non commune ne pourrait aliéner, même ses meubles sans y être autorisée.

Le C. *Réal* répond qu'elle a cette faculté lorsqu'elle est non commune ou séparée de biens.

Le C. *Regnaud* (de Saint-Jean-d'Angely) dit que pour l'en priver dans le fait, il faudrait aller jusqu'à lui ôter l'usage et la disposition de ses biens-meubles; car aucune précaution ne l'empêcherait de vendre ses diamants et ses bijoux, fût-elle même en communauté.

Le C. *Cretet* demande si la femme peut acheter des immeubles sans l'autorisation du mari.

Le C. *Tronchet* répond qu'elle ne le peut pas, parcequ'elle aliénerait un capital, ou qu'elle s'obligerait.

Le C. *Regnaud* (de Saint-Jean-d'Angely) dit qu'il suffirait de lui défendre en général de s'obliger sans autorisation.

Le C. *Réal* répond que la défense d'hypothéquer ses immeubles est une précaution suffisante.

Le C. *Regnaud* (de Saint-Jean-d'Angely) dit que néanmoins la femme pourrait acheter, ou à un prix trop haut, ou des biens d'une nature peu avantageuse; que, pour lui éviter ces pertes et prévenir un grand nombre d'autres inconvénients, on doit exiger qu'elle n'achete qu'avec l'autorisation de son mari.

Le C. *Tronchet* dit qu'une raison très morale vient à l'appui de l'opinion du C. Regnaud. L'ordonnance de 1731 défendait à la femme d'accepter une donation sans l'autorisation de son mari, parcequ'il est utile que le mari connaisse les causes de la donation. Ce motif doit faire étendre l'incapacité de la femme au cas où elle veut acquérir ; car, au lieu de recevoir un immeuble en nature, elle pourrait recevoir l'argent nécessaire pour l'acheter.

L'article est adopté avec l'amendement du C. Regnaud.

Rédaction communiquée au Tribunat.

LXVIII (217). « La femme, même non commune « ou séparée de biens, ne peut donner, aliéner, hypo- « théquer, acquérir, sans le concours du mari dans « l'acte, ou son consentement par écrit. »

Observations du Tribunat.

La disposition de cet article est approuvée : seulement on pense que, si dans le détail des propositions ci-dessus spécifiées on ne trouvait pas exprimée en termes précis celle de « s'obliger » il pourrait s'élever quelque doute sur cette derniere prohibition ; tandis que l'intention formelle de la loi est d'assujettir à l'autorisation du mari toute espece d'obligation que la femme voudra contracter, excepté, comme il est dit à l'article LXXI (220), lorsque la femme est marchande publique, et pour ce qui concerne son négoce. En conséquence la section adopte cette addition, et propose de commencer l'article de la maniere suivante :

« La femme, même non commune ou séparée de « biens, ne peut s'obliger, donner, etc. »

On pense aussi que pour donner à l'application du mot « acquérir » toute la latitude qu'il doit comporter, il convient de dire après ces mots, « à titre gratuit « *ou onéreux.* »

ARTICLE 218.

Si le mari refuse d'autoriser sa femme à ester en jugement, le juge peut donner l'autorisation.

219.

Si le mari refuse d'autoriser sa femme à passer

un acte, la femme peut faire citer son mari directement devant le tribunal de premiere instance de l'arrondissement du domicile commun, qui peut donner ou refuser son autorisation, après que le mari aura été entendu ou dûment appelé en la chambre du conseil.

Discussion du Conseil d'Etat.

Premiere rédaction. (Séance du 5 vendém. X, *t.* 1, *p.* 290.)

V (219). « Si le mari refuse son assistance, le juge « peut autoriser la femme à l'effet d'ester en jugement.

« Si c'est à un acte qu'un mari refuse son autorisa- « tion et son adhésion, la femme a la faculté de le « faire directement citer devant le tribunal de pre- « miere instance de l'arrondissement du domicile com- « mun, qui peut donner ou refuser son autorisation, « après avoir entendu le mari, ou lui dûment appelé « en la chambre du conseil. »

Le C. *Defermon* dit que le mari ne peut pas être suppléé par le juge, puisqu'il s'oblige personnellement par l'autorisation qu'il donne à sa femme.

Le C. *Tronchet* répond qu'il ne s'oblige point envers les tiers, que seulement il contracte envers sa femme l'obligation de surveiller l'emploi.

L'article est adopté.

ARTICLE 220.

La femme, si elle est marchande publique, peut, sans l'autorisation de son mari, s'obliger pour ce qui concerne son négoce; et, audit cas, elle oblige aussi son mari, s'il y a communauté entre eux.

Elle n'est pas réputée marchande publique, si elle ne fait que détailler les marchandises du commerce de son mari, mais seulement quand elle fait un commerce séparé.

Discussion du Conseil d'Etat.

(Séance du 5 vendémiaire X, *tome 1, page 291.*)

Le C. *Cretet* demande si la femme, marchande publique, et qui n'est point commune en biens, soumet son mari à la contrainte par corps par les engagements qu'elle contracte.

Le C. *Tronchet* répond que l'acte emportant contrainte par corps, n'y soumet que la personne qui l'a signé.

Le C. *Boulay* dit que cette question n'appartient pas à la matiere qu'on discute.

Le C. *Réal* dit que le tribunal d'appel de Dijon demande « Si la marchande publique qui oblige son « mari, quand il y a communauté entre eux, le rend « aussi sujet à la contrainte par corps pour les obli- « gations qu'elle a contractées dans son commerce. »

Le C. *Tronchet* dit que la communauté est affectée dans tous les cas pour les dettes que contracte la femme marchande publique.

L'article est adopté.

ARTICLE 221.

Lorsque le mari est frappé d'une condamnation emportant peine afflictive ou infamante, encore qu'elle n'ait été prononcée que par contumace, la femme, même majeure, ne peut, pendant la durée de la peine, ester en jugement, ni contracter, qu'après s'être fait autoriser par le juge, qui peut, en ce cas, donner l'autorisation, sans que le mari ait été entendu ou appelé.

Rédaction communiquée au Tribunat.

Nota. Elle était conforme à celle du code.

Observations du Tribunat.

On réclame contre cet article, en ce qu'il suppose que le condamné à une peine infamante, est privé de l'exercice des droits civils ; tandis que le Code pénal de 1791, qui n'a pas cessé d'être en vigueur sur cette partie de la législation, ne prive de l'exercice des droits civils que le condamné à une peine afflictive. Ce qui est commun à l'un et à l'autre, est la perte de la qualité de citoyen. Telle est la disposition des articles I et II du titre IV de la premiere partie du Code pénal.

D'après ce motif on propose de supprimer les mots « ou infamante. »

ARTICLE 222.

Si le mari est interdit ou absent, le juge peut, en connaissance de cause, autoriser la femme, soit pour ester en jugement, soit pour contracter.

Discussion du Conseil d'Etat.

Premiere rédaction. (Séance du 5 vendém. X, *t.* I, *p.* 292.)

VIII (222). « Si le mari est interdit pour cause de « démence, ou s'il est absent, le juge peut, en connais- « sance de cause, autoriser la femme, soit pour ester « en jugement, soit pour contracter. »

Le *Premier Consul* demande si la section veut parler d'un mari seulement absent du lieu où se trouve la femme, ou si elle parle du mari déclaré absent.

Le C. *Berlier* dit que la femme serait trop long-temps dans l'impuissance d'agir, si elle ne pouvait obtenir l'autorisation du juge avant que son mari eût été déclaré absent; qu'au surplus le tribunal ne donne l'autorisation qu'en connaissance de cause.

Le C. *Tronchet* dit que cette derniere raison dissipe toute crainte, et permet de donner plus de latitude à la disposition. Autrefois on accordait l'autorisation sur simple requête : les lieutenants-civils d'Argouges et Angran ont voulu qu'elle ne le fût qu'en connais-sance de cause ; ce qui sauve tous les inconvénients, et permet de laisser subsister un usage nécessaire ; car il est possible que quoiqu'un mari ne soit pas éloigné, il y ait cependant tellement urgence, que la

Conférence. II.   8

femme n'ait pas le temps de prendre son autorisation.
L'article est adopté.

ARTICLE 223.

Toute autorisation générale, même stipulée par contrat de mariage, n'est valable que quant à l'administration des biens de la femme.

Discussion du Conseil d'Etat.

Premiere rédaction. (Séance du 5 vendém. X, *t.* I, *p.* 292.)

IX (223). « Toute autorisation générale, même sti-
« pulée par contrat de mariage, n'est valable que quant
« à l'administration des biens de la femme, et non
« quant à l'aliénation desdits biens. »

Le C. *Maleville* dit qu'on a mis en question si une autorisation générale donne à la femme le droit d'ester en jugement.

Les CC. *Tronchet* et *Boulay* répondent que ses effets ne vont pas jusque-là, et sont bornés à l'administration des biens de la femme.

Le C. *Maleville* dit que, pour généraliser la disposition, il faudrait donc retrancher ce dernier membre de l'article : *et non quant à l'aliénation desdits biens.*

L'article est adopté avec cette suppression.

ARTICLE 224.

Si le mari est mineur, l'autorisation du juge est nécessaire à la femme, soit pour ester en juge-ment, soit pour contracter.

225.

La nullité fondée sur le défaut d'autorisation ne peut être opposée que par la femme, par le mari, ou par leurs héritiers.

226.

La femme peut tester sans l'autorisation de son mari.

CHAPITRE VII.
De la Dissolution du Mariage.

227. Le mariage se dissout,
1° Par la mort de l'un des époux;
2° Par le divorce légalement prononcé;
3° Par la condamnation devenue définitive de l'un des époux, à une peine emportant mort civile.

Discussion du Conseil d'Etat.

Premiere rédaction. (Séance du 14 vendém. X, *t.* 1, *p.* 294.)

(227). « Le mariage se dissout,
« 1° par la mort de l'un des époux;
« 2° par le divorce légalement prononcé;
« 3° par la condamnation contradictoire, ou deve-
« nue définitive, de l'un des époux, à une peine empor-
« tant mort civile. »

Le consul *Cambacérès* demande qu'on dise, *et devenue définitive*, si toutefois l'on entend conserver le mot *contradictoire*.

Le C. *Tronchet* dit que la contumace devenant définitive après un temps, on peut retrancher le mot *contradictoire*, et dire, «par une condamnation devenue définitive». Cette rédaction embrasse les deux cas.

L'article est adopté avec l'amendement du C. Tronchet.

Rédaction communiquée au Tribunat.

Nota. Elle était conforme à celle du code.

Observations du Tribunat.

La section demande la suppression de la derniere partie de l'article. Elle persiste à penser que la mort civile doit être seulement une cause de divorce. Elle se réfere aux motifs exprimés à cet égard lors de la discussion du projet de loi sur la jouissance et privation des droits civils, et n'ajoutera rien aux développements consignés dans le procès verbal relatif à ce projet.

CHAPITRE VIII.
Des seconds Mariages.

228. La femme ne peut contracter un nouveau mariage qu'après dix mois révolus depuis la dissolution du mariage précédent.

Discussion du Conseil d'Etat.

Premiere rédaction. (Séance du 14 vendém. X, *t.* 1, *p.* 294.)

I (228). « La femme ne peut contracter un nouveau « mariage qu'après dix mois révolus depuis la dissolu« tion du mariage précédent; le mari ne peut non plus « contracter un second mariage qu'après trois mois « depuis cette dissolution. »

Le consul *Cambacérès* demande quels sont les motifs qui ont déterminé la section à étendre la disposition au mari?

Le C. *Boulay* répond que la décence parait l'exiger.

Le *Premier Consul* pense que le terme de dix mois n'est pas assez long pour la femme.

Le *Ministre de la justice* dit que, dans nos mœurs, ce terme est d'une année, qu'on appelle *l'an de deuil.*

Le consul *Cambacérès* revient sur la disposition relative au mari. Il observe que plus on y réfléchit, et moins on en sent la nécessité. L'un des préopinants allegue des considérations de décence; mais des motifs de cette nature doivent-ils prévaloir sur l'urgence des conjonctures? D'ailleurs, dans des temps où le sentiment délicat des convenances était la regle des actions, n'était-il pas commun de voir un veuf se re marier quarante jours après la mort de sa femme? il ne faut pas que le Code nouveau multiplie les entraves sans aucun profit pour la morale publique.

Le C. *Tronchet* dit qu'en effet la défense faite à la femme, a pour objet de prévenir la confusion de part; que la même raison ne subsiste pas pour le mari; et que le terme proposé serait trop long pour les cultivateurs, pour les artisans, enfin pour une foule d'individus de la classe du peuple, à qui le secours d'une femme est nécessaire par rapport à la conduite de leur ménage.

Le *Premier Consul* dit que l'inconvénient de la confusion de part n'a pas fait impression sur les anciens, puisque l'exemple d'Auguste prouve qu'ils épousaient des femmes enceintes. Quant au mari, il faut ou n'en pas parler, et s'abandonner aux mœurs et aux usages, ou lui interdire le mariage pendant un terme plus long: il serait inconvenant que le Code civil se montrât, sur ce point, plus indulgent que l'usage.

L'article est adopté avec le retranchement de la disposition relative au mari.

II. « Les seconds et subséquents mariages ont les « mêmes effets que le premier.

« Ils donnent au mari et à la femme les mêmes droits, « il en naît les mêmes obligations réciproques entre le « mari et la femme, le pere et la mere et les enfants. »

Le consul *Cambacérès* demande s'il n'est pas à craindre que l'article ne semble préjuger les questions relatives aux dispositions entre maris et femmes?

Le C. *Tronchet* répond que la faculté de disposer n'est pas un effet du mariage, mais un bénéfice de la loi.

Le C. *Defermon* observe que l'article est inutile, puisque les effets du mariage, tels qu'ils sont reglés ailleurs, sont communs à toute espece de mariage.

L'article est supprimé.

N. B. On a vu la discussion *particuliere* du conseil d'état et du tribunat avant la rédaction définitive de ce titre; on en trouvera la discussion *publique* au corps législatif et au tribunat, dans l'édition du Code civil, en 8 vol., imprimée chez Firmin Didot. — Exposé des Motifs par le conseiller d'état Portalis, N° 15, — Rapport au tribunat par le tribun Gillet (de Seine et Oise), N° 16, — Discours au corps législatif par le tribun Bouteville, N° 17.

TITRE VI.
Du Divorce.

(Décrété le 30 ventose XI. Promulgué le 10 germin. suivant.)

CHAPITRE PREMIER.
Des Causes du Divorce.

229. Le mari pourra demander le divorce pour cause d'adultere de sa femme.

230.

La femme pourra demander le divorce pour cause d'adultere de son mari, lorsqu'il aura tenu sa concubine dans la maison commune.

231.

Les époux pourront réciproquement demander le divorce pour excès, sévices ou injures graves de l'un d'eux envers l'autre.

232.

La condamnation de l'un des époux à une peine infamante, sera pour l'autre époux une cause de divorce.

233.

Le consentement mutuel et persévérant des époux, exprimé de la maniere prescrite par la loi, sous les conditions et après les épreuves qu'elle détermine, prouvera suffisamment que la vie commune leur est insupportable, et qu'il existe, par rapport à eux, une cause péremptoire de divorce.

Discussion du Conseil d'Etat.

Premiere rédaction. (Séance du 14 vendém. X, *t.* I, *p.* 296.)

Le C. *Portalis* présente le titre *du divorce.*

Le chapitre Ier intitulé, *des causes du divorce*, est soumis à la discussion ; il est ainsi conçu :

I. « Le divorce ne pourra être prononcé que pour « les causes déterminées par la loi.

II. « Ces causes sont, les sévices ou mauvais traite- « ments, la conduite habituelle de l'un des époux qui « rend à l'autre la vie commune insupportable ; la dif- «famation publique ; l'abandon du mari par la femme, « ou de la femme par le mari ; l'adultere de la femme « accompagné de scandale public, ou prouvé par des « écrits émanés d'elle ; celui du mari qui tient sa con- « cubine dans la maison commune. »

Le C. *Portalis* dit que les tribunaux se sont parta- gés sur le divorce : les uns le repoussent absolument, d'autres le modifient, deux l'admettent dans sa plus grande étendue, et même pour cause d'incompatibili- té d'humeur.

De là trois questions préliminaires :

Faut-il admettre le divorce ?

Faut-il l'admettre seulement pour causes détermi- nées, ou même pour incompatibilité d'humeur ?

Faut-il admettre avec le divorce la séparation de corps ?

Des tribunaux ont dit : Dans la religion catholique, le mariage est un sacrement ; il est indissoluble : le lé- gislateur peut-il admettre le divorce sans blesser la li- berté des cultes ? S'il en a le droit, est-il prudent d'en user ? Il faut examiner ces deux questions.

Et d'abord, le législateur peut-il autoriser le di- vorce ?

La religion dirige le mariage par sa morale ; elle le bénit par un sacrement.

La morale de la religion proscrit le divorce et la po- lygamie ; mais la loi civile n'est pas obligée de se plier à tous les préceptes de la morale religieuse : s'il en était autrement, les lois ecclésiastiques deviendraient les seules lois de l'état, parcequ'il n'est rien que la mo- rale ne regle par ses préceptes.

Quant au rite, qui bénit l'union des époux, il sup-

pose le mariage, et ne le forme pas. On ne peut donc
dire que le mariage appartient en entier à la religion :
il existait avant elle ; et on ne l'a fait intervenir que
pour attirer la bénédiction du ciel sur un des engagements les plus importants de la vie. Aussi le mariage
a-t-il toujours été une des matieres du droit civil ; toujours la loi civile en a déterminé les empêchements dirimants, et les cas où il est dissous. C'est pour cette
raison que quand les premiers chrétiens trouvaient
dans la loi civile quelque disposition qui leur semblait
blesser leurs principes, ils ne la réformaient pas eux-
mêmes par un réglement ecclésiastique ; ils s'adressaient
aux empereurs, et sollicitaient la modification de la
loi, de la seule puissance qu'ils reconnussent avoir le
droit de régler la matiere du mariage.

Il y a plus ; le principe de l'indissolubilité du mariage a été controversé dans l'église même : saint Epiphane et saint Ambroise ont cru que le divorce pouvait avoir lieu pour cause d'adultere ; saint Augustin
est le premier qui ait fait adopter l'indissolubilité absolue ; et néanmoins l'église grecque a conservé le principe de saint Ambroise et de saint Epiphane. Dans les
articles proposés au treizieme siecle pour la réunion
de l'église grecque avec l'église romaine, on ne parla
point du divorce, dans la crainte de mettre obstacle
à cette réunion. Depuis, le concile de Trente donna
un semblable exemple de condescendance : il avait d'a-
bord préparé un décret pour anathématiser l'opinion
contraire à l'indissolubilité absolue du mariage ; les
ambassadeurs de Venise représenterent que ce décret
blesserait les Grecs, habitants des isles soumises à la
domination de leur république : le concile changea son
décret, et se borna à prononcer anathême contre ceux
qui prétendraient que l'église se trompe, lorsqu'elle
déclare le mariage indissoluble. Les premiers peres se
contentaient d'exhorter l'épouse répudiée à ne pas se
remarier : cependant ils permettaient aux époux de
dissoudre leur mariage pour embrasser la vie reli-

gieuse; ce qui prouve qu'ils ne regardaient pas comme absolu le principe de l'indissolubilité.

Le divorce a été admis en France par les rois de la premiere race: il l'a été successivement dans tous les pays policés. Il n'a été proscrit que lorsque le ministre du sacrement est devenu aussi le ministre de la puissance civile; car il eût été absurde de le forcer à agir contre sa croyance. Aujourd'hui il n'y a plus de confusion; le contrat civil est séparé du sacrement. L'Eglise a toujours reconnu cette distinction; et elle croit tellement que le mariage subsiste et est valable sans que le sacrement soit intervenu, qu'elle reconnaît les mariages des hérétiques et des infideles, et ne les oblige pas à les réhabiliter lorsqu'ils se convertissent à la foi.

Le contrat de mariage, les causes qui le forment, les causes qui le dissolvent, sont donc exclusivement du domaine de la loi civile: ainsi le législateur peut autoriser le divorce.

Examinons maintenant s'il doit l'autoriser.

On a dit: La loi civile ne peut permettre le divorce, sans être en discordance avec la loi religieuse, qui le défend.

Le besoin de la langue a seul fait admettre cette expression, *permettre*, *autoriser* le divorce. A parler exactement, la loi civile ne le permet, ni ne l'autorise; elle se borne à en prévenir l'abus. En effet, s'il n'y avait pas de loi, la volonté de chacun serait la seule regle dans cette matiere; chacun userait à son gré de la liberté naturelle: mais l'ordre public pourrait être blessé par cette liberté indéfinie; et c'est pour empêcher ces désordres que la loi intervient. Elle ne donne pas une liberté que tous tiennent de la nature; elle ne parle que pour la restreindre et la circonscrire dans des limites qui ne pourraient être franchies sans que la société fût troublée. La loi s'arrête là, et abandonne ensuite à la conscience l'usage du divorce. Il n'y aura donc point de discordance entre les lois civiles et les lois religieuses. Celles-ci sont la morale; elles poursuivent le désordre jusqu'au fond des cœurs : la loi civile n'arrête que les désordres extérieurs, lorsqu'ils troublent la tranquillité publique. La morale prend l'homme là où la loi civile cesse de le régir : elle va donc plus loin que la loi civile ; elle condamne ce que la loi civile ne doit pas apercevoir. C'est ainsi que l'ingratitude, que l'usurpation, sont des crimes aux yeux de la morale ; tandis que la loi civile ne donne qu'en certaines occasions, action contre les ingrats ; tandis qu'elle maintient les usurpations, lorsque le laps de temps en a masqué l'injustice. La loi civile dit ici : Je laisse à la conscience l'usage du divorce ; mais si l'on en abuse contre l'ordre, je le défends.

Le législateur doit donc permettre le divorce si la politique le veut.

Pesons maintenant les motifs qui l'ont fait adopter par la politique.

Ils ont été mal exposés par la loi qui a introduit le divorce en France. Ce n'est point la liberté constitutionnelle qui en est la base ; car elle ne donne point de droits arbitraires : elle n'existe au contraire que lorsque l'usage de la liberté individuelle est soumis à des regles qui l'empêchent de troubler l'ordre public ; et voilà pourquoi la loi permet et défend. Le véritable motif qui oblige les lois civiles d'admettre le divorce, c'est la liberté des cultes. Il est des cultes qui autorisent le divorce ; il en est qui le prohibent : la loi doit donc le permettre, afin que ceux dont la croyance l'autorise puissent en user. Ainsi, le système du divorce doit être conservé dans la législation civile.

Avant d'aborder la deuxieme question, le C. Portalis demande que le Conseil se prononce sur le principe.

Le *Premier Consul* met aux voix si le divorce sera conservé en France.

Le Conseil adopte en principe qu'il sera conservé.

Le C. *Portalis* reprend et discute la seconde question, qui consiste à savoir quelle latitude on donnera à l'usage du divorce : l'autorisera-t-on seulement pour causes déterminées, ou même sur la simple allégation d'incompatibilité d'humeur?

La section s'est divisée sur cette question : l'opinion du citoyen Portalis est que si le divorce pour imcompatibilité d'humeur était admis dans la législation, il n'y aurait plus de mariage.

Dans cette matiere il faut consulter les faits, l'expérience, les motifs qui font ordinairement agir les hommes.

D'abord les faits.

Le divorce n'est pas une découverte que la philosophie puisse réclamer; il a commencé avec les nations sauvages : ainsi la philosophie est ici désintéressée, et peut examiner de sang-froid. Mais l'origine même du divorce est un préjugé contre lui : rarement l'enfance des nations est le temps de leur innocence.

Dans le principe, le divorce n'était qu'une répudiation de la femme par le mari; c'était l'abus de la force contre la faiblesse. On crut, dans la suite, qu'il était injuste de rendre si dure la condition de la femme ; et on lui donna également le droit considérable de répudier son mari. On se trompa peut-être. Hors de la civilisation, et en l'absence des lois publiques, la loi de famille est la seule gardienne de l'ordre et des mœurs. Au surplus, le contrat de mariage, comme tous les autres contrats, ne pouvait être rompu sans cause; et, dans les mœurs sauvages d'alors, cette cause était presque toujours la violence. Après que les mœurs se furent adoucies, le divorce fut admis, même sans cause, mais sous la condition que le mari qui en userait, donnerait à la femme répudiée la moitié de ses biens, et consacrerait l'autre moitié à la religion : on doit à cette condition, de n'avoir point vu de divorce chez les Romains pendant l'espace de cinq siecles. La cause de leur retenue était dans leur loi, et non dans leurs mœurs; car, dans tous les siecles, les hommes se sont dirigés par leur intérêt. En effet, il est très ordinaire de se tromper lorsqu'on parle des mœurs des nations : c'est à tort qu'on suppose que les mœurs sont moins corrompues dans un siecle que dans un autre, chez un peuple que chez un autre; les passions étant les mêmes chez tous les hommes, elles ont toujours les mêmes résultats. La différence qu'on suppose entre les mœurs, n'est jamais qu'entre les manieres. Cependant, chez les Romains, l'autorité des exemples finit par ruiner la loi qui gênait les divorces. Une autre cause encore contribua à les rendre plus fréquents; ce fut la distinction qu'on établit entre les diverses especes de mariages. Tant qu'on ne connut à Rome que le mariage solennel, l'union conjugale fut sévèrement respectée: quand on eut introduit l'usage du mariage moins solennel, formé par la seule possession entre les personnes qui vivaient ensemble, la législation se relâcha de sa premiere austérité, et admit le divorce par consentement mutuel, comme pour les causes les plus graves.

La religion chrétienne survint, et influa sur la matiere. Justinien, pour se rapprocher des préceptes religieux, défendit le divorce par consentement mutuel, et ne le permit que pour les causes les plus importantes. Depuis, ses successeurs ont changé cette jurisprudence, et le droit a continué de varier.

Telle est l'histoire de la législation ancienne du divorce.

Il importe maintenant d'examiner ce qu'était le divorce pour cause non déterminée, dans l'opinion des anciens.

On entend dire à quelques personnes que la sévérité de la loi qui rejette le divorce sans cause déterminée, avait corrompu les mœurs et introduit la licence. Les anciens ne pensaient pas ainsi. Tacite, Juvénal, beaucoup d'autres ont cru, au contraire, que la dépravation des mœurs était la cause la plus ordinaire de ces sortes de divorces; et c'est à ce sujet que Juvénal dit, d'une femme qui avait l'habitude d'en user, qu'elle pouvait compter le nombre de ses années par le nombre de ses maris. Aussi, quand on voulut rétablir les mœurs par l'austérité des lois, on mit des en-

traves au divorce; et (chose étonnante!) l'évangile,
qui interdit le divorce, a été suivi en ce point par
tous les législateurs. Ceci est peut-être la preuve la
plus forte que les mœurs corrompues ne repoussent
pas toujours les lois séveres. Tous les hommes aiment
naturellement la morale, quoique peu la pratiquent;
et les lois morales ont du moins l'avantage de restreindre les vices; elles leur impriment une flétrissure
d'opinion qui les rend moins actifs, en les obligeant à
se cacher.

Le divorce pour incompatibilité d'humeur est donc
jugé par l'opinion, non d'un public de coterie, mais
du public de l'histoire, du public de la postérité. Il
n'est pas un poëte, pas un historien, qui ne blâme
ceux qui usent du divorce. Il est même étonnant que
les philosophes se montrent plus rigoureux à cet égard
que les théologiens protestants.

Il s'agit maintenant d'examiner si l'on doit admettre
en France ce divorce indéterminé contre lequel s'élevent l'histoire, l'opinion, l'expérience.

Qu'est-ce que l'incompatibilité d'humeur? Le tribunal de cassation n'a pas émis d'opinion sur ce sujet;
mais la majorité de la commission qu'il avait formée,
définit la cause d'incompatibilité, un motif de divorce
qui n'a pas besoin de preuves: elle l'admet, et veut
qu'on en prévienne l'abus par des précautions multipliées. Mais qu'est-ce donc qu'une loi qui exige le secours de tant de précautions? Qu'arrive-t-il? les précautions tombent dans la suite des temps; la loi leur
survit, et reste. Est-il raisonnable de proposer une loi
qu'il faut enchaîner comme une passion violente? Ainsi., du premier coup-d'œil, on voit combien ce système
est extraordinaire. C'est avec grande raison que le
membre du tribunal de cassation qui l'a combattue,
disait qu'il est difficile de concevoir comment on peut
admettre une disposition qu'on avoue entraîner tant
et de si grands dangers.

Si l'on considere en soi la nature du mariage et la
nature du divorce, on arrive encore au même résultat.

Examinons donc maintenant ce que c'est que le mariage et ce que c'est que le divorce.

Le mariage, dit-on, est un contrat: oui, dans sa forme extérieure, il est de la même nature que les autres contrats; mais il n'est plus un contrat ordinaire quand on l'envisage en lui-même dans son principe et dans ses effets. Serait-on libre de stipuler un terme à la durée de ce contrat, qui est essentiellement perpétuel, puisqu'il a pour objet de perpétuer l'espece humaine? Le législateur rougirait d'autoriser expressément une pareille stipulation; il frémirait si elle lui était présentée: et cependant on veut qu'il l'admette implicitement en adoptant cette cause d'incompatibilité d'humeur qui permet à chacun des époux de régler, à son gré, la durée du mariage! Cette liberté tacite est contre la nature du contrat.

Le mariage a encore un autre caractere: il ne subsiste pas pour les époux seuls; il subsiste pour la société, pour les enfants; il établit une famille. Faut-il, puisqu'il a tant d'importance, que les premieres légèretés, que le premier caprice, soient capables de le détruire? Montaigne dit, avec raison, que le mariage est une chose trop sérieuse pour qu'on doive en sortir par une porte aussi enfantine que la légèreté. Mais, pour nous en mieux convaincre, suivons la dissolution du mariage dans ses effets. Le mari perd son autorité; la femme passe dans les bras d'un autre; les enfants ne savent à qui ils appartiennent.

Il faut une autorité dans la famille: la prééminence du sexe la donne au mari; s'il ne l'exerce point, il y a anarchie; s'il l'exerce, on demandera le divorce. C'est ainsi que la cause d'incompatibilité ruine l'autorité du mari, même avant qu'elle existe.

L'intérêt de la femme ne repousse pas moins le divorce pour causes indéterminées. Elle est entrée dans le mariage avec sa jeunesse, avec son honneur; elle en sort flétrie et dégradée: la loi peut-elle réparer ce malheur? Si elle ne peut le réparer, et qu'elle l'autorise, elle est sacrilege; si elle ne peut rendre, après le divorce, la dignité d'épouse et de mere, comment souf-

frirait-elle que la femme fût réduite à une position
telle, qu'elle dût ou demeurer dans un célibat forcé,
ou se réfugier dans les bras d'un homme qui n'aurait
pour elle que du mépris? Aussi une expérience trop
malheureuse a-t-elle éclairé les femmes sur le funeste
don que leur avait fait la loi.

Si on se reporte maintenant aux enfants, on se rap-
pellera ces lois anciennes qui avaient établi des peines
pour les secondes noces, parcequ'elles supposaient
qu'un pere qui veut avoir d'autres enfants, qui a donné une marâtre aux fruits de sa premiere union, n'a
plus pour eux la même tendresse: l'amour de la nouvelle épouse absorbe celui des enfants. C'est ainsi que
le divorce met en contradiction, dans l'essence même
du cœur humain, deux affections qui lui sont également naturelles.

S'il est des esprits que ces considérations ne persua-
dent pas, on leur demandera qu'est-ce que le divorce?
c'est la séparation de deux époux. On ne veut pas
qu'elle s'opere par consentement mutuel; et l'on consent à la voir s'effectuer pour cause d'incompatibilité!
Mais pour qui s'effectuera-t-elle? pour l'intérêt d'un
seul des époux. Montesquieu a dit que l'incompatibilité d'humeur est une cause suffisante de divorce;
mais il suppose que cette incompatibilité existe des
deux côtés, et qu'elle détermine le consentement mutuel des deux époux à la dissolution du mariage. Mais
comment admettre le divorce par le consentement d'un
seul, pour son intérêt, quand l'autre résiste? Vous
voulez que la volonté d'un seul devienne la loi suprê-
me; une volonté particuliere, obscure, sans motifs,
souvent dégoûtante. Que le divorce s'opere par la volonté de l'un des époux, quand il y a des causes réelles,
on le conçoit; alors il est un châtiment pour l'autre:
mais le divorce par incompatibilité d'humeur serait
pour l'un un bienfait, pour l'autre un malheur.

Examinons maintenant la cause d'incompatibilité
dans ses rapports avec les mœurs de la nation.

On les a défigurées ces mœurs; on a prétendu que
la probité, que la décence, ne s'y montrent que par

exception. J'aime, je respecte trop ma nation, dit le
C. Portalis, pour donner mon assentiment à cette as-
sertion erronée. Les Français sont légers, mais ils ont
des vertus : c'est dans les départements, c'est dans les
campagnes qu'il faut aller chercher les mœurs françaises. Là, le scandale du divorce a été rejeté avec
mépris; là, on n'a point usé du divorce; les tribunaux
l'attestent: voilà le vœu de la nation. Cependant les
Français sont légers : et c'est précisément cette mobi-
lité que la loi doit fixer ; elle est faite pour réformer
les mœurs, non pour les pousser dans la fausse direction qu'elles ont prise.

On dit que la cause d'incompatibilité a l'avantage
de masquer l'adultere, l'impuissance, en un mot toutes ces causes qui ne peuvent être énoncées sans offenser les oreilles chastes. Quoi ! on dit nos mœurs corrompues, et l'on nous accorde tant de délicatesse ! Il
est vrai néanmoins que les mœurs sont quelquefois
moins épurées que le langage; mais la loi ne peut être
moins pure ni moins sévere que le langage. Cependant
on s'abuse si l'on croit que la cause d'incompatibilité
sera la sauve-garde de l'honneur ; une femme dira au
législateur : « Vous me déshonorez en cachant la vraie
« cause de mon divorce ; vous donnez lieu à tous les
« soupçons ; tandis que mon mari, qui me répudie, ne
« me quitte qu'entraîné par une passion honteuse ». Et
quel inconvénient y a-t-il que les accusations en adultere soient publiques? C'est le crime qui fait la honte,
et non l'accusation. Que l'on rentre dans soi, et l'on
verra que la seule crainte dont on est agité, est celle
du ridicule : car il faut l'avouer, dans l'état de nos
mœurs, on cherche plus à se sauver du ridicule que
du vice même. Mais pourquoi donc la loi ne mettrait-
elle pas à profit cette crainte du ridicule, que nous por-
tons jusqu'à l'exagération? Elle peut retenir les époux
dans le devoir; elle peut les retenir dans les liens du
mariage, par la répugnance qu'elle leur donne à proposer certains griefs que l'on est honteux de rendre
publics. Pourquoi dédaignerions-nous de diriger con-

tre le vice l'arme du ridicule, si souvent dirigée contre les vertus?

Enfin, quand des époux sauront qu'ils ne peuvent pas se délier légèrement, ils seront plus attentifs à se complaire, plus exacts dans leurs obligations mutuelles, plus portés à se ménager, et à étouffer des semences de divisions qui souvent ne s'accroissent et n'amenent une rupture que parcequ'on sait qu'on peut se séparer. Que la générosité qui caractérise le Français dans toutes les actions de la vie, ne soit pas bannie de l'intérieur des ménages, et qu'elle s'exerce surtout entre les époux: alors la patience, le pardon, le support, l'indulgence, seront les appuis secourables du mariage, et le mariage rentrera dans le sein de la nature et de la morale.

Le C. *Tronchet* dit que cette question appartient plus aux sentiments qu'aux raisonnements; qu'il en appelle à tout homme honnête et moral: aucun ne niera que la cause d'incompatibilité ne soit une source de dépravation.

Il y a de l'inconséquence dans le système adopté par la majorité de la commission du tribunal de cassation. Elle veut que le demandeur en divorce pour incompatibilité d'humeur, perde, indépendamment de ses avantages matrimoniaux, la moitié de ses biens.

Comment présenter, avec cette condition. ce qu'on prétend être un remede offert à celui qu'on suppose opprimé? comment punir celui-ci en faveur du coupable? Cependant cette précaution est la seule qui puisse arrêter le divorce pour cause d'incompatibilité. Les délais et toutes autres précautions ne produiraient pas cet effet; on persisterait, par amour-propre, dans une demande que l'on n'aurait formée que par légèreté.

Au reste, l'incompatibilité d'humeur, d'après ceux qui proposent cette cause de divorce, ne serait admise que lorsqu'elle irait jusqu'à rendre aux époux la vie insupportable. Or, il est impossible qu'elle arrive à ce degré sans se manifester par des faits qui deviennent

Conférence. II.   9

des causes déterminées de divorce. La cause d'incompatibilité d'humeur est donc inutile.

Le C. *Maleville* assure que si le tribunal de cassation, dont il est membre, eût été consulté, il n'eût pas adopté l'avis des trois membres de sa commission sur la cause d'incompatibilité ; que la plupart de ceux qui le composent, s'en sont expliqués.

Le C. *Tronchet* dit qu'il faut, dans cette matiere, consulter aussi l'opinion publique ; qu'elle s'est expliquée par les tribunaux. Tous, ou ont rejeté la cause d'incompatibilité, ou, comme celui de Paris, ont demandé qu'elle fût prouvée par des faits ; ce qui rentre dans le système des causes déterminées.

Le *Premier Consul* dit que cependant le tribunal d'appel de Paris semble admettre la cause d'incompatibilité. Il veut que deux individus qui ne peuvent vivre ensemble, soient séparés sans déshonneur, pourvu que quelques faits viennent à l'appui de l'allégation de l'incompatibilité d'humeur et de caracteres.

Le C. *Tronchet* répond que le tribunal d'appel de Paris, en examinant cette expression du Projet de Code civil, *rend la vie insupportable*, la trouve sans inconvénient, parcequ'il est impossible que cette situation ne paraisse par quelques faits faciles à prouver : or, si le tribunal admet la nécessité d'une preuve, il rejette évidemment la simple allégation.

Le *Premier Consul* dit que le jugement qui prononcerait le divorce serait déshonorant, s'il était fondé sur des faits prouvés. Un homme honnête ne rend point la vie insupportable à sa compagne ; mais l'incompatibilité d'humeur entre deux individus qui ne sont pas organisés de même, ne porte aucune atteinte à leur moralité.

Le C. *Tronchet* objecte que la malignité se plairait à répandre que le prétexte d'incompatibilité a été employé pour cacher des causes plus honteuses.

Il observe qu'au surplus il n'entend proscrire que la simple allégation, et qu'il admettrait l'incompatibilité prouvée.

Le C. *Boulay* dit qu'un des motifs qui ont décidé son opinion contre la cause d'incompatibilité, c'est que la procédure en divorce sera secrete dans tous les cas.

Le *Premier Consul* dit que peut-être la procédure publique serait utile lorsque le divorce serait demandé pour une cause grave; parceque la crainte du déshonneur pourrait retenir les époux dans le devoir.

Le C. *Réal* dit que lorsqu'un époux aura demandé le divorce pour cause d'adultere et qu'il aura succombé dans sa demande, le sort de sa femme sera affreux, si elle est forcée de retourner avec lui; que cependant elle ne pourra se prévaloir, pour demander le divorce, de la cause de diffamation, puisque la plaidoierie aura été secrete.

Le C. *Portalis* répond qu'une telle accusation est diffamatoire et calomnieuse, même lorsque la procédure a été secrete, et qu'elle autorise la femme à rompre avec un mari qui ne la jugeait pas digne d'être son épouse.

Le *Premier Consul* dit que le système du C. Portalis se réduit à ceci. Le principe de la liberté des cultes exige qu'on admette le divorce; l'intérèt des mœurs demande qu'on le rende difficile. Ainsi, dans ce système, ce n'est pas par des vues politiques que le divorce est admis; il ne le serait pas s'il n'était dans les principes d'aucun culte. D'un autre côté, il deviendrait si difficile et si déshonorant, qu'il serait en quelque sorte exclu.

Le C. *Portalis* répond qu'il ne propose point d'ôter le divorce à un peuple qui en est en possession depuis dix ans; qu'il ne croit point que toute demande en divorce soit déshonorante; mais que quand elle l'est, peu importe; qu'au surplus, il ne veut rendre le divorce en soi ni déshonorant ni impossible.

Le *Premier Consul* dit qu'il est permis de se marier à quinze et à dix-huit ans, c'est-à-dire, avant l'âge où il est permis de disposer de ses biens; croit-on que cette exception faite en faveur du mariage aux principes généraux sur la majorité, doive faire établir que, quoique l'un des époux ait reconnu l'erreur dans laquelle il est tombé à un âge aussi tendre, il ne pourra néanmoins la réparer sans se flétrir? C'est tout au plus ce qu'on pourrait décider si le mariage n'était autorisé qu'à vingt ans et à vingt-un ans. On a dit que le divorce pour incompatibilité est contraire à l'intérêt des femmes, des enfants, et à l'esprit de famille. Mais rien n'est plus contraire à l'intérêt des époux, lorsque leurs humeurs sont incompatibles, que de les réduire à l'alternative ou de vivre ensemble, ou de se séparer avec éclat. Rien n'est plus contraire à l'esprit de famille qu'une famille divisée. Les séparations de corps avaient autrefois, par rapport à la femme, au mari, aux enfants, à la famille, à-peu-près les mêmes effets qu'a le divorce; cependant elles étaient aussi multipliées que les divorces le sont aujourd'hui: mais elles avaient cet inconvénient, qu'une femme déhontée continuait de déshonorer le nom de son mari, parcequ'elle le conservait. Le respect pour les cultes obligera d'admettre la séparation de corps; mais il ne sera pas convenant de restreindre tellement le divorce par les difficultés qu'on y apporterait, que les époux fussent tous réduits à n'user que de la séparation.

L'article II du projet spécifie des causes pour lesquelles il admet le divorce: mais quel malheur ne serait-ce pas que de se voir forcé à les exposer, et à révéler jusqu'aux détails les plus minutieux et les plus secrets de l'intérieur de son ménage! Le système mitigé de l'incompatibilité prévient, à la vérité, ces inconvénients; cependant comme il suppose des faits et des preuves, il est aussi flétrissant que le système des causes déterminées.

D'ailleurs ces causes, quand elles seront réelles, opéreront-elles toujours le divorce? La cause de l'adultere, par exemple, ne peut obtenir de succès que par des preuves toujours très difficiles, souvent impossibles. Cependant le mari qui n'aurait pu les faire, serait obligé de vivre avec une femme qu'il abhorre, qu'il méprise, et qui introduit dans sa famille des enfants étrangers. Sa ressource serait de recourir à la séparation de corps; mais elle n'empêcherait pas que son nom ne continuât à être déshonoré.

Le Consul se résume en demandant si les deux articles du projet dispenseront les personnes qui voudront user du divorce, de recourir à la séparation de corps.

Le C. *Portalis* observe que les causes du divorce étant, d'après le projet, celles qui feraient obtenir la séparation, les difficultés et les facilités seront les mêmes pour les deux modes.

Il répond aux objections qui lui ont été faites. Il dit qu'en autorisant le mariage à quinze et à dix-huit ans, la loi exige aussi le consentement du père ou de la famille; qu'ainsi elle a pris toutes les précautions qui étaient en son pouvoir pour empêcher le mineur d'être surpris.

Au surplus, il ne faut peut-être pas argumenter des regles des autres contrats, à celles qui doivent régir le mariage. Dans les autres contrats la nature reste muette : mais elle intervient dans le contrat de mariage. De là les distinctions que font les lois entre ces deux especes de majorité. Le mariage est sans doute une affaire très sérieuse; mais la tendresse des peres doit rassurer contre les surprises auxquelles sont exposés les enfants mineurs. Ces mineurs eux-mêmes ont, à cet égard, une maturité que leur donne le sentiment, et qu'on peut prendre pour guide toutes les fois que quelque passion ne les pousse pas à former un mariage inconvenant et mal assorti.

Le *Premier Consul* dit que le mariage n'est pas toujours, comme on le suppose, la conclusion de l'amour. Une jeune personne consent à se marier, pour se conformer à la mode, pour arriver à l'indépendance et à un établissement; elle accepte un mari d'un âge disproportionné, dont l'imagination, les goûts et les habitudes ne s'accordent pas avec les siens. La loi doit donc lui ménager une ressource pour le moment où l'illusion cessant, elle reconnait qu'elle se trouve dans des liens mal assortis, et que sa volonté a été séduite.

Le C. *Portalis* dit qu'il y a des inconvénients des deux côtés. Cependant, ajoute-t-il, si l'on déshonore le mariage, les passions gagnent ; elles perdent au contraire si le mariage est respecté.

Au reste, quand on veut juger un principe, quand on veut juger une loi, il ne faut pas uniquement s'occuper des inconvénients qu'elle ne peut empêcher, et qui sont toujours sensibles ; il faut voir encore ceux qu'elle prévient et qu'elle étouffe. Car si on ne voyait que les inconvénients qu'une loi ne peut empêcher, il y aurait des raisons de proscrire la morale même. Pour ne pas tomber dans l'erreur, il faut tout balancer. Le contrat de mariage doit au moins avoir autant de solidité que les autres contrats. Tout pere de famille tremblerait si le divorce était rendu trop facile, et si la durée du mariage dépendait du libre arbitre de chacun des époux. A la vérité, dans le système proposé, quelques individus seront malheureux : mais le mariage n'est pas seulement institué pour les époux ; l'époux n'est là que le ministre de la nature pour perpétuer la société. La société, dans ce contrat, vient s'enter sur la nature. Le mariage n'est pas un pacte, mais un fait ; c'est le résultat de la nature, qui destine les hommes à vivre en société.

Le *Premier Consul* pense que le mariage prend sa forme des mœurs, des usages, de la religion de chaque peuple. C'est par cette raison qu'il n'est pas le même par-tout ; il est des contrées où les femmes et les concubines vivent sous le même toit, où les esclaves sont traités comme les enfants. L'organisation des familles ne dérive donc pas du droit naturel : les ménages des Romains n'étaient pas organisés comme ceux des Français.

Les précautions établies par la loi pour empêcher qu'à quinze et à dix-huit ans on ne contracte avec légèreté un engagement qui s'étend à toute la vie, sont

certainement sages ; cependant sont-elles suffisantes ?
Qu'après dix ans de mariage, le divorce ne soit plus
admis que pour des causes très graves, on le conçoit :
mais puisque les mariages contractés dans la premiere
jeunesse, sont si rarement l'ouvrage des époux, puisque ce sont les familles qui les forment d'après certaines idées de convenance, il faut que les premieres
années soient un temps d'épreuve, et que, si les époux
reconnaissent qu'ils ne sont pas faits l'un pour l'autre,
ils puissent rompre une union sur laquelle il ne leur
a pas été permis de réfléchir. Cependant cette facilité
ne doit favoriser ni la légèreté, ni la passion. Qu'on
l'entoure donc de toutes les précautions, de toutes
les formes propres à en prévenir l'abus ; qu'on décide,
par exemple, que les époux seront entendus dans un
conseil secret de famille, formé sous la présidence du
magistrat ; qu'on ajoute encore, si l'on veut, qu'une
femme ne pourra user qu'une seule fois du divorce ;
qu'on ne lui permette de se remarier qu'après cinq
ans, afin que le projet d'un autre mariage ne la porte
pas à dissoudre le premier ; qu'après dix ans de mariage, la dissolution soit rendue très difficile. On a
donc des moyens de restreindre les effets de la cause
trop vague de l'incompatibilité d'humeur.

Le C. *Boulay* dit qu'il ne regarde pas l'allégation
d'incompatibilité comme une cause de divorce qui soit
immorale dans tous les cas. Un époux vertueux se
trouve lié à une épouse adultere ; plus il a de mœurs,
et plus elle lui inspire d'horreur : il veut donc la repousser ; mais les preuves lui manquent ; s'il en a, la
commisération, l'honneur de ses enfants, son propre
honneur, l'empêchent de s'en servir, précisément parcequ'il a de la morale ; il ne lui reste de moyen de briser le joug qui l'accable, que dans l'incompatibilité
d'humeur.

Le C. *Portalis* répond que cette hypothese est favorable ; mais qu'il faut voir aussi celle où un époux
corrompu abuserait de la cause d'incompatibilité pour
chasser une épouse vertueuse et fidele.

Le C. *Boulay* continue, et déclare que cependant il rejette la simple allégation d'incompatibilité, attendu que, dans la masse de ses effets, elle serait plus désastreuse qu'utile.

Le C. *Maleville* dit que le mariage n'est plus qu'un concubinage, si la volonté de l'une des parties suffit pour le dissoudre: comment un homme sensé oserait-il se marier, ou un pere tendre donner sa fille à quelqu'un qui pourrait la déshonorer, et la renvoyer huit jours après avec ce facile prétexte?

La cause d'incompatibilité, alléguée par une seule partie, n'a été admise chez aucun peuple: les Romains même n'ont admis le divorce pour consentement mutuel, que par une erreur évidente; ils mettaient le contrat de mariage sur la même ligne que les autres contrats. Henri VIII avait introduit en Angleterre la cause d'incompatibilité: depuis, elle a été abrogée; et le divorce n'est plus admis que pour cause d'adultere; encore faut-il un acte du parlement pour déclarer le mariage dissous.

On fait valoir la considération de la jeunesse des époux; mais la jeunesse est précisément l'âge où l'on abusera le plus de la cause d'incompatibilité. On dit qu'il faut conserver le motif de l'incompatibilité, pour ne pas obliger un mari délicat à ne pas se couvrir de honte en accusant sa femme d'adultere: mais, sans examiner ici s'il ne serait pas plus politique et plus juste de punir sévèrement l'adultere que d'en faire un sujet de risée, pour une demande en divorce pour incompatibilité d'humeur, qui aura pour cause secrete l'adultere, il y en aura vingt qui n'auront d'autres motifs que la légèreté et le libertinage.

Au fond, dans des questions de morale, où l'on ne peut rien démontrer, où il n'y a point de regles certaines pour discerner la vérité, il est fort aisé de faire des raisonnements séduisants, quelque parti que l'on embrasse; et tous ces raisonnements se réduisent à ceci: telle chose vous paraît probable, et à moi, non. Mais il y a un moyen plus sûr que les raisonnements pour découvrir cette vérité si difficile à démêler, c'est l'expérience.

Or, pourquoi, à Rome, quand les divorces étaient si communs, fut-on obligé de faire des lois pour forcer les citoyens à se marier? Pourquoi l'Angleterre, après avoir autorisé le divorce pour cinq causes, l'a-t-elle réduit au seul adultere? Pourquoi, depuis que nous avons le divorce, y a-t-il tant de mariages annullés, quoique les mœurs n'en soient pas devenues meilleures, ni les mariages qui restent, plus heureux? Pourquoi y a-t-il cent fois plus de divorces qu'il n'y avait autrefois de séparations?

Comment, après cette expérience de tous les temps et de tous les pays, pourrait-on croire à la justesse de tous les raisonnements qui se font en faveur du divorce, et spécialement pour conserver les motifs d'incompatibilité d'humeur et de consentement mutuel? Comment se persuader qu'ils contribuent, en effet, au bonheur des mariages, à la population, et à la pureté des mœurs?

C'est sur-tout l'admission de ces motifs qui a fait élever les divorces au nombre effrayant qui nous est certifié : et l'on voudrait encore conserver ces moyens de dissolution du mariage! il est cependant deux vérités qu'on ne peut pas mettre en problème : la premiere, qu'il n'y a que les mariages qui puissent perpétuer la république; la seconde, que le nombre des mariages diminue toujours en proportion de l'augmentation de celui des divorces.

Le C. *Tronchet* réduit la question à savoir si l'on doit permettre la dissolution du mariage pour motif non prouvé. Or, le mariage est un acte important ; il est la base de la société; on doit donc l'entourer de tout ce qui peut le faire respecter et chérir. Ce motif a porté tous les peuples à repousser le divorce pour causes indéterminées.

Ce qu'on a dit de la situation fâcheuse où se trouve un mari qui sait sa femme adultere et qui ne veut pas divulguer ce scandale, ne peut pas faire d'impression :

on doit juger chaque chose par la masse des effets et des inconvénients qu'elle produit. Si donc on compare quelques inconvénients qui suivent l'exclusion de la simple allégation d'incompatibilité, avec l'immense latitude que son admission présente aux passions et aux caprices, on demeure convaincu que ce dernier inconvénient est infiniment plus grave et plus fréquent que les autres.

L'objection tirée de l'état des mineurs est plus frappante.

Mais si, malgré l'assistance du pere et de la famille, un mineur se trouve lésé, et qu'on croie juste de lui accorder la restitution en entier, il ne pourra l'obtenir, si l'on suit exactement les principes des contrats, qu'autant qu'il prouvera la lésion.

Le *Ministre de la justice* dit que toutes les lois ont leurs inconvénients ; que la meilleure est celle qui en a le moins. Le divorce pour incompatibilité, peut, en quelques cas, être un remede salutaire ; mais cet avantage n'est rien si on le compare à tous les inconvénients qui en peuvent naître, et qui peuvent compromettre le mariage lui-même. Qu'est-ce en effet que cette allégation d'incompatibilité d'humeur ? Ou elle se résout en faits, ou ce n'est plus que le résultat du caprice. Dans ce dernier cas, peut-on admettre le divorce ? ne serait-ce pas se jouer du mariage, le plus saint des contrats ? Dans le premier, ou les faits sont graves, ou ils sont légers : s'ils sont légers, tout le monde convient que le divorce ne doit pas avoir lieu ; s'ils sont graves, la loi les admet pour causes de divorce, sans qu'il soit besoin d'invoquer l'incompatibilité. A quoi sert donc le divorce pour incompatibilité d'humeur ?

Prenez-y garde, continue le Ministre ; dans ce mode de divorce, je trouve presque toujours un des époux sacrifié. Une femme veut se séparer d'un époux qui lui déplait, elle alléguera l'incompatibilité d'humeur ; et malgré toutes les protestations que fera le mari de la compatibilité de son caractere, de sa bonne conduite et de sa douceur, le divorce sera prononcé, et le mariage dissous. Il en sera de même, lorsque le mari, par inconstance, ou pour former de nouveaux liens, voudra se débarrasser de sa femme; une incompatibilité qui n'a jamais existé, sera invoquée avec succès. Ainsi, contre la regle fondamentale des contrats, le mariage sera dissous par le fait et par la volonté d'un seul, malgré l'opposition et la résistance de l'autre.

Au reste, l'expérience éclaire sur les deux systèmes. Dans la législation ancienne, on ne connaissait pas la cause d'incompatibilité, et on ne prononçait la séparation de corps que pour des cas graves; et cependant, dans ce système, les époux n'en étaient pas plus malheureux : la patience étouffait les premiers germes de division; l'idée que le mariage était indissoluble accoutumait insensiblement un époux à l'autre, et finissait par en faire des époux unis. Depuis qu'il y a plus de facilité pour se quitter, les divorces sont devenus innombrables.

Le C. *Emmery* dit que Montesquieu regarde l'incompatibilité d'humeur comme la cause la plus puissante pour rompre le mariage, mais par le divorce seulement, et non par la répudiation de la part d'un seul, laquelle, dans cette discussion, est confondue mal-à-propos avec le divorce.

Par les lois romaines, la répudiation n'était d'abord permise qu'au mari, et seulement en trois cas : lorsque la femme était adultere; lorsqu'elle avait formé des desseins sur sa vie; lorsqu'elle se servait de fausses clefs.

La répudiation a été ensuite permise à la femme; et alors elle est devenue plus générale. Alors aussi, parceque l'un et l'autre époux avaient le droit de répudiation, et que la volonté d'en user se rencontrait quelquefois dans tous les deux, on a reçu le divorce pour le cas où ce concours existerait, et on l'a admis sans cause. Il n'y a donc de vrai divorce que par consentement mutuel : lorsqu'un seul demande la dissolution du mariage, on doit exiger des causes; et alors il n'y a plus de divorce, il y a répudiation. La faculté don-

née à un seul des époux de rompre le mariage sans
cause prouvée, serait une tyrannie. L'incompatibilité
ne peut donc être admise que lorsqu'elle est mutuelle.

Ce système, au surplus, est très propre à cacher
les causes honteuses du divorce. Presque toujours celui qui aura lieu de craindre qu'on ne les allegue contre lui, se prêtera au divorce par consentement mutuel, afin d'éviter un éclat qui le couvrirait de honte.

Le consul *Cambacérès* dit que si l'on admettait le
divorce par consentement mutuel, il serait nécessaire
de déclarer les époux qui en auraient usé, incapables
de contracter ensemble un mariage nouveau ; autrement, l'on abuserait de ce moyen pour opérer un divorce fictif, dont l'objet réel serait de changer les conventions matrimoniales.

Le C. *Cretet* dit qu'on a prouvé, à la vérité, les dangers du divorce pour simple allégation d'incompatibilité ; mais qu'on n'a pas cherché le moyen d'en corriger les inconvénients.

Ce moyen consisterait peut-être à soumettre d'abord
les époux à l'épreuve d'une séparation momentanée,
mais assez longue pour leur donner le temps de réfléchir ; d'essayer, en quelque sorte, la vie qui les attend
après le divorce ; de laisser calmer les passions impé-
tueuses, et de donner lieu à des regrets que le temps
amene souvent, et qui infailliblement viendraient trop
tard, si le mariage avait été d'abord rompu : mais cette
séparation ne devrait pas être absolue.

Le *Premier Consul* dit que, dans l'état de la discussion, la premiere question qu'il paraisse nécessaire de
traiter, est celle de savoir si le divorce par consentement mutuel sera admis.

Le C. *Bigot-Préameneu* soutient que ce divorce est
inadmissible. Le contrat de mariage n'appartenant pas
aux époux seuls, ne peut être détruit par eux : les enfants, la société, y sont parties intéressées.

Le *Premier Consul* dit que le mariage ayant été formé sous l'autorisation des familles, on pourrait exiger
cette même autorisation pour le dissoudre par le consen-

tement mutuel, afin qu'il ne fût rompu que de la même
maniere qu'il a été contracté. Cette condition du consentement de la famille serait une garantie que le mariage ne serait dissous que pour des causes graves et
réelles ; et cependant il existerait un moyen de couvrir
les causes de divorce que l'intérêt des mœurs ne permet pas de divulguer.

Le *Ministre de la justice* dit que si le divorce par
consentement mutuel n'avait lieu que pour couvrir des
causes graves, il serait possible de l'admettre ; mais
que si on l'admettait à ce titre, bientôt les causes graves disparaîtraient, et il ne resterait plus que le consentement mutuel : de maniere que la dissolution du
mariage pourrait être l'effet d'un caprice mutuel ; ce
que la loi et les mœurs ne pourront jamais tolérer.

Il ajoute que, jusqu'ici, les conseils de famille ont
été de peu de secours. Les hommes sont naturellement
égoïstes ; ils sont froids pour les affaires d'autrui : on
ne trouve guere l'esprit de famille que dans les ascendants et dans les descendants. L'expérience prouve que
les parents n'interviennent ordinairement dans les divorces que d'une maniere purement officieuse ; qu'ils
se prêtent à tout ce qu'on veut, et semblent ne satis-
faire qu'à une simple formalité.

Le C. *Bigot-Préameneu* dit que si l'on veut que le
conseil de famille se décide d'après des preuves, ce ne
sera qu'un tribunal intérieur ; qu'ainsi il n'y aura de
changement que dans la forme. Mais il importe d'examiner, avant tout, si les preuves sont exigées.

Le C. *Boulay* dit que l'idée de faire intervenir la famille est dans la nature des choses : si, par le passé,
cette intervention n'a produit que peu d'effet, c'est
que les lois révolutionnaires avaient dissous les familles.

Le *Premier Consul* dit qu'on se méprend sur son
système. Ce n'est pas un tribunal de famille qu'il veut,
c'est le consentement de la famille, ou plutôt des deux
familles. Le tribunal public serait le seul qui prononcerait le divorce, mais sans procédure et sans examen,

quand les époux lui auraient justifié de ce double consentement. Il faudrait que les pères, les mères, en un mot tous les parents, appelés des deux côtés, eussent été unanimes. Leur aveu serait une garantie suffisante qu'il y a des causes réelles de divorce; car ils ont intérêt de maintenir un mariage qu'ils ont formé, et ils ne partagent pas l'égarement et les passions qui peuvent faire agir les époux.

Le C. *Portalis* dit qu'il n'adopte le divorce par consentement mutuel sous aucun rapport; mais que, si ce moyen de divorce était admis, il faudrait au moins qu'il fût restreint au cas où il n'y aurait pas d'enfants.

Le C. *Emmery* admet que l'autorité qui a formé le mariage intervienne pour le dissoudre, quand le divorce est demandé pour consentement mutuel par des époux mineurs; mais il voudrait que, lorsque les époux sont majeurs, ils fussent abandonnés à leur propre discernement.

Le *Premier Consul* dit qu'ils doivent toujours être considérés comme mineurs, parceque les passions ne leur permettent pas d'user de leur maturité d'esprit.

Le consul *Cambacérès* dit que le mode proposé est ingénieux, en même temps qu'il ne blesse point la réciprocité, première loi des contrats. En effet, parmi les antagonistes du divorce, on en remarque peu qui s'élevent contre cette institution, lorsqu'elle est fondée sur le changement de volonté des deux époux : ici il est question de faire du consentement mutuel une véritable ressource, pour laisser à des époux qui se méprisent ou se détestent, des moyens de se désunir sans les assujettir à une preuve souvent impossible, et sans les exposer à des révélations dont la pudeur serait alarmée.

Toutefois, le Consul estime qu'il serait dangereux de subordonner le succès de cette demande au consentement donné par des collatéraux, que des raisons d'intérêt rendraient souvent injustes ou difficiles. Il n'en est pas de même de l'aveu des ascendants : l'intervention nécessaire de ceux à qui les époux doivent la

naissance peut souvent servir à les rapprocher. Il
reste à examiner si ce divorce doit être admis quand
il y a des enfants de l'union. Au premier aspect, il
semble que la négative doive prévaloir. Le mariage
est un contrat dans lequel les enfants sont des tiers
intéressés : or, s'il est vrai de dire que la convention
peut être annullée par la volonté de ceux qui l'ont
formée, il est également vrai de dire qu'elle doit subsister si, en la détruisant, l'on préjudicie à des tiers :
qui peut douter que des enfants en minorité n'aient à
souffrir d'une résolution qui les rend orphelins, et
qui, pour ainsi dire, ne leur laisse plus de maison, de
famille? D'un autre côté, le divorce par consentement
mutuel paraissant, dans la proposition qui est faite,
avoir essentiellement pour objet de garantir les époux
et leur postérité de cette espece d'opprobre que le
préjugé se plait à répandre, peut-être y aurait-il de
l'avantage à permettre le divorce par consentement
mutuel, lors même que les deux époux ont des enfants.

Le *Premier Consul* dit que le divorce par consentement mutuel ne devrait pas être admis après dix ans
de mariage, et sans l'autorisation des ascendants; que
cependant, à défaut d'ascendants, on pourrait appeler
des hommes graves par leur réputation et par leur
âge, qui porteraient la responsabilité morale du divorce, et arrêteraient les écarts de l'opinion si elle
interprétait mal les causes qui l'ont fait prononcer.

Le tribunal serait obligé de suivre la décision de ce
jury.

Le C. *Tronchet* dit qu'on ne voit pas facilement
quelle serait l'utilité de l'intervention de la famille.
Si c'est pour réconcilier les époux, elle sera sans succès; jamais un conseil de famille ne rapprochera des
époux las l'un de l'autre. Si la famille devient juge,
elle ne sera pas impartiale; elle se divisera; et chacun,
suivant ses inclinations et ses rapports, prendra parti
entre les époux. Voudra-t-on, pour empêcher cet
effet, que la famille prononce d'après les motifs se-

crets des demandeurs? alors elle n'est plus qu'un tribunal, et le divorce a lieu pour causes déterminées. Les parents d'ailleurs ne mettent jamais un grand intérêt à ces sortes de discussions : les amis épousent les intérêts de l'époux avec lequel ils sont le plus liés.

En général, il ne faut pas perdre de vue l'importance du mariage. Ce contrat ne doit être présenté, même dans l'ordre civil, que comme un engagement sacré ; ainsi tout ce qui tend à l'affaiblir est dangereux. Le mariage perd sa dignité, et on le contractera avec moins d'attention, s'il est possible que les volontés qui l'ont formé le dissolvent.

Le *Premier Consul* dit que, dans le système du C. Emmery, le consentement mutuel n'est pas la cause du divorce, mais un signe que le divorce est devenu nécessaire. Ainsi le tribunal prononcera le divorce, non parcequ'il y aura consentement mutuel, mais quand il y aura consentement mutuel : il s'arrêtera à ce signe, et n'ira pas jusqu'aux causes réelles qui peuvent avoir amené la rupture entre les époux. Ce mode a l'avantage de dérober au public les motifs qu'on ne pourrait énoncer sans alarmer la pudeur.

De toutes les causes pour lesquelles la législation a admis le divorce, l'adultère est la seule qui rompe l'engagement du mariage; elle doit donc être la seule cause déterminée du divorce, la seule pour laquelle il puisse être prononcé d'après un examen et une procédure judiciaires. On laisserait cependant à l'époux outragé la faculté de couvrir le déshonneur de sa femme, en recourant au divorce par consentement mutuel, entouré des formes et des précautions qui ont été proposées. Ce dernier mode, qui n'entraîne pas d'examen judiciaire, serait le seul admis, lorsque le divorce serait demandé pour d'autres causes que pour adultère : il n'aurait pas les inconvénients du divorce pour incompatibilité d'humeur, lequel en effet blesse l'essence du mariage.

Le C. *Tronchet* dit que le système de la section a aussi l'avantage d'ensevelir la procédure dans le secret. La cause serait plaidée à huis clos; les procédures demeureraient cachées dans le greffe; le jugement n'exprimerait pas la cause du divorce.

Ce qu'on doit sur-tout craindre dans l'autre système, c'est l'indulgence des familles, c'est leur intérêt; car, puisqu'ordinairement cette derniere cause porte l'un des époux à résister au divorce, elle peut aussi déterminer l'opinion de la famille.

Le *Premier Consul* dit que le système du consentement mutuel, tel qu'il est proposé, est même plus rigoureux que le projet de la section. Les articles de ce dernier projet sont vagues; et en admettant, pour le divorce, des causes très légeres, ils détruisent la belle théorie sur laquelle ils sont fondés.

Le C. *Bigot-Préameneu* observe que, devant le conseil de famille, les époux s'accorderont pour alléguer et avouer tous les faits qui peuvent conduire à un divorce qu'ils desirent également; qu'ainsi le divorce par consentement mutuel se trouverait rétabli sans modifications.

Le *Premier Consul* dit qu'il ne propose pas d'établir un conseil de famille proprement dit; que chacun des époux prendrait séparément l'autorisation de la sienne. Si un seul des ascendants refuse son consentement, il n'y a pas de divorce.

Le C. *Devaines* dit que, quand la véritable cause de la demande en divorce sera l'impuissance ou les sévices, le défendeur ne se prètera pas à le laisser prononcer par consentement mutuel.

Le C. *Tronchet* dit que le système de n'admettre le divorce que pour cause d'adultere et par consentement mutuel, entraînerait deux inconvénients.

Il priverait les parties du droit de faire valoir d'autres causes légitimes de divorce, si la famille n'y avait pas égard.

Il ouvrirait, sous un autre rapport, la porte à toutes les causes de divorce, s'il plaisait à la famille de les adopter.

On a dit, contre le projet de la section, qu'il per-

Conférence. II.   10

met le divorce pour des causes légeres; par exemple,
pour des mauvais traitements qui sont tels qu'ils ne
méritent pas qu'on leur donne quelque importance.
Mais il faut observer que le projet se sert du mot
sévices, qui signifie des mauvais traitements graves,
suivant la condition des époux; des mauvais traitements habituels. Cependant si l'on ne peut obtenir le
divorce en justice que pour cause d'adultere, et que
pour toute autre cause il ne puisse être prononcé
que par consentement mutuel, jamais on n'obtiendra
ce consentement du mari qui maltraite sa femme, et
qui a intérêt de ne pas rendre la dot. Alors l'action
de la famille est paralysée, et le divorce devient impossible.

Ensuite la famille se trouvera embarrassée, si la loi
ne lui donne pas de regles; ou, maîtresse de ses décisions et indifférente aux intérêts des époux, elle consentira à un divorce, sans cause réelle.

Le *Premier Consul* pense qu'en général les sévices
sont des causes de séparation et non de divorce.

Il est d'ailleurs difficile de prouver que les sévices
que se permet l'un des époux rendent la vie insupportable à l'autre.

Le C. *Tronchet* dit qu'il n'avait pas conçu d'abord
que, dans le systéme du consentement mutuel, l'adultere serait si absolument la cause unique du divorce,
que toutes les autres ne dussent donner lieu qu'à la
séparation. S'il en est ainsi, ajoute-t-il, le mariage
acquerra une grande dignité.

La discussion est continuée à la prochaine séance.

(Séance du 16 vendémiaire X, *tome* 1, *page* 319.)

Le C. *Portalis* résume la discussion de la derniere
séance. Il fixe ainsi les questions dont elle a amené
l'examen :

Le divorce par consentement mutuel sera-t-il admis?
l'admettra-t-on indéfiniment, ou ne pourra-t-il avoir
lieu lorsqu'il y a des enfants, ou lorsqu'il se sera

écoulé un temps considérable depuis la célébration du mariage?

Ne l'admettra-t-on qu'avec le concours des familles ou de notables?

Ces précautions ôtent-elles au divorce par consentement mutuel les inconvénients du divorce pour incompatibilité d'humeur?

Pour décider ces diverses questions, il faut agiter d'abord la question préliminaire de savoir si le divorce par consentement mutuel doit être admis avec des modifications.

Le C. *Berlier* dit qu'il ne reportera point l'attention du conseil sur les faits que l'on a reconnus être essentiellement des causes de divorce, tels que l'adultere et l'attentat, causes auxquelles il pourra convenir d'en ajouter d'autres, telles que l'infamie encourue, ou l'absence déclarée par jugement; mais qu'il y a d'autres points sur lesquels il lui semble bon de se fixer.

Après avoir remarqué, contre ce qui a été avancé par divers orateurs, que la multiplicité des divorces atteste bien plus la corruption des mœurs qu'elle ne la produit, et qu'un mariage en désaccord est plus scandaleux et plus funeste encore à la société qu'un divorce, le C. Berlier exprime ses regrets sur la défaveur dans laquelle l'abus du divorce fondé sur l'incompatibilité d'humeur, a fait tomber ce mode de dissoudre l'union conjugale : il pense que ce mode, aujourd'hui beaucoup trop facile, est dès-là même essentiellement vicieux; mais qu'il eût été possible de l'organiser de maniere à en faire une institution utile : il cite à ce sujet l'opinion des commissaires du tribunal de cassation, et fait lecture de leurs motifs.

Selon l'opinant, il serait convenable d'ajouter encore quelques modifications à celles proposées par le tribunal de cassation, comme d'obliger l'époux qui divorcerait par cette voie à se dessaisir dès à présent d'une partie de ses biens au profit des enfants : en un mot, le problème serait résolu là où une telle somme d'entraves et de sacrifices serait imposée à l'époux qui voudrait divorcer par ce mode, que l'usage qu'il en ferait ne pût jamais être l'effet du caprice ou de la légèreté, mais la résolution évidente d'un individu qui succombe au malheur de sa position.

Or, si une telle action ne pouvait s'introduire qu'après que le mariage a duré plusieurs années, si elle n'était plus recevable après tel autre nombre d'années, si le demandeur était soumis à des délais de résipiscence, s'il ne pouvait se remarier qu'après un certain laps de temps depuis la prononciation du divorce, et s'il était privé de la faculté de rien donner au second époux; si des sacrifices pécuniaires lui étaient même imposés, soit envers son conjoint, soit envers ses enfants, conçoit-on que l'incompatibilité d'humeur fût, dans un tel système, accompagnée des abus qui l'ont signalée jusqu'à ce jour, et qu'ainsi épurée, elle ne devînt pas la plus utile peut-être de toutes les voies de divorce, et celle qui obvierait le mieux à tout éclat scandaleux?

Le C. Berlier observe au surplus que l'objection tirée de ce qu'un contrat formé par la volonté de deux ne saurait se dissoudre par celle d'un seul, est, dans cette espece, plus spécieuse que solide; qu'en effet, le contrat de mariage, tout sacré qu'il est, n'en est pas moins une espece d'aliénation de soi-même dont on peut être relevé sans autres limitations que celles qui peuvent être jugées utiles dans l'intérêt social.

Après avoir émis ces réflexions, qu'il soumet à la sagesse des Consuls et du Conseil, le C. Berlier s'attache plus spécialement à reprendre la discussion dans l'état où elle a été laissée.

Il admet le divorce *sur consentement mutuel*, en ce sens qu'il ne fera point obstacle à la preuve des sévices et mauvais traitements, à l'égard de l'époux vexé, contre celui qui se refuserait au divorce.

Il desirerait même que l'on admît, comme l'avaient proposé les rédacteurs du projet de Code civil, la preuve légale de la conduite de l'un des époux qui

rend à l'autre la vie commune insupportable; disposition que l'on pourrait environner d'une partie des
conditions proposées par le tribunal de cassation pour
l'incompatibilité d'humeur, et qui différerait pourtant de ce mode de divorce, en ce qu'il ne suffirait
pas d'alléguer l'incompatibilité, mais qu'il serait nécessaire de soumettre à l'appréciation du juge les faits
qui rendent la vie commune insupportable.

Dans ce système, la vie conjugale devrait, selon
l'opinant, être divisée en deux époques; et le mode
de divorce dont il s'agit ne devrait être admis qu'à
la première : car ceux-là seraient naturellement non-
recevables qui, durant un temps assez considérable,
auraient vécu ensemble sans se plaindre.

Mais le C. Berlier insiste particulièrement sur le
maintien de la cause de divorce fondée sur les sévices
et les mauvais traitements.

On incline, dit-il, à rejeter cette cause comme devenant inutile, et devant être couverte par le consentement mutuel; c'est une erreur.

Contre qui les sévices et les mauvais traitements
auront-ils lieu? contre le plus faible des époux, contre
la femme : or, quels moyens la victime aura-t-elle pour
amener son oppresseur à ce consentement?

On a dit encore que des sévices et mauvais traitements n'étaient pas une cause suffisante de divorce :
mais ne donnaient-ils pas autrefois ouverture à la
séparation de corps?

Ici le C. Berlier observe qu'il croit avoir entendu
proposer que la simple séparation de corps et de biens
fût substituée au divorce en cas de sévices; mais pourrait-on allier ainsi l'ancienne et la nouvelle institutions, en leur attribuant à chacune une part telle, que
le divorce s'opérât en certain cas, et la simple séparation en d'autres?

Que si l'on a voulu parler d'une séparation à temps,
ou d'un délai qui doit être d'autant plus long que la
cause est moins grave, cela se conçoit bien; mais que
la séparation de corps *indéfinie*, cette institution qui,

contre le vœu de la nature et l'intérêt social, condamnait deux époux, et même l'époux innocent à un perpétuel célibat, exclue nécessairement le divorce en aucun cas; c'est ce à quoi l'opinant s'oppose.

Tout au plus, et si l'on voulait respecter jusqu'aux préjugés d'un époux qui répugnerait à ce mode de dissolution, pourroit-on lui accorder le droit de faire prononcer une simple séparation; mais en réservant toujours à l'autre époux le droit de faire convertir une telle séparation en un vrai divorce.

Le C. Berlier termine son opinion, en insistant pour que les sévices *prouvés* ne soient point retranchés des causes qui peuvent opérer le divorce.

Le C. *Tronchet* examine le principe du contrat de mariage, les conséquences de ce principe, si le mode proposé ne blesse pas ces conséquences, enfin s'il existe un moyen de prévenir cette contradiction.

Le principe fondamental du contrat de mariage, principe avoué par tous, et même par ceux qui ont poussé le plus loin l'abus du divorce, est que le mariage est le plus saint des engagements, parcequ'il tient à l'harmonie sociale; qu'il forme les familles particulieres dont se compose la grande famille de l'État; qu'il est le conservateur des mœurs. De là sont nés les empêchements que l'intérêt des mœurs a réclamés, et les formes destinées à donner de la stabilité au mariage; de là cette intervention de l'officier public, qui, en même temps qu'il annonce aux époux les obligations auxquelles ils se soumettent, sanctionne le contrat au nom de la société.

La conséquence de ce principe est qu'un pareil engagement ne peut être légèrement dissous : peut-être même devrait-il être indissoluble. Il ne s'agit point ici des maximes religieuses : la loi civile, qui ne régit point la conscience, peut cependant établir tout ce que réclame l'intérêt public; et, sous ce rapport, son pouvoir va jusqu'à restreindre la liberté individuelle. Elle peut donc du moins rendre le divorce difficile : il y a plus, elle le doit.

Par suite de ces principes, le Conseil inclinait, dans la précédente séance, à rejeter la cause d'incompatibilité d'humeur, à n'admettre le divorce que pour cause d'adultere, en laissant néanmoins la facilité de couvrir cette cause honteuse par un divorce mutuellement consenti.

D'abord toute transaction sur les principes est dangereuse, et sur-tout quand ces principes tiennent à la morale. Mais il faut indiquer positivement la source de l'erreur dans laquelle on est tombé.

Une premiere réflexion se présente ici : on a pensé que la cause d'incompatibilité n'était inadmissible que parcequ'un contrat formé par la volonté de deux, ne peut être résolu par la volonté d'un seul. L'analogie a conduit à dire que le même obstacle n'empêchait pas la dissolution du mariage par consentement mutuel. Cette erreur vient de ce qu'on n'a vu qu'une raison contre la cause d'incompatibilité, tandis qu'elle est combattue par d'autres raisons non moins puissantes.

Une seconde réflexion, c'est que les préliminaires et les modifications qu'on a proposés pour le divorce par consentement mutuel, sont autant d'aveux de ses abus et de ses dangers.

Une troisieme réflexion, c'est qu'on n'a pu méconnaitre que l'engagement du mariage n'est pas borné aux époux, mais qu'il s'étend aux enfants; et par suite, l'on est convenu que lorsqu'il en existe, le divorce par consentement mutuel devient inadmissible. Reste à savoir s'il doit être admis quand il n'y en a pas.

Mais le véritable objet de la délibération est d'examiner si le divorce par consentement mutuel peut être admis avec des modifications.

On avoue que le caprice, que le dégoût, que l'inconstance, peuvent déterminer le consentement mutuel des époux; et comme ces motifs ne paraissent pas devoir détruire le mariage, on propose des conditions qui assurent que le divorce est demandé pour des causes plus réelles, et qu'il ne sera pas l'ouvrage des passions.

C'est, en effet, le point auquel il faut arriver. Cependant toutes les conditions dont on a parlé, sont impossibles.

On a proposé de déterminer une époque avant laquelle le divorce par consentement mutuel ne serait pas admis. Mais si ce délai est court; si, par exemple, il n'est que de cinq ans, il devient inutile: car, dans les premiers temps du mariage, les époux cherchent à se plaire; les caprices et les dégoûts n'ont point alors d'influence. Si ce délai est long, s'il est fixé à dix ans, par exemple, on porte une loi funeste. C'est après un certain temps que viennent les dégoûts, l'inconstance, l'ambition, et que se développent des passions qui ne sont plus contenues par les premières douceurs de l'union conjugale. La possibilité du succès les irrite: elles seraient moins actives si elles étaient sans espoir.

Mais on est frappé de l'idée qu'un consentement mutuel, librement donné, est l'indice le plus certain que les époux n'étaient pas faits l'un pour l'autre.

C'est encore une erreur de croire que le consentement mutuel sera libre. Il sera toujours forcé de l'un des deux côtés: l'époux qui voudra arriver au divorce, aura toujours une foule de moyens de rendre la vie insupportable à l'autre, ou il emploiera les menaces pour déterminer un consentement que l'autre époux refuserait, s'il pouvait le refuser sans danger.

On objecte que près des époux seront un conseil de famille, un pere, une mere, des ascendants, qui tempereront les passions, et empêcheront le divorce, lorsqu'il ne sera pas réellement nécessaire.

L'expérience a détruit depuis long-temps cette illusion. Qu'on interroge les magistrats, les hommes de loi, même ces individus qui vivent de divorces, tous attesteront que l'intervention des familles est une ressource vaine et abusive. Des peres et des meres partagent assez souvent l'ambition de leurs enfants; ils veulent aussi que le mariage subsistant fasse place à un mariage plus avantageux; et, séduits par cette perspective, ils osent même provoquer le divorce. Il y a

plus; on ira jusqu'à acheter le consentement de la famille;
et le mariage deviendra ainsi un foyer de crimes et
de malheurs.

Mais, quand les familles n'auraient que des vues
pures et des intentions morales, que feront-elles?

On répondra qu'elles peseront les faits; qu'elles jugeront si l'union est en effet malheureuse. Comment
pourront-elles porter ce jugement, lorsque le consentement ne sera pas libre des deux côtés? Ou l'époux
dont la volonté aura été forcée, n'osera désavouer les
faits; ou, si l'on suppose que les deux époux donneraient également un consentement libre, on autorise
le divorce sans causes.

Veut-on des causes, alors les parents deviennent de
mauvais juges : les préventions particulieres et l'intérêt les empêcheront de prononcer avec impartialité.
S'il faut des juges, que ce soient les magistrats. On
objectera qu'alors il faut aussi des faits et des preuves :
mais on les suppose dans tous les systêmes; et, en effet, un contrat aussi sacré que le mariage ne doit être
dissous que quand il devient évidemment impossible
de le maintenir.

Mais, dit-on, c'est une condition bien dure que de
vivre avec un époux, ou avec une épouse, qu'on sait
criminel, mais dont on ne peut prouver le crime. Cet
inconvénient existe; mais ce n'est qu'un mal particulier : un mal public est un bien plus grand malheur.

On a parlé du danger de donner de l'éclat à ces
sortes de contestations.

Il est possible d'étouffer cet éclat par des formes.
Les rédacteurs du Projet de Code civil en ont proposé
qui ensevelissent les procédures sur divorce dans le
plus profond secret. D'ailleurs, la cause du divorce
qu'on veut cacher, c'est l'adultere : mais quel serait
donc l'inconvénient de flétrir celui qui s'en serait
rendu coupable? il faudrait même aller jusqu'à punir
le séducteur, à qui le crime appartient.

L'autre époux, dit-on, sera déshonoré. C'est là une
idée populaire, à laquelle le législateur ne doit pas

s'arrêter. Une épigramme ne blesse que légèrement dans cette triste position; et les ames sensibles et honnêtes n'ajoutent pas au malheur de l'époux outragé ; elles le plaignent, elles le consolent.

On a observé que le plus grand nombre des mariages est contracté par des mineurs, que la loi protege, et qu'elle restitue lorsqu'ils ont été lésés.

D'abord la loi a pris des précautions pour empêcher qu'ils ne le fussent; ensuite on ne restitue le mineur que contre une lésion prouvée; et d'ailleurs la séduction des passions donne à tous les hommes, par rapport au mariage, les faiblesses de la minorité.

Une derniere réflexion, c'est que, dans le temps où les séparations de corps étaient seules en usage, on ne souffrait pas qu'elles fussent volontaires; comment souffrirait-on que la dissolution du mariage le fût?

Le C. *Cretet* propose les bases suivantes :

« Le mariage peut être dissous par le divorce, ou « suspendu à temps par la séparation de corps des con- « joints, pour les causes déterminées par la loi.

« Les causes du divorce sont...

« Les causes de la séparation à temps sont...

« L'action en divorce se porte devant les tribunaux, « par une requête non motivée ; les tribunaux, avant « de prononcer, assemblent les familles des conjoints « pour être consultées.

« Si, dans l'assemblée des familles, les conjoints, « d'une part, et la majorité des membres des familles, « d'autre part, consentent au divorce, il est prononcé « par le tribunal.

« Faute de ces consentements mutuels, la cause est « portée à l'audience et plaidée à huis clos.

« L'action en séparation de corps à temps, se porte « devant les tribunaux, par simple requête non motivée, « tendant à ordonner l'assemblée des familles, qui pro- « nonceraient sur la demande en séparation, et sur le « temps pendant lequel le mariage sera suspendu par « la séparation de corps et de biens des conjoints. »

Le *Premier Consul* demande au C. Tronchet s'il

adopte les causes de divorce énoncées dans l'article II (voyez page 119).

Le C. *Tronchet* répond que, dans son opinion, ces causes ne devraient, pour la plupart, être que des motifs de séparation de corps; que si on en veut faire des causes de divorce, il importe de les examiner avec une grande maturité.

Il consent à ce que l'adultere soit une cause de divorce: mais on est sorti de l'article II pour proposer la cause d'incompatibilité, et subsidiairement le divorce par consentement mutuel; c'est ce systême qu'il entend combattre.

Les rédacteurs du Projet de Code civil avaient d'abord rejeté la séparation de corps, parcequ'elle devait être prononcée pour les mêmes causes que le divorce; néanmoins, comme elle est moins scandaleuse, il paraît convenable de la rétablir, et de laisser le choix aux époux. Mais aux causes énoncées par le Projet de Code civil, l'on a ajouté des causes nouvelles, qu'il faut d'abord discuter; on verra ensuite lesquelles des causes adoptées doivent opérer le divorce, et lesquelles doivent opérer la séparation de corps.

Le C. *Bigot-Préameneu* dit que la question de l'intervention de la famille est celle qui doit être d'abord discutée, parcequ'elle est dans tous les systêmes: cette intervention, telle qu'elle est proposée, n'aurait pas les effets qu'on en espere; et elle est d'ailleurs contre la nature des choses.

Le mariage est un contrat, non seulement entre les époux, mais encore entre les familles, les enfants, la société: les familles n'en peuvent donc pas être juges, puisqu'elles y sont parties.

D'un autre côté, l'expérience prouve que les parents d'un caractere tranquille et paisible ne prennent point de part aux querelles entre époux; qu'au contraire les parents passionnés prennent parti dans ces querelles; et ainsi les haines s'étendent et se perpétuent dans les familles. Quel que soit le caractere des parents, leur jugement ne sera que de pure forme; car ils en seront

les maîtres absolus, puisque les causes du divorce seront arbitraires, et que le divorce sera prononcé sans
faits prouvés.

Dans ce système de causes indéterminées, que fera
le pere, si la fille vient se plaindre de la conduite de
son mari ; si elle vient déclarer qu'elle ne peut vivre
avec lui ; si, par ses larmes, elle parvient à émouvoir
la sensibilité paternelle ? Le pere cédera à sa faiblesse,
et consentira au divorce. Il arrivera, le plus souvent,
qu'un époux paraîtra coupable, lorsque l'autre seul le
sera.

Les rédacteurs du Projet de Code civil faisaient aussi
intervenir la famille, mais seulement pour donner son
avis : ils réservaient la décision aux tribunaux. En effet,
si c'est la famille qui prononce, le divorce sera arbitraire. Au surplus, l'opinant pense comme le C. Tronchet, qu'il est indispensable de rétablir la séparation
de biens.

Le *Premier Consul* dit que la question n'a pas encore été traitée dans son entier. Le projet de la section amenerait plus certainement les inconvénients
dont a parlé le C. *Tronchet*, que le système que le
C. Tronchet combat.

Le mariage pourra-t-il être dissous pour cause d'incompatibilité ? voilà la premiere question.

On a répondu que le mariage n'aurait plus de stabilité, s'il ne devait subsister que jusqu'au moment où
les époux changent d'inclination et d'humeur.

On a répondu encore qu'un contrat formé par le
concours de deux volontés, ne peut être rompu par
la volonté d'un seul des contractants.

Ces deux réponses sont fondées.

Mais est-il également vrai que l'indissolubilité du
mariage soit absolue ?

Le mariage est indissoluble en ce sens, qu'au moment où il est contracté, chacun des époux doit être
dans la ferme intention de ne jamais le rompre, et ne
doit pas prévoir alors les causes accidentelles, quelquefois coupables, qui, par la suite, pourront en né-

cessiter la dissolution. Mais que l'indissolubilité du mariage ne puisse recevoir de modification dans aucun cas, c'est un système démenti par les maximes et par les exemples de tous les siecles. Il n'est pas dans la nature des choses que deux êtres organisés à part, soient jamais parfaitement identifiés : or, le législateur doit prévoir les résultats que la nature des choses peut amener. Aussi, la fiction de l'identité des époux a-t-elle été toujours modifiée : elle l'a été par la religion catholique, dans le cas de l'impuissance ; elle l'a été partout par le divorce. Dans cette discussion même, on s'est montré disposé à admettre la séparation de corps, qui est une modification du mariage, puisqu'elle en fait cesser les effets. On est convenu aussi, dans le cours de la discussion, que, lorsqu'il y a impuissance, la matiere du mariage manque ; que, quand il y a adultere, l'engagement du mariage est violé.

Ces deux causes de divorce sont positives : celles que propose la section sont au contraire tellement indéterminées, qu'elles impriment au mariage le caractere d'incertitude que lui donnerait l'usage du divorce pour incompatibilité d'humeur.

C'est pour prévenir cette instabilité du mariage, que les rédacteurs du Projet de Code civil ont proposé de n'autoriser le divorce que quand il y aurait crime : cependant, si l'un des époux rendait la vie insupportable à l'autre, il faut que celui-ci ait la faculté de s'en séparer.

Au surplus, pour suivre le véritable ordre de la discussion, il faudrait embrasser tous les systêmes, les comparer l'un avec l'autre ; et si aucun ne paraissait entièrement admissible, les remplacer par un projet nouveau.

Quant à l'objection faite contre l'intervention de la famille, elle est fondée sur la fausse idée que la famille s'érigerait en tribunal. La famille ne serait pas appelée pour prononcer sur le divorce, mais pour l'autoriser par son consentement, ou pour l'empêcher par son refus.

Le C. *Boulay* voudrait que le divorce absolu fût admis pendant tout le cours du mariage, mais seulement pour crimes, ou pour toute autre cause grave et déterminée ; que la séparation de corps fût également admise pour les autres causes moins graves ; et que si, dans l'espace de cinq ans, il n'y avait pas de rapprochement entre les époux, chacun d'eux pût demander le divorce, parcequ'alors l'incompatibilité serait prouvée. On adapterait à ce divorce les formes proposées par le Projet de Code civil.

Le consul *Cambacérès* dit que si le système du divorce par consentement mutuel est adopté, il y a lieu d'examiner les modifications que l'on y apportera.

La premiere consiste à prohiber cette faculté à ceux qui ont des enfants de leur mariage.

Cette proposition peut étonner au premier aspect, attendu que, dans cette matiere, toute l'attention se porte sur les deux époux.

Mais le législateur ne doit-il pas aussi s'occuper des enfants ? ceux-ci ne sont-ils point des tiers intéressés au contrat de mariage ? Or, combien sont à plaindre ceux qui, devant le jour à des époux divorcés, se sont vus presque en naissant déposés dans des familles qui leur sont à demi étrangeres !

L'autre modification tend à faire intervenir les familles dans la procédure du divorce. A cet égard, le Consul distingue : il croit que l'aveu des peres et meres des époux, ou celui de leurs ascendants, peut souvent prévenir ou faire cesser des projets de désunion qu'un caprice a suggérés, et qu'un peu de réflexion dissipe. Mais pour ce qui est des collatéraux, même des freres et sœurs, le Consul croit que leur concours ne ferait qu'embarrasser, et que leur avis serait souvent dicté par des vues d'intérêt personnel.

Le C. *Portalis* dit qu'il faut rendre le divorce toujours utile, et l'empêcher d'être jamais dangereux.

Le divorce est utile, lorsque les causes pour lesquelles il est prononcé sont des infractions au mariage ; c'est pourquoi l'adultere a été une cause de divorce par-tout où le divorce a été reçu. L'impuissance, cause honteuse et difficile à prouver, a toujours été aussi un principe de nullité en matiere de mariage.

Mais le consentement mutuel doit-il donner lieu au divorce?

Il est, sans doute, préférable à la cause d'incompatibilité, puisqu'il suppose le concours des volontés. Cependant le consentement mutuel sera très rare, parcequ'il sera rare que des époux s'accordent pour rompre leur mariage.

Au reste, il est nécessaire de n'admettre le divorce que pour des causes déterminées; de ne donner d'effets au consentement mutuel que lorsqu'il n'y a pas d'enfants, que lorsqu'il est appuyé de l'autorisation des peres, et en le soumettant à l'épreuve d'un délai.

Le *Ministre de la justice* observe qu'en effet le divorce par consentement mutuel ne devrait plus avoir lieu quand il y a des enfants, parcequ'alors les choses ne sont plus entieres, comme au moment où le consentement qui a formé le mariage a été donné.

Dans le cas où il n'y a pas d'enfants, le consentement mutuel ne peut encore suffire. On veut qu'il ne serve qu'à couvrir des causes particulieres de divorce: ce vœu de la loi sera trompé; car quelle est la garantie que le divorce ne sera pas prononcé, par cela seul qu'il y a consentement mutuel, sans qu'il y ait d'autre cause? Sera-ce l'intervention des familles? Mais les familles sont ou indifférentes ou passionnées, et il en est ainsi même des ascendants; d'ailleurs les familles souvent sont absentes.

On veut que les tribunaux puissent examiner après la famille, et soient tenus de prononcer aveuglément: cependant le mariage tient tellement à l'ordre public, qu'il ne peut être rompu sans que la société ait quelque garantie qu'il y a véritablement des causes graves de divorce. Cela est si vrai, qu'autrefois l'intervention du ministere public était nécessaire, même pour la séparation de corps, et qu'on n'admettait pas de séparation volontaire. Il faudrait donc que du moins le ministere public fût introduit au milieu de la famille ; qu'il pesât avec elle les motifs vrais de la demande en divorce. Mais alors on revient au système des causes déterminées, au système des procédures judiciaires ; et le consentement mutuel n'opere plus les effets qu'on voulait obtenir.

Le *Premier Consul* dit qu'il est important de réduire dans le fait l'intervention des tribunaux au seul effet de prononcer sans examen le divorce, et d'empêcher cependant que le consentement mutuel, sans motifs, ne donne au mariage une telle instabilité qu'il ne subsiste plus que tant qu'il plaît aux époux d'y rester. Cependant les motifs ne doivent pas être déduits devant les juges. Pour obtenir ce résultat, on pourrait déclarer que le divorce sera admis pour sévices, et pour plusieurs des autres causes moins graves énoncées dans l'article 1I (voyez page 119) du projet, mais que ces causes seront réputées constatées lorsque les parents autoriseront le divorce. Par-là on éviterait la nécessité de prouver publiquement devant les tribunaux, et l'on se ménagerait un moyen de dissimuler des causes scandaleuses de divorce, comme serait celle de l'impuissance.

Le C. *Tronchet* dit qu'il n'y aura jamais de divorce par consentement mutuel dans le cas de sévices, parceque le consentement ne sera jamais donné par le mari qui aura maltraité son épouse, n'eût-il d'autre motif pour le refuser que l'intérêt de ne pas restituer la dot : ce motif portait autrefois les maris à combattre les demandes en séparation de corps.

Au reste, la facilité de se divorcer par consentement mutuel, rend le mariage aussi instable que le ferait la possibilité de se divorcer par incompatibilité d'humeur ; à moins d'une garantie qu'on ne peut trouver, puisqu'il est reconnu que l'intervention de la famille n'en donnerait pas une suffisante.

Le C. *Bigot-Préamencu* pense qu'en admettant le divorce, il doit être autorisé seulement pour des causes graves ; que les causes moins graves ne doivent donner lieu qu'à une séparation de corps. Mais les familles ne doivent intervenir que pour donner leur avis ; cet avis même apprendra aux tribunaux si elles y consentent: le secret le plus profond envelopperait toute la procédure.

Le *Premier Consul* dit que vouloir n'admettre le divorce que pour cause d'adultere publiquement prouvé, c'est le proscrire absolument : car, d'un côté, peu d'adulteres peuvent être prouvés; de l'autre, il est peu d'hommes assez éhontés pour proclamer la turpitude de leur épouse. Il serait d'ailleurs scandaleux, et contre l'honneur de la nation, de révéler ce qui se passe dans un certain nombre de ménages : on en conclurait, quoiqu'à tort, que ce sont là les mœurs des Français.

Il importe de voir la matiere sous ce point de vue. Si l'intérêt des mœurs et de la société exige que les mariages aient de la stabilité, il exige peut-être aussi qu'on sépare des époux qui ne peuvent vivre ensemble, et dont l'union, si elle était prolongée, engloutirait souvent le patrimoine commun, dissoudrait la famille et produirait l'abandon des enfants. C'est offenser la sainteté du mariage que de laisser subsister de pareils nœuds.

Le C. *Boulay* dit qu'on aplanirait beaucoup de difficultés, si l'on posait d'abord les principes sur la maniere de procéder. Son opinion est que, dans toutes les hypotheses, la procédure doit être secrete : si elle ne l'était pas, un mari qui voudrait ménager l'honneur de ses enfants, et qui même, par générosité, ne voudrait pas flétrir son épouse quoique coupable, serait réduit à se taire et à souffrir.

Il répete qu'il ne voudrait de divorce que pour des causes graves; et que, pour les autres, on n'admît que la séparation de corps : elle serait facultative, lorsqu'elle devrait être sans retour; elle serait forcée, lorsqu'elle devrait avoir lieu avant le divorce et par forme d'épreuve.

Le C. *Maleville* dit qu'il ne faut pas perdre de vue

Conférence. II. 11

les conditions proposées par le consul *Cambacérés*, et ne pas admettre le divorce par consentement mutuel lorsqu'il y a des enfants : dans ce cas, il ne devrait plus y avoir lieu qu'à séparation de corps.

Le C. *Regnaud* (de Saint-Jean-d'Angely) dit que la séparation n'est ni plus morale ni moins dangereuse que le divorce. En effet, le mariage subsiste ; et cependant, chaque époux jouit, de son côté, d'une entiere liberté ; chacun d'eux donne de mauvais exemples aux enfants communs. Ils n'en sont pas moins et plus souvent encore exposés à l'abandon et aux malheurs qui le suivent.

Le C. *Maleville* répond qu'il y a cette importante différence entre le divorce et la séparation de corps, que des époux séparés n'en ont pas moins l'œil sur leurs enfants ; leurs entrailles n'en sont pas moins émues à ce spectacle : mais un époux divorcé et remarié est, par cela même, constitué hors d'état de remplir à leur égard les devoirs dont la nature l'a chargé ; une nouvelle femme, un nouveau mari, rebutent et éloignent ces enfants : mais c'est pour les enfants que le mariage a été établi, et c'est leur intérêt qu'il faut sur-tout considérer dans toutes les questions relatives au mariage.

Si les enfants étaient mis, comme à Lacédémone, sous la surveillance de magistrats, et élevés en commun, le divorce leur serait à-peu-près indifférent ; mais peut-on soutenir qu'un tuteur ait la même affection, le même zele et encore le même pouvoir qu'un pere pour leur conservation et leur direction ? Toujours il y a eu des tuteurs ; et pourquoi cependant toujours les orphelins ont-ils excité la pitié ?

De plus, la séparation de corps laisse une porte ouverte à la réconciliation : une rencontre fortuite, l'isolement où se trouvent des époux habitués à vivre ensemble, la réflexion qui met à leur place des torts que les passions avaient exagérés, l'aspect sur-tout des enfants communs, peuvent faire répandre autour d'eux les pleurs du repentir et ceux de la clémence ; mais le divorce ferme toute issue à cette réconciliation si desirable, et ne laisse après lui que des remords et des regrets.

Il n'y a donc pas de doute que, si on admet le divorce, on ne doive le réserver du moins pour les cas très graves et qui ne laissent pas d'espoir possible de réconciliation, tels que l'adultere, et ne permettre, pour tous les autres, que la séparation de corps.

Le C. *Bérenger* dit que la sainteté du mariage consiste dans les affections morales qui unissent les deux époux, et que ce caractere n'existe plus dans les cas où le divorce est admissible, puisqu'alors ces sentiments sont éteints; que la sainteté religieuse du mariage n'est ni reconnue, ni attaquée par le législateur qui permet le divorce, mais qui ne le commande point, et aux yeux duquel le mariage est un contrat purement civil; que la morale n'est point intéressée au maintien d'une union mal assortie, puisqu'il n'est pas nécessaire de divorcer pour mener une conduite scandaleuse; qu'enfin l'intérêt des enfants ne s'oppose point au divorce par consentement mutuel de deux époux qui projettent de nouveaux mariages, car il est bien évident qu'ils ont perdu tout sentiment paternel, et que la seule ressource des enfants qu'ils veulent abandonner, est dans les précautions que la loi peut, et doit prendre en leur faveur.

Le C. *Boulay* dit que souvent l'un des deux époux mérite la confiance de la loi, et qu'alors le juge lui remet les enfants.

Le C. *Defermon* observe que le but du système du divorce par consentement mutuel, est de couvrir les causes graves du divorce : il demande si le législateur doit se proposer ce but.

Le *Premier Consul* dit qu'un homme honnête ne se détermine au divorce que pour cause d'adultere, et pourvu que le divorce puisse s'effectuer sans éclat. Ces idées sont dans les mœurs françaises; la loi doit donc s'y plier.

Or il serait dur d'obliger un mari, qui d'ailleurs

n'est pas retenu par les opinions religieuses, à garder une femme qui le déshonore; il faut donc lui offrir un moyen d'éviter la publicité des tribunaux.

Le C. *Emmery* dit que quand il y a une véritable incompatibilité d'humeur, et non un simple caprice, le mariage devient un supplice pour les deux époux; tous deux alors cherchent à s'en affranchir, et le consentement mutuel a lieu : ce consentement doit être la seule cause du divorce proprement dit.

Mais il importe de bien s'assurer de la force et de la permanence de la volonté qui produit le consentement mutuel. Là se placent les précautions qu'il convient de prendre. On peut, par exemple, fixer les âges avant et après lesquels le consentement mutuel n'aura point d'effets; on peut déterminer des délais, établir une séparation préalable; faire intervenir la famille pour travailler à rapprocher les époux pendant la séparation. Si, malgré toutes ces épreuves, ils persistent, on prononcera le divorce, mais seulement avec l'autorisation du pere. En général, l'incompatibilité bien caractérisée naît ou de l'adultere, ou de sévices graves, ou de tentatives d'assassinat, ou d'impuissance. Toutes ces causes sont couvertes si le consentement mutuel opere le divorce.

Il n'est cependant pas possible de le défendre absolument en ce cas, lorsqu'il y a des enfants; car il faudrait alors l'interdire, même quand il y aurait adultere. On pourrait pourvoir à l'intérêt des enfants, et faire de leur existence un obstacle moral au divorce, en leur affectant une portion des biens de leurs pere et mere divorcés.

Toute autre cause que le consentement mutuel n'est jamais alléguée que par un des époux. Dès-lors elle ne peut donner lieu qu'à la répudiation : car il n'y a de divorce que lorsque la dissolution du mariage est demandée également par les deux époux; il n'y a que répudiation lorsqu'elle est demandée par un seul.

Pour régulariser la discussion, il importerait peut-être de rédiger en projet les divers systêmes.

Le Conseil, après avoir rejeté le projet de la section, adopte la proposition du C. Emmery.

(Séance du 24 vendémiaire X., *tome* 1, *page* 335.)

Le *Premier Consul* charge le secrétaire général du conseil d'état de faire imprimer par épreuves la partie des procès-verbaux relative à la discussion du Projet de Code civil, de la faire distribuer aux conseillers d'Etat, lesquels reverront leur opinion et la rectifieront.

La réunion des épreuves vérifiées formera la minute du procès-verbal de conférence.

Le C. *Boulay* dit que le Conseil ayant arrêté en principe que le divorce aurait lieu, il faut en déterminer les causes et le mode. Les articles qu'il va proposer sont moins un projet complet à cet égard, qu'une série des idées principales qui doivent entrer dans ce projet, et qui paraissent propres à bien fixer la discussion et à la conduire à un résultat utile.

Il est nécessaire de distinguer d'abord les causes absolues de divorce, celles qui sont de nature à le faire prononcer immédiatement, sans aucune épreuve ni restriction.

La premiere de ces causes est l'adultere : c'est sans doute la plus forte, la plus légitime de toutes, puisqu'elle attaque dans son essence et dissout le lien du mariage, qui consiste dans la fidélité que se sont promise les époux ; et que d'ailleurs elle entraine des conséquences aussi fatales à l'intégrité des familles qu'à leur honneur et à leur tranquillité. Cependant on ne doit pas rendre cette cause aussi facile à la femme qu'au mari, parceque les suites n'en sont pas aussi dangereuses d'un côté que de l'autre ; et le C. Boulay admet volontiers les distinctions qu'il a trouvées là-dessus dans le Projet de Code. Toutefois il n'insiste pas beaucoup sur ces distinctions ; et, comme le crime est véritablement égal des deux côtés, si on croit qu'il ne doit pas y avoir de différence dans le droit de poursuivre l'action qui en résulte, le C. Boulay ne combattra pas cette opinion.

La seconde cause absolue est l'attentat à la vie d'un des époux de la part de l'autre. Comment, en effet, pourrait-on exiger qu'un époux continuât d'associer sa vie à un être dans lequel, au lieu d'un appui fidele et devoué, il ne trouve qu'un assassin ?

Une troisieme cause est la condamnation d'un des époux à une peine afflictive ou infamante. On stipule ici pour l'époux honnête et délicat, contre l'époux coupable et flétri : vouloir qu'ils vivent ensemble, c'est vouloir réunir un cadavre à un corps vivant. Cette cause de divorce doit être admise, sans doute, chez tous les peuples, mais sur-tout chez une nation dont l'honneur paraît être le sentiment spécial.

Voilà les trois causes essentielles et absolues du divorce : du moment où elles existent, et qu'elles sont présentées à la justice, elles doivent produire leur effet.

L'article suivant autorise celui des époux qui, pour une de ces causes, a droit de demander le divorce, à se borner à la demande en séparation de corps et de biens. Cette séparation facultative a été réclamée par la plupart des tribunaux : on peut assurer qu'elle est dans le vœu de la grande majorité du peuple français ; elle lui est dictée par le sentiment de sa religion, qui a consacré l'indissolubilité du mariage ; elle a même, abstraction faite de toute opinion religieuse, une base respectable dans un sentiment noble et généreux, qui fait que l'on veut tenir à la foi donnée, lors même que la personne à laquelle on a juré une éternelle fidélité, y manque de son côté : et c'est, sans doute, d'après ce motif, que cette séparation facultative est admise, même dans les pays protestants, où le divorce n'est pas en opposition avec la religion. Tout exige donc de la sagesse et de la politique du législateur français, qu'il accorde cette faculté aux époux à qui le divorce répugne.

Mais, outre cette séparation facultative et politique qui remplace le divorce, le C. Boulay en admet une autre, que l'on peut appeler *séparation d'épreuve*, qui ne tient pas lieu du divorce, mais qui, dans certains cas, est un moyen de s'assurer que le divorce peut être légitime.

Il faut considérer que, s'il est des causes qui anéantissent pour ainsi dire d'un seul coup le mariage, il en est aussi qui, sans produire immédiatement le même effet, le produisent par leur continuité : telles sont celles indiquées par l'article V. Ces causes considérées dans un instant donné, ne sont pas très graves par leur nature : elles peuvent être l'effet d'un caprice ou d'une passion passagere ; elles sont susceptibles d'oubli : elles different d'ailleurs par les nuances des caracieres, de l'éducation et des conditions. Ainsi, les admettre comme causes immédiates de divorce, ce serait porter une atteinte trop funeste à la sainteté du mariage : il ne faut donc les admettre d'abord que comme causes de séparation. La séparation laisse subsister le mariage ; les époux, quoique séparés, restent toujours engagés l'un à l'autre : mais étant séparés, les causes qui avaient altéré leur union, peuvent s'anéantir ou s'affaiblir ; le temps peut les ramener à des sentiments plus calmes ; des parents, des amis peuvent s'interposer ; enfin l'amitié peut renaitre, ou du moins la raison se faire entendre, et ramener les époux l'un à l'autre. Mais si, malgré la séparation et l'intervalle de trois années, les époux restent désunis ; si rien n'a pu les rapprocher, que doit-on en conclure ? qu'il existe entre eux un obstacle insurmontable ; que les causes qui ont amené la séparation sont plus graves qu'on ne l'avait d'abord cru, et que peut-être même elles en cachent de plus secretes qu'on n'a pas voulu dévoiler. Alors il est clair qu'il ne peut plus y avoir d'union entre les époux, ni par conséquent plus de mariage. Dès-lors, l'intérêt des époux, celui de la société, la raison, tout commande d'accorder le divorce à l'époux qui a obtenu la séparation ; car il ne conviendrait pas que l'autre pût se faire un titre de ses propres torts pour le demander.

Tel est le fond du système du C. Boulay, d'après lequel jamais le divorce ne peut être prononcé que pour une cause vérifiée et légitime.

Quelques membres du Conseil, ajoute-t-il, ne veulent pas de cette vérification : ils opposent le scandale de cette sorte de procès, et le déshonneur qui, d'après nos mœurs, en rejaillit toujours, même sur l'époux innocent. Ils veulent donc qu'on puisse arriver au divorce par une route absolument secrete, sans alléguer aucune des causes ci-dessus désignées, et en mettant seulement en avant ou l'incompatibilité d'humeur, ou le consentement mutuel.

Mais si le divorce pouvait être prononcé sur la simple allégation d'incompatibilité d'humeur, proposée par un des époux, de quelques formes qu'on environnât ce moyen, à quelques délais qu'on l'assujettît, il est clair que le mariage n'aurait pas même la force de la plus simple et de la moins importante convention, puisqu'il n'en est aucune qui puisse être rompue par la seule volonté d'une des parties contractantes : ce moyen ne peut donc jamais être admis, sans quoi le mariage ne serait plus qu'une dérision. Aussi les partisans les plus raisonnables de l'incompatibilité d'humeur entendent-ils qu'elle soit réciproque ; qu'elle soit une véritable antipathie de la part des deux époux ; qu'elle soit, par conséquent, alléguée ou convenue de la part des deux, et dès-lors elle rentre dans le consentement mutuel.

A l'appui de ce consentement, on dit d'abord : La loi ne considere le mariage que comme un contrat civil : or, tout contrat peut être rompu par le même concours de volontés qui lui a donné l'existence ; donc le mariage peut être dissous par le consentement mutuel des époux. Cet argument serait bon si le mariage n'intéressait que les époux, et s'il pouvait être considéré comme un contrat ordinaire : mais, outre le caractere de perpétuité et d'inviolabilité que lui imprime la nature des choses, et dont la sagesse des législateurs et l'intérêt du genre humain l'ont constamment revêtu, ce contrat intéresse non seulement les époux,

mais encore leurs familles ; il intéresse spécialement
les enfants ; enfin, il a des rapports essentiels avec
l'ordre public. Il ne peut donc pas être brisé par la
seule volonté des parties ; il ne peut l'être que pour
des causes légitimes et vérifiées. On ne peut pas admettre comme juges les enfants, parcequ'il serait contre toutes les convenances naturelles et morales que
des enfants fussent les juges de leurs pere et mere. On
pourrait peut-être faire intervenir les deux familles
dans cette contestation ; mais outre que l'expérience
paraît avoir démontré l'inutilité des assemblées et des
tribunaux de famille, il n'est que trop vrai que, dans
une pareille matiere, les parents épousant les passions
des époux, et ayant souvent des intérêts opposés, sont,
en général, très peu propres à justifier la confiance de
la loi, et à rendre des décisions sages.

Quel est donc le véritable juge dans cette matiere ?
celui qui seul peut bien stipuler dans l'intérêt public,
et par conséquent dans celui des familles, des époux
et des enfants : car l'intérêt public embrasse tous ces
intérêts particuliers ; c'est le ministere public ; c'est le
juge public. C'est à lui qu'il appartient d'examiner les
causes alléguées par les époux, d'en peser l'importance et d'en vérifier la sincérité. Il ne suffit pas que
les époux, paraissant devant le juge, alleguent, pour
raison unique, leur consentement mutuel ; il ne suffit
pas même qu'ils le motivent sur des causes positives :
il faut que ces causes soient prouvées, sans quoi le
mariage reste toujours le jouet des caprices, des passions, et d'un concert frauduleux de la part des époux ;
il n'y a plus de garantie pour l'intérêt des familles,
pour celui des enfants, pour celui de la société, dont
la stabilité repose essentiellement sur celle des familles,
et par conséquent sur celle des mariages. D'ailleurs ce
consentement mutuel, peut-on s'assurer de sa sincérité ?
Si l'un des époux est le tyran de l'autre, donnera-t-il
son consentement, et sur-tout s'il faut le motiver sur
sa tyrannie ? l'époux qui se verra menacé de la part
de l'autre, consentira-t-il librement ? et peut-on re-

garder comme une cause légitime de divorce, un consentement arraché par la violence?

On veut que ce consentement, quel qu'il soit, serve de voile à des causes scandaleuses, et prévienne l'éclat d'un procès déshonorant même pour l'époux innocent. Éviter le scandale de ces procès, ne pas forcer un époux honnête à divulguer la honte de sa maison, c'est assurément un but très louable, mais l'art. VII du projet présenté, article conforme aux vues des rédacteurs du Code, ne remédie-t-il pas, autant qu'il est possible de le faire, à ces inconvénients? Si la procédure est secrete, si le motif du jugement n'est pas même exprimé, où est alors la publicité que l'on craint? Mais, dit-on, les juges sauront au moins de quoi il s'agit; le greffier du tribunal le saura, d'autres personnes le sauront; et par conséquent point de secret. Mais de bonne foi peut-on, dans cette matiere, se flatter d'un secret impénétrable? existera-t-il même dans le cas du simple consentement mutuel? plus on s'enveloppera du mystere, plus la malignité ne s'exercera-t-elle pas contre les époux? Quand on a évité le scandale et l'humiliation d'une procédure publique, dont l'effet se répand toujours au loin, quand on échappe à la preuve authentique et éternelle qui résulte d'une énonciation de cause dans le jugement, n'a-t-on pas obtenu tout ce qu'on peut raisonnablement espérer? n'a-t-on pas fait tout ce qu'il est possible de faire dans l'intérêt des mœurs et de la décence publique, dans celui des familles, des enfants et des époux? Vouloir en obtenir davantage, c'est véritablement courir après une chimere; et c'est à ce faux espoir qu'on sacrifierait, en se contentant d'un consentement mutuel, la sainteté du mariage, le repos des familles et l'ordre public!

Enfin, aujourd'hui qu'on voudrait rétablir les mœurs, aujourd'hui que la nature du gouvernement en exige de plus séveres, voudrait-on se montrer plus relâché qu'on ne l'était dans l'ancien régime, et rendre le divorce plus facile que ne l'était alors la séparation de corps et de biens? Or, il est constant que jamais celle-ci n'a été admise sur le consentement mutuel, ni même sur le seul aveu que les époux auraient pu faire de la vérité des faits allégués pour motiver la demande. La justice voulait en être assurée, et recourait toujours aux divers genres de preuves qui pouvaient lui donner cette conviction. Comment donc pourrait-on s'écarter maintenant d'une regle aussi sage et aussi nécessaire?

Le dernier article admet l'absence déclarée comme cause de divorce. Ce moyen est préférable à celui de l'abandon, que l'on a mis en avant, qui paraît trop difficile à bien caractériser, et sujet d'ailleurs à trop d'inconvénients. Il faut avouer que celui de l'absence déclarée n'en est pas exempt. Aussi le C. *Boulay* ajoute qu'il n'insistera pas, si on veut renoncer à celui de l'abandon.

A la suite de ces développements, le C. *Boulay* présente la rédaction suivante :

DU DIVORCE.

I. « Le mari pourra demander le divorce pour l'a-
« dultere de sa femme, s'il est accompagné de scandale
« public, ou prouvé par des écrits émanés d'elle.

« La femme pourra demander le divorce pour l'a-
« dultere de son mari, lorsque celui-ci tiendra sa con-
« cubine dans la maison commune.

II. « L'attentat de l'un des époux à la vie de l'autre,
« sera pour celui-ci une cause de divorce.

III. « Si l'un des époux est condamné à une peine
« afflictive, l'autre époux pourra demander le divorce.

IV. « L'époux qui aura le droit de demander le
« divorce pour une des causes portées aux trois arti-
« cles précédents, pourra se borner à la demande en
« séparation de corps et de biens.

V. « Les sévices et les mauvais traitements, la dif-
« famation publique, et toute autre cause dont l'effet
« continué rendrait impossible la vie commune entre

« les époux, donneront lieu à la séparation de corps
« et de biens.

VI. « Quand la séparation aura été prononcée aux
« termes de l'article précédent, si elle subsiste pen-
« dant trois ans sans qu'il y ait eu de rapprochement
« entre les époux, le divorce sera prononcé sur la de-
« mande de celui qui aura obtenu la séparation.

VII. « La procédure qui aura lieu, soit sur la de-
« mande en divorce, soit sur la demande en sépara-
« tion, sera secrete, et le motif du jugement ne sera
« pas exprimé.

VIII. « L'absence déclarée sera une cause de di-
« vorce ; et néanmoins il ne pourra être prononcé
« qu'une année après le jugement qui aura déclaré
« l'absence. »

Un autre projet est présenté. Le C. *Berlier*, rédac-
teur de ce deuxieme projet, observe qu'il est moins le
tableau de ses opinions personnelles exposées dans la
derniere séance, que celui des principes que la discussion lui a indiqués comme pouvant entrer dans
les vues du Conseil, et qu'un de ses collegues l'avait
invité à recueillir.

Qu'au reste, puisque cette rédaction purement officieuse a été imprimée et se trouve soumise à la délibération, il déclare que, sauf la cause des sévices
légalement prouvés qu'il regrette de n'avoir pu y insérer, d'après l'esprit qui a présidé à cette rédaction,
il y a beaucoup de choses qu'il adopte personnellement.

Le C. *Berlier* lit ce projet ainsi conçu :

DES CAUSES DU DIVORCE.

§. Ier.
*Du Divorce pour causes donnant lieu à poursuites
judiciaires.*

I. « La loi n'admet que deux causes de divorce sus-
« ceptibles d'être poursuivies devant les tribunaux et
« jugées par eux.

II. « **Ces causes sont**, 1º l'adultere de la femme,
« accompagné d'un scandale public, ou prouvé par
« des écrits émanés d'elle; celui du mari qui tient sa
« concubine dans la maison commune;

2º « L'attentat par l'un des époux à la vie de l'autre.

III. « Le mode à suivre pour le jugement de ces
« deux causes de divorce, sera déterminé dans le titre
« suivant.

§. II.

Du Divorce pour infamie ou absence.

IV. « Il y a ouverture à divorce, sans débats judi-
« ciaires, ni intervention des familles, dans les deux
« cas suivants :

1º « Lorsque l'un des époux a été condamné à une
« peine afflictive ou infamante;

2º « Lorsque l'un des époux, absent depuis plus de
« cinq ans sans qu'on ait reçu de ses nouvelles, a été
« déclaré tel par jugement.

V. « Dans ces deux cas, l'officier de l'état civil, sur
« la demande de l'autre époux, prononce le divorce à
« la vue du jugement soit de condamnation, soit de
« déclaration d'absence.

« Il y sera joint, au premier cas, un certificat du
« tribunal criminel; au second cas, un certificat du
« tribunal d'appel, portant que le jugement n'est pas
« susceptible d'être attaqué par appel ou pourvoi en
« cassation, ni d'être anéanti d'aucune autre maniere.

§. III.

Du Divorce sur consentement mutuel.

VI. « Les tribunaux ne peuvent admettre de de-
« mandes en divorce fondées sur de simples sévices,
« injures, mauvais traitements, ou vices imputés à
« l'un des époux.

« Néanmoins, si ces circonstances, leur réunion et
« leur durée prenaient un tel caractere que la vie
« commune devînt insupportable aux deux époux, il
« pourra y avoir lieu au divorce, mais sur le seul

« consentement *mutuel* des époux, *ratifié* par leurs
« ascendants, ou, à leur défaut, par un jury spécial,
« selon que le tout sera expliqué au titre suivant.

§. IV.
Du Divorce pour délaissement.

VII. « Dans le cas de délaissement ou abandon de
« l'un des époux par l'autre, l'époux délaissé pourra
« demander le divorce, en justifiant,

1° « De trois sommations à fin de réunion, faites à
« l'autre époux à intervalle de six mois au moins cha-
« cune.

2° « D'un certificat de non réunion, donné tant
« par le juge de paix du canton que par la municipa-
« lité du domicile de l'époux délaissé.

VIII. « L'officier de l'état civil donnera acte de la
« demande et de la justification énoncées en l'article
« précédent.

« Si, un an après, les époux ne se sont point rap-
« prochés, le demandeur en divorce pourra requérir
« l'officier de l'état civil de le prononcer à la vue d'un
« nouveau certificat délivré par les mêmes autorités
« que ci-dessus, et constatant que, dans l'année, il
« n'y a pas eu de rapprochement. »

§. V.
Des causes des Séparations de corps.

IX. « Les causes des séparations de corps sont les
« mêmes que celles du divorce.

« Dans tous les cas où le divorce est autorisé, la
« demande peut être bornée à une séparation de corps ;
« mais quand cette séparation est prononcée, elle se
« convertit de plein droit en un divorce, lorsque cette
« conversion est demandée par l'autre époux. »

Le C. *Emmery* dit que le projet du C. *Boulay* fait
dépendre la dissolution du mariage, de la séparation de corps dans les cas de son article V ; qu'en
conséquence il faudrait déduire d'abord devant le juge,
même les motifs secrets qui, après avoir opéré la sépa-

ration, pourraient par la suite opérer le divorce : car
si ces motifs n'étaient allégués et prouvés, les tribunaux
ne prononceraient pas la séparation, et, par une suite
nécessaire, le divorce n'aurait jamais lieu.

Un autre inconvénient, c'est que le divorce indirect
deviendra arbitraire; car le juge n'étant pas lié par
l'obligation de prononcer la séparation d'après des
causes déterminées, peut la refuser dans les cas les
plus graves, et l'admettre aussi pour les motifs les plus
légers.

Ce n'est pas cependant qu'il ne soit nécessaire
d'établir une séparation provisoire, afin d'éprouver
la volonté des époux; mais elle doit être autrement
organisée.

Quant au système du C. Berlier, la coupe en est
très heureuse, et le C. Emmery l'adopte.

Il admet également en principe les causes de divorce
que ce projet énumere, et qui doivent conduire les
parties devant les tribunaux : il n'admet point cependant la cause du délaissement.

Ces idées sont consignées dans les trois premiers
articles du projet du C. Berlier, que le C. Emmery
adopte, et dans les articles suivants qu'il présente.

IV. « La condamnation de l'un des époux à une
« peine afflictive et infamante,

« L'absence légalement déclarée,

« Donneront ouverture au divorce, qui sera pro-
« noncé, dans les deux cas, par l'officier de l'état civil,
« sur la représentation qui lui sera faite par l'époux
« demandeur, du jugement définitif, soit de con-
« damnation, soit de déclaration d'absence de l'autre
« époux.

V. « L'époux qui aurait le droit de demander le
« divorce, pourra se borner à demander la séparation
« de corps et de biens.

VI. « Les tribunaux ne pourront admettre de de-
« mande en divorce qui serait fondée sur de simples
« sévices, injures, mauvais traitements; mais seulement
« des demandes en séparation de corps et de biens.

VII. « Néanmoins la nature et la continuité des
« sévices, injures et mauvais traitements, pouvant
« rendre la vie insupportable aux deux époux; dans
« ce cas le divorce pourra avoir lieu par leur consen-
« tement mutuel, autorisé par leurs pere et mere s'ils
« sont vivants, ou par leurs autres ascendants vivants,
« si les pere et mere sont morts.

VIII. « Le consentement mutuel sera reçu par le
« juge de paix du domicile des deux époux, qui en
« dressera l'acte, par lequel ils conviendront du
« lieu où la femme sera tenue de se retirer dans les
« vingt-quatre heures, et de résider pendant le temps
« des épreuves, ainsi que des moyens d'existence que
« le mari devra lui assurer pour l'année.

IX. « Le consentement mutuel ne sera définitif
« qu'après avoir été répété quatre fois, à trois mois
« de distance l'une de l'autre, toujours devant le juge
« de paix, et avec l'autorisation des pere et mere ou
« autres ascendants vivants.

X. (282) « Le juge de paix qui recevra le consen-
« tement des parties, se fera assister de quatre vieil-
« lards notables du département. Il donnera chaque
« fois lecture de la loi concernant le divorce. Il fera
« mention de cette lecture dans son procès-verbal.
« Le juge de paix et ses assistants pourront faire aux
« parties telles remontrances et exhortations qu'ils
« jugeront convenables.

XI. « Le mariage dont il existe des enfants, ne peut
« être dissous par le consentement mutuel.

XII. (276, 277) « Le consentement mutuel ne pourra
« être donné qu'après un an de mariage et d'habitation
« commune non interrompue; il ne pourra plus l'être
« après dix ans de mariage.

XIII. (275) « Le mari qui n'aura pas vingt-un ans
« accomplis, la femme qui n'aura pas plus de dix-huit
« ans, ne pourront consentir au divorce.

XIV. (295) « Les époux divorcés ne pourront ja-
« mais se réunir.

XV. (297) « Les époux divorcés par consentement

« mutuel ne pourront contracter un nouveau mariage
« qu'après trois ans révolus depuis le divorce. »

Le C. *Boulay* dit que les points sur lesquels on parait d'accord, c'est que l'adultere et l'attentat à la vie
sont des causes de divorce dont l'allégation et la preuve
doivent donner lieu à une procédure publique; que
cette procédure n'est pas nécessaire lorsque le divorce est demandé à cause de la condamnation de l'un
des époux, ou de son absence déclarée, parcequ'alors
la preuve est faite; qu'enfin les demi-causes de divorce
doivent être des causes de séparation de corps.

Mais le C. Boulay ne convient point avec le C. Emmery, que la séparation puisse être ordonnée sur la
seule volonté des époux: autrefois on n'autorisait point
les séparations volontaires; il fallait des causes déterminées et jugées: il doit en être de même aujourd'hui.

Ainsi la différence entre les deux opinions ne porte
que sur la maniere d'arriver au divorce.

Le C. *Tronchet* dit qu'il donnerait la priorité au
projet du C. Boulay, sauf quelques modifications.

Le divorce par consentement mutuel paraît au
C. Tronchet contraire à la stabilité du mariage et
aux mœurs; il reproduit indirectement cette cause
d'incompatibilité que le Conseil a proscrite; et, sous
ce rapport, le C. Tronchet ne l'admet avec aucune
modification. Les précautions même dont on entoure
ce divorce, prouvent qu'on en sent les dangers; mais
elles prouvent aussi qu'on veut qu'il ne soit pas prononcé sans causes légitimes. Le C. Tronchet rappelle,
à cet égard, qu'il a déja observé que ce système se
contredit lui-même, parceque l'époux qui a donné
lieu à des plaintes ne consentira jamais au divorce.

Le C. *Thibaudeau* répond que, dans cette discussion, l'on reproduit sans cesse une foule d'objections
qui ont été plusieurs fois réfutées. Il est inutile de
revenir sur des points déja décidés. Ceux qui croient
utile d'introduire dans la législation civile le dogme
de l'indissolubilité du mariage, en paraissant admettre
le divorce, n'accordent que le mot et refusent la chose

Conférence. II. 12

par les difficultés, le scandale et le déshonneur dont ils environnent l'exercice de ce droit. On prend les arguments contre le divorce, dans les abus du divorce pour incompatibilité : mais si l'on a dit qu'il ne pouvait pas y avoir de cause plus raisonnable et plus honnête de divorce, on n'a pas entendu parler de l'incompatibilité alléguée par un seul des époux, ce qui n'est qu'une répudiation odieuse, arbitraire, et souvent sans juste cause ; mais de l'incompatibilité mutuelle, qui ne blesse les droits d'aucun des époux, qui suppose des motifs, et qui produit enfin le consentement mutuel que l'on jette comme un voile sur les motifs pour éviter le scandale de leur publicité.

On a répété que le consentement mutuel sera un moyen illusoire, parceque l'époux qui aura des torts refusera son consentement, et que l'époux victime ne pourra pas obtenir le divorce.

On répond que, comme l'on admet des causes absolues de divorce, l'époux victime pourra, dans ce cas, au moins poursuivre l'autre époux, s'il refuse son consentement. Ensuite si, dans les cas qui ne seraient pas des causes absolues de divorce, le consentement mutuel n'intervient pas, il y aura lieu du moins à la séparation de corps, si elle est admise; et, s'il n'y a pas de divorce, ceux qui veulent le rendre rare et difficile, ne peuvent pas s'en prévaloir pour le proscrire entièrement.

On a repoussé l'intervention des conseils de famille, comme une formalité illusoire : mais si cette institution n'a point eu de succès, c'est que les conseils n'ont jamais eu d'autorité; ils n'ont été appelés que comme des conciliateurs, et les époux avaient le droit de ne pas déférer à leur avis : mais il en sera autrement lorsque les conseils auront le droit de donner ou de refuser leur consentement; ils seront d'ailleurs retenus par l'opinion publique, autant que par l'intérêt de la famille.

En un mot toutes les objections sont moins dirigées contre tel ou tel mode de divorce, que contre le divorce en lui-même. Mais dès que le principe a été admis, il faut s'occuper de son organisation.

Le C. *Regnaud* (de Saint-Jean-d'Angely) demande la priorité pour le projet du C. Berlier, parcequ'il présente des idées que le Conseil parait avoir adoptées, et que, dans son paragraphe III, il organise le système proposé par le Premier Consul. Cependant il resterait à expliquer comment serait formé le jury dont parle ce paragraphe. Le projet de la section déshonorait le divorce; celui-ci rentre dans les principes du Premier Consul, adoptés par les CC. Portalis et Maleville.

La priorité est mise aux voix.

Il y a partage.

Le *Premier Consul* fait une seconde épreuve, et le projet du C. Boulay obtient la priorité.

L'article Ier est soumis à la discussion.

Le *Premier Consul* demande pourquoi cet article exige qu'il y ait scandale public.

Le C. *Boulay* répond que c'est parcequ'alors seulement il y a preuve certaine de l'adultere.

Le *Premier Consul* dit qu'on pourrait admettre la preuve par témoins.

Le C. *Regnier* demande que, lorsque le mari se trouve saisi de lettres qui forment un commencement de preuve, il puisse la compléter par la preuve testimoniale.

Le C. *Boulay* dit que ce serait exposer les femmes honnêtes à être compromises par tout malveillant qui se plairait à écrire, sans leur participation, des lettres capables de faire naître des soupçons.

Le C. *Tronchet* dit que, dans ce cas, des écrits simplement suspects ne suffisent point aux juges; qu'ainsi les craintes du C. Boulay sont sans fondement. L'adultere est un délit grave, et par cette raison il doit être prouvé.

Il faut laisser les juges peser les circonstances. Ainsi il conviendrait de retrancher de l'article ce qui est dit du scandale, et des écrits émanés de la femme.

Le *Premier Consul* dit que l'adultere du mari ne suffirait même pas pour autoriser sa femme à demander le divorce, puisque l'article y joint la circonstance qu'il tiendra sa concubine dans la maison commune.

Le C. *Tronchet* répond que les rédacteurs du projet de Code civil ont pris des lois romaines la distinction qu'ils ont établie entre le mari et la femme par rapport à l'adultere. Le motif de ces lois est sage ; car quoique l'adultere soit de la part des deux époux une infraction égale au mariage, il n'a cependant pas les mêmes conséquences quand il est commis par le mari que quand il est commis par la femme, puisque, dans ce dernier cas, il introduit dans la famille des enfants étrangers. D'ailleurs, la preuve de l'adultere commis par le mari est plus difficile que la preuve de l'adultere de la femme, laquelle ordinairement ne peut s'abandonner au crime que dans sa propre maison. Au reste, les lois romaines qualifient d'horrible, l'introduction de la concubine dans la maison commune, parceque, disent-elles, rien n'exaspere plus les épouses chastes. Aussi cette circonstance suffisait-elle pour prouver l'adultere.

Le C. *Lacuée* observe que punir l'adultere du mari dans ce cas seulement, c'est l'autoriser tacitement dans les autres.

Le C. *Regnier* dit que l'adultere ne doit être considéré que dans les effets qu'il produit entre les époux. Sous ce rapport, le tort est le même, soit que le crime appartienne au mari, soit qu'il appartienne à la femme. Cependant la femme ne doit pas être admise à accuser son mari : mais elle doit être autorisée à demander le divorce pour cause d'adultere.

Le C. *Tronchet* adopte cet avis. En effet, dit-il, les lois romaines prononçaient une peine contre l'adultere ; et alors il était juste d'établir une distinction qui servait à graduer la peine d'après les conséquences : mais lorsque l'adultere n'est considéré que par rapport au divorce, tout doit être égal entre les deux époux.

Le C. *Boulay* propose de rédiger ainsi : « L'adultere
« est une cause de divorce. »

Cette rédaction est adoptée.

L'article II est adopté.

L'article III est soumis à la discussion.

Le C. *Tronchet* observe que cet article est trop général. Le Code pénal actuel met au rang des peines
afflictives, la reclusion pour les femmes, les fers pour
les hommes, même lorsque cette peine ne doit être
que de peu de durée, et qu'ainsi elle ne paraît pas devoir donner lieu à la dissolution du mariage.

Le C. *Emmery* répond que dans ce cas même la
peine est précédée de l'exposition, qui imprime une
flétrissure au condamné.

Le C. *Regnier* ajoute que toute peine infamante doit
donner lieu au divorce, parceque c'est un supplice
pour un époux vertueux, de vivre avec un être flétri
par la justice.

Le C. *Regnaud* (de Saint-Jean-d'Angely) dit que,
d'après l'article 604 du Code des délits et des peines,
toute peine afflictive est aussi infamante.

Le *Premier Consul* propose de dire *afflictive et infamante*, parceque la disposition du Code pénal peut
changer.

Le C. *Regnier* demande qu'on dise *afflictive ou infamante*, attendu que les lois criminelles peuvent dans
la suite distinguer ces deux sortes de peines.

L'article est adopté avec l'amendement du citoyen
Regnier.

L'article IV est soumis à la discussion.

Le C. *Tronchet* demande qu'on ajoute à cet article
la disposition de l'article IX du projet du C. Berlier,
afin que si l'un des époux n'est pas déterminé par ses
principes religieux à ne demander que la séparation,
il lui soit permis de demander le divorce.

Le C. *Boulay* observe que, par cet article, le droit
de former une demande et de choisir entre les deux
moyens, n'est accordé qu'à l'époux offensé ; qu'il se-

rait inconvenant que le crime de l'autre lui donnât le droit de déranger ce choix et de demander le divorce.

Le C. *Regnaud* (de Saint-Jean-d'Angely) dit qu'il ne faut cependant pas priver la femme qui a des torts, d'un moyen de revenir à la vertu, et de reprendre les titres honorables d'épouse et de mere.

Le C. *Regnier* dit que l'article est sage, attendu qu'il suffit de donner des facilités à la conscience de l'époux offensé.

Le *Ministre de la justice* ne partage pas cette opinion : il observe que ce serait même alors interdire aux ames timorées la ressource de la séparation, puisqu'elles auraient à craindre d'arriver au divorce par la séparation ; que la demande en séparation ne doit jamais pouvoir aboutir au divorce, puisqu'elle est pour en tenir lieu : ce sont deux voies parallèles, qui dès-lors ne doivent jamais coïncider.

Le C. *Berlier* dit qu'il importe de préciser la question ; que si l'on entend, pour ne pas rendre l'option du demandeur illusoire, que, durant le litige, l'autre époux ne pourra en changer le but, ni s'opposer par exemple, à une séparation de corps pour y faire substituer *de plano* le divorce, cette prétention est raisonnable ; mais que, poussée plus loin, elle deviendrait injuste ; qu'ainsi le défendeur, après la séparation de corps prononcée, ne doit pas rester perpétuellement dans cet état, s'il lui plaît d'en changer ; que la distinction d'époux offenseur et d'époux offensé est ici plus subtile que solide ; et que si l'on veut bien, par respect pour le domaine des consciences, admettre d'abord la séparation de corps, si elle est demandée, et même maintenir ensuite cette bizarre situation, cela ne doit avoir lieu, sans doute, qu'autant que l'autre époux s'en contente ; mais qu'une institution qui laisse subsister le mariage en séparant les époux, est trop peu favorable pour que le corps social veuille la faire prévaloir contre la volonté même de cet autre époux, après la séparation prononcée et consommée.

Le C. *Berlier* conclut de là que ce dernier doit essentiellement avoir la faculté de faire convertir en divorce la séparation de corps, nonobstant l'opposition du demandeur originaire, dont les scrupules ont été suffisamment respectés, et ne doivent pas devenir, pour un tiers, un perpétuel sujet d'entraves.

Le C. *Portalis* partage l'avis du C. Berlier ; mais il croit que ce n'est pas ici la place des dispositions relatives aux séparations absolues. On ne devrait parler ici que de la séparation par forme d'épreuve et incidente au divorce ; et quand les principes du divorce seraient entièrement posés, alors on s'occuperait de l'autre séparation, comme objet principal ; on dirait qu'elle a lieu pour les mêmes causes que le divorce, et qu'elle peut-être convertie en divorce sur la demande de l'un des époux. Par-là on éviterait toute équivoque sur l'application de cette derniere disposition ; car la liberté de contracter un mariage nouveau ne peut naitre d'une séparation de simple épreuve.

Le *Premier Consul* dit qu'on n'a pas encore expliqué ce que c'est que la séparation à laquelle l'époux outragé pourrait se borner. Cette matiere présentera beaucoup de questions : elle ne doit donc pas être traitée incidemment au divorce.

On demandera, sans doute, comment on peut admettre, pour cause d'adultere, la séparation de corps, qui comporte l'idée d'un rapprochement possible ; on demandera pourquoi la séparation, qui empêche les époux de contracter un nouveau mariage, serait accordée pour les mêmes causes que le divorce ; on demandera comment organiser la séparation, lorsqu'il n'existe plus de couvents qui puissent devenir la retraite de l'épouse. Toutes ces questions méritent d'être examinées séparément ; elles sont de l'essence de la matiere.

L'article est renvoyé au titre *de la Séparation de corps*.

Le C. *Boulay* dit que, d'après cette décision, c'est ici le lieu de discuter l'article VIII.

Cet article est discuté.

Le C. *Boulay* dit qu'on avait proposé d'admettre le

divorce pour cause d'abandon : mais cette cause est trop difficile à définir ; et elle rentre d'ailleurs ou dans la cause des sévices et mauvais traitements, ou dans celle de l'absence.

Le *Premier Consul* dit qu'il y a cependant des différences essentielles ; car un des époux peut s'absenter sans avoir intention d'abandonner l'autre : le tribunal jugerait de l'abandon d'après les circonstances. Le mariage est contracté pour la vie : si un mari s'absente avec le consentement de sa femme, et que celle-ci puisse se remarier, il arrivera qu'à son retour ce mari retrouvera tous ses biens, et cependant aura perdu son épouse. Il paraît donc convenable de distinguer entre l'absence et l'abandon.

Le C. *Tronchet* dit qu'il n'est point d'avis d'admettre la cause de l'abandon, parceque c'est encore un moyen de rompre le mariage par la volonté d'un seul ; et qu'il rejette également la cause de l'absence.

On ne sait si le mari est mort ou vivant ; la loi lui conserve ses propriétés ; et par la contradiction la plus bizarre, elle lui enlèverait la propriété de sa femme ! Ce serait un scandale. Jamais la femme d'un absent n'a été autorisée à se marier, qu'après avoir acquis la preuve de la mort de son mari. Il est vrai que la *novelle* 22 lui avait donné cette faculté, lorsque son mari se trouvait engagé dans une expédition militaire : mais la *novelle* 118 a changé cette jurisprudence ; elle n'a permis à la femme de se remarier que lorsque le tribun sous lequel servait son mari certifiait sa mort ; et elle punissait le tribun s'il donnait un faux certificat.

Le C. *Boulay* dit qu'il n'a proposé la cause d'absence que pour suppléer la cause d'abandon ; mais que son avis est d'écarter l'une et l'autre.

Le C. *Berlier* pense que l'on doit admettre au moins la cause d'absence : il cite l'ancienne législation de Rome, qui était très favorable à cette espèce, et ne cessa de l'être qu'au temps de Justinien, repris à ce sujet par Montesquieu, lequel observe que l'empereur *choquait le bien public en laissant une femme sans mariage, et choquait l'intérêt particulier en l'exposant à mille dangers.*

Le C. Berlier examine ensuite la question, sur-tout dans l'intérêt des femmes, vu que la guerre, les voyages, et presque toutes les causes qui font perdre les traces d'un individu, pesent plus spécialement sur les hommes.

Il observe que l'absence du mari laisse la femme dans un célibat malheureux et dans un état de délaissement; qu'on doit donc lui permettre le mariage, qui lui rend un appui. Si l'on trouve le terme de cinq années trop court, qu'on n'autorise le divorce qu'après vingt ans, c'est-à-dire à l'époque où l'envoi en possession des héritiers de l'absent devient définitif; mais que le célibat de la femme ne soit pas perpétuel. Il y a lieu de présumer que l'absent qui n'a pas donné de ses nouvelles pendant vingt ans, a cessé d'exister.

Le C. *Thibaudeau* dit que l'article lui paraît en contradiction avec les principes adoptés sur l'absence. Quand un individu a disparu depuis cinq ans, on commence par le déclarer absent; il n'y a encore rien de préjugé contre lui : on envoie ensuite ses héritiers présomptifs en possession provisoire de ses biens, et cela pour en assurer l'administration. Après dix ans, ils ne gagnent encore que les fruits. Enfin, après un délai que les uns veulent porter à trente ans, et d'autres à quinze ou vingt, on prononce l'envoi définitif en possession des biens de l'absent; et on les lui restitue à quelque époque qu'il reparaisse.

Lorsque la loi agit avec cette circonspection lente et graduelle, il serait inconséquent de permettre à la femme de divorcer dès que le mari n'est que déclaré absent, ce qui ne prouve encore rien contre son existence; il faudrait au moins ne lui accorder cette faculté que lorsque l'absence s'est assez prolongée pour que la loi ait des présomptions de la mort de l'absent.

Au titre *des Absents*, on avait même été plus loin; on avait pensé que l'absence de l'un des époux, quelque longue qu'elle fût, ne pouvait suffire pour autoriser l'autre à contracter un nouveau mariage, et qu'il ne devait y être admis que sur la preuve positive du décès. On avait cru cette doctrine conforme à la raison et aux mœurs.

Le consul *Cambacérès* partage cette opinion.

Il propose de laisser l'article en suspens, jusqu'à ce que le titre *des Absents* ait été définitivement arrêté.

Le C. *Tronchet* observe que dans le titre *des Absents*, il y avait une disposition relative aux effets de l'absence par rapport au mariage, et qu'elle a été renvoyée au titre *du Mariage*.

Le C. *Boulay* dit qu'on n'est pas rigoureusement tenu de suivre, à l'égard du mariage de l'absent, les dispositions qui concernent ses biens ; car si la femme est la propriété du mari, le mari est aussi la propriété de la femme.

Le C. *Regnier* distingue l'absence, qui peut n'être qu'un accident, de l'abandon criminel, qui peut donner lieu à la dissolution du contrat.

D'ailleurs, la faculté qu'on propose d'accorder à la femme est illusoire. On ne peut, en effet, autoriser le divorce dans un délai trop court ; et cependant, si le délai est un peu long, lorsqu'il expirera, la femme aura atteint l'âge où une femme ne se remarie guere pour peu qu'elle ait de raison.

Le C. *Portalis* dit que presque toujours l'absent s'est éloigné par des motifs de fortune, et pour servir ainsi l'intérêt de sa femme et de ses enfants ; il serait donc odieux que son absence tournât contre lui-même. Le divorce pour absence ne doit être admis que quand l'absent s'éloigne, par des motifs criminels, de sa famille et de ses enfants.

Le *Premier Consul* ajoute que d'ailleurs la femme de l'absent est ordinairement chargée de la conduite de ses affaires ; que lorsqu'il a des enfants, il se trouverait accablé à son retour, si sa femme s'était permis d'oublier que ces enfants avaient un pere.

Cependant on pourrait autoriser les tribunaux à prononcer le divorce après dix ans d'absence, lorsque d'après une enquête ils présumeraient la mort de l'absent.

Le C. *Tronchet* dit qu'en établissant le principe que l'absent n'est réputé ni vivant ni mort, on avait cependant admis des cas où les tribunaux pourraient avoir égard aux présomptions capables de faire croire à la mort de l'absent, comme lorsqu'il se serait trouvé dans un naufrage, dans un incendie, etc. On peut, dans ces cas, déclarer sa succession ouverte et son mariage dissoluble ; mais il n'est pas de raison d'autoriser la rupture de son mariage, lorsque son absence est l'effet d'un voyage entrepris de concert avec sa femme et pour leurs intérêts communs.

Le C. *Thibaudeau* observe qu'on ne peut décider ces questions sans préjuger l'effet des présomptions à l'égard de l'absence, et qu'il conviendrait de les ajourner.

Le consul *Cambacérès* rappelle qu'il y a eu déja un ajournement.

L'opinion du Consul, sur le fond, est qu'on doit avoir égard aux présomptions qui naissent des circonstances.

Le C. *Thibaudeau* dit que la section ne crut pas devoir adopter l'exception pour les incendies, naufrages ou batailles. Elle pensa qu'elle pouvait être dangereuse. Chez une nation qui a des armées considérables composées de citoyens de toutes les classes, adopter aussi légèrement des présomptions de mort, ce serait compromettre souvent les intérêts des défenseurs de la patrie. Il vaut mieux confondre tous ces cas dans la regle générale, au risque de prendre quelquefois des précautions inutiles, pour conserver les droits d'un homme qui serait réellement mort. Il ne peut pas y avoir d'inconvénients à cette réserve ; il y en aurait beaucoup à réputer mort un homme réellement vivant, et à agir pour tout ce qui le concerne, d'après cette présomption. Le plus scandaleux de ces inconvénients serait d'autoriser le divorce d'une femme que son mari pourrait venir réclamer le lendemain entre les bras d'un autre époux.

Le C. *Regnier* dit qu'il est inutile d'ajourner la discussion de cet article, parceque la matiere est suffisamment connue. On sait que les questions relatives à la vie ou à la mort des individus sont du nombre des questions d'état dont les tribunaux jugent d'après des preuves. Au surplus, on n'exposera pas les intérêts de l'absent, si l'on n'autorise le divorce que d'après des présomptions jugées.

Le C. *Portalis* dit que la présomption de mort, lorsqu'elle acquiert force de preuve par un jugement, n'est plus une simple cause de divorce; mais qu'elle rompt le mariage. Montesquieu, en parlant de la dissolution du mariage, dit qu'il serait trop rigoureux d'exiger des preuves positives dans des cas qui n'en comportent que de négatives.

Toutes ces questions de présomptions paraissent devoir être renvoyées au titre *de l'Absence.*

Le Conseil renvoie l'article au titre *des Absents.*

Les articles V et VI sont soumis à la discussion.

Le C. *Réal* dit que le résultat de l'article V serait de remettre en question ce qui a été admis en principe par le Conseil; et qu'après avoir décidé que le divorce aurait lieu, le Conseil, s'il adoptait l'article proposé, et s'il n'adoptait que cet article, prononcerait que l'usage du divorce sera interdit au plus grand nombre, à la presque totalité des citoyens.

L'adultere est, comme l'a dit le C. Boulay, la plus forte, la plus légitime, il faudrait dire peut-être la seule cause qui portera un homme honnéte à demander le divorce.

L'article Ier lui permet, il est vrai, de demander le divorce sur ce motif; et on conçoit que quelques hommes qui auront perdu toute honte, auront le triste courage de profiter du moyen que la loi n'a pu leur refuser; et qu'ils introduiront, devant les tribunaux, une action en divorce fondée sur l'adultere.

Mais un homme qui n'est pas tout-à-fait insensible à l'honneur, avant de faire retentir les tribunaux des faits scandaleux qui prouveront l'adultere, pensera que le succès même de sa demande attirera sur lui la haine d'un sexe, le mépris de l'autre, et qu'un ridicule ineffaçable le poursuivra par-tout.

Si cet homme a des enfants, il pensera qu'il va les déshonorer, qu'il va flétrir ses filles, les couvrir de la honte de leur mere, et les condamner au célibat.

Or, ce moyen lui fût-il présenté par la loi, il le rejettera avec horreur; et malheur à celui qui ne préférera pas le supplice de vivre auprès d'une femme qui l'aura déshonoré, à la flétrissure qui suivra sa vengeance !

On a, pendant deux séances, cherché un terme moyen ; ce moyen, indiqué par le Premier Consul, et que l'on retrouvait dans le projet du C. Emmery et dans celui du C. Berlier, on le cherche en vain dans celui du C. Boulay. Il n'offre, pour venger de l'adultere, que la plainte devant le tribunal; c'est-à-dire que, pour remede à un déshonneur secret, il offre un déshonneur public.

Dira-t-on qu'au lieu de recourir au consentement mutuel, on pourra, si l'un ne veut pas proclamer l'adultere qui serait cependant le véritable motif de l'action intentée, prendre pour prétexte les sévices et mauvais traitements ? D'abord ce serait conseiller de bâtir un roman, et de mentir à la justice. Mais ensuite il faudrait prouver ces sévices, ces mauvais traitements ; et comment parvenir à la preuve de faits qui n'existeraient pas ?

Mais supposez même que l'on puisse prouver l'existence de ces sévices réels ou mensongers ; toujours faut-il convenir qu'il dépendra des juges de ne point y avoir égard : et d'ailleurs, ne peut-on pas prévoir facilement un cas où tous ces matériaux ne pourraient jamais servir ? ne peut-on pas supposer que les principes religieux de quelques uns des juges du tribunal seraient un obstacle invincible au succès de la séparation proposée ? ne peut-on pas prévoir que ce juge, que ces juges, lorsqu'ils sauront qu'en derniere analyse la séparation se convertira en un divorce, n'écouteront que le cri d'une conscience qui leur présentera le divorce comimme un crime, et qui leur défendra de s'en rendre complices ?

Le C. *Boulay* observe que si l'adultere est la seule cause raisonnable de divorce, on ne peut donc pas admettre le divorce qui s'opérerait par la volonté d'un seul.

La cause d'incompatibilité et le consentement mutuel ont été débattus ; on a reconnu que l'un et l'autre réduiraient le mariage à une durée limitée et dépendante du caprice des époux.

On a cru ensuite devoir distinguer deux sortes de causes de divorce : les unes graves et absolues, qui l'opéreraient directement ; les autres moins graves, qu'on peut appeler *demi-causes*, qui n'opéreraient le divorce qu'après l'épreuve d'une séparation.

Le C. *Emmery* dit que cette réponse n'est pas assez directe. Il s'agit de trouver un moyen de couvrir la cause d'adultere, qu'un époux honnète ne fera presque jamais valoir publiquement. On est fondé à penser que le prétexte d'incompatibilité, prouvé par le consentement mutuel, donne ce moyen. Mais s'il faut d'abord une séparation prononcée par les tribunaux pour cause de sévices, le plus grand nombre des époux ne pourra l'obtenir ; car il leur sera impossible de prouver des sévices qui souvent n'auront pas existé : cette allégation serait même ridicule dans la bouche d'un mari. Recourir à la cause de diffamation, ce serait un peu dévoiler la vraie cause de la demande, et cependant pas assez pour réussir. Quand on obtiendrait même la séparation, il faudrait, pour la convertir en divorce, prouver que, pendant trois ans, il n'y a pas eu de rapprochement ; ce qui sera très difficile : car, suivant la disposition des juges, quelques visites, quelques entrevues, peuvent être prises pour une réconciliation. Au milieu de tant de diffi-

cultés, il ne reste plus à l'époux offensé que d'alléguer publiquement la cause d'adultere.

On remédie à ces inconvénients, en organisant d'une
autre maniere la séparation préliminaire. Que les
époux, autorisés par leurs ascendants, se présentent
devant le juge de paix, qui sera assisté de quelques
notables : là, la séparation sera prononcée, sans qu'il
soit besoin d'en révéler les véritables causes. Il y aurait ensuite quatre épreuves sérieuses, qui seraient
une garantie contre la légèreté.

Le C. *Maleville* pense que ce système contrarie d'a-
bord ce qui a été décidé ; car on a adopté en principe
que l'adultere, l'attentat contre la vie, donneraient
lieu directement au divorce.

Ensuite, il est fondé sur une fausse application. En
effet, si ce mode de divorce n'était jamais employé que
pour couvrir l'adultere, on ne devrait pas hésiter à
l'adopter : mais on s'en servira aussi pour couvrir la
légèreté, le dégoût, enfin tous ces motifs dont la loi
ne peut pas faire des causes de divorce ; et alors il deviendrait plus scandaleux que l'allégation publique de
la cause d'adultere.

En général, le divorce par consentement mutuel ne
pourrait être légitime que dans le cas où le mariage
n'intéresserait que les deux époux.

Le *Premier Consul* dit qu'on pourrait tout concilier
en admettant la séparation par consentement mutuel,
et en décidant que, trois ans après, elle deviendra
une cause de divorce.

Le C. *Tronchet* dit que c'est là le vrai point de la
difficulté, qui paraît avoir échappé au C. Emmery. Le
projet du C. Boulay est clair ; il distingue les causes
absolues et fortes qui doivent amener le divorce sur-
le-champ, et les causes moins graves qui laissent l'espoir
d'une réconciliation. Cette distinction est sage, parcequ'elle permet de différer le divorce pendant un délai qui fera reconnaître si les causes moins graves qui
ont produit la séparation, rendent en effet le divorce
inévitable.

Le C. *Emmery* n'a pas apperçu ce motif du projet, et il n'a été frappé que de ce qu'il fallait trouver un moyen de prononcer le divorce sans alléguer de causes.

Au reste, le *Premier Consul* présente une troisieme question, qui ne contrarie pas les dispositions de l'article V.

Le Premier Consul dit que cependant les articles V et VI blessent la dignité du mariage, puisqu'ils admettent, sous le titre de sévices, la véritable cause d'incompatibilité. En effet, un mari qui veut arriver au divorce, maltraite sa femme pour l'obliger à demander la séparation, et, trois ans après, il demande lui-même le divorce : ainsi, dans ce cas, le mariage est rompu par la volonté d'un seul, de la même maniere que dans le divorce par incompatibilité; au lieu que, dans le systême du C. Emmery, le délai de trois ans ne donne le droit de faire prononcer le divorce que lorsqu'il y a consentement mutuel.

Le C. *Tronchet* dit qu'il sent toute la force de cette objection, et qu'aussi son opinion n'est pas qu'après trois ans de séparation le divorce soit admis sur la demande d'un seul des époux.

Le *Premier Consul* dit que son opinion est plus sévere que le projet du C. Boulay: il ne veut pas de la cause d'incompatibilité, sous quelque forme qu'on la déguise; mais il voudrait que le consentement mutuel fût l'aveu et la preuve des sévices qui seraient le seul motif apparent du divorce, et qui cacheraient des causes plus graves; que quand il y aurait aveu et consentement mutuel, le tribunal fût tenu de prononcer le divorce sans examen.

Le C. *Regnaud* (de Saint-Jean-d'Angely) dit que l'article ne produirait pas les effets qu'on en espere. Autrefois la séparation n'était pas prononcée sur le seul aveu du défendeur: il fallait des preuves; il fallait aussi que la partie publique fût entendue: il fallait donc aussi que le scandale eût été énorme, puisqu'une foule de témoins devaient pouvoir l'attester. On reviendrait à ce point, s'il était besoin d'une procédure quand le fait est avoué ; et, comme autrefois, un époux malheureux n'oserait se pourvoir, pour ne pas être exposé à l'humiliation, qui poursuit le ridicule plus sûrement que le vice : il peut même arriver que les faits allégués soient vrais, et que cependant il soit impossible de les prouver.

Le C. *Boulay* dit qu'il n'y aura point de publicité, puisque la procédure sera secrete ; mais si l'on admet le consentement mutuel, on admet le divorce sans cause.

Le C. *Bigot-Préameneu* dit que le consentement mutuel ne couvrirait pas, comme on l'espere, le déshonneur de la véritable cause ; car il faudra que la cause réelle soit connue de la famille, dont l'autorisation est nécessaire ; et en prononçant le divorce, elle rend la cause publique, ou elle la fait supposer quand elle n'existe pas.

Le *Premier Consul* dit que, pour ne point se diffamer, les époux n'allégueront que la cause des sévices et se diront d'accord sur le divorce : le public n'apercevra que cette cause ; car les époux se contenteront de réclamer en général l'application de l'article qu'on discute. Si ensuite quelques personnes soupçonnent et devinent la cause plus réelle, ce ne sera qu'un de ces bruits qui passent, et qui ne sont point comparables à la diffamation résultant des preuves judiciaires.

Le *Ministre de la justice* dit que d'un côté il est reconnu que le consentement sans cause ne doit pas opérer le divorce ; que de l'autre, les sévices n'ont pas paru dans la discussion devoir être des causes de divorce, mais seulement de séparation. Comment deux causes nulles pourraient-elles produire un effet ?

Le *Premier Consul* dit que lorsque les sévices sont portés au dernier degré, ils doivent amener le divorce ; mais que, dans le système proposé, ils ne l'opéreraient qu'avec le concours du consentement mutuel. C'est donc une erreur de dire qu'on veut faire produire un effet au concours de deux causes nulles.

Conférence. II.   13

L'article X est mis aux voix et adopté, sauf rédaction.

Le *Premier Consul* met aux voix la question de savoir si les sévices seront réputés prouvés, lorsqu'il y aura consentement mutuel des deux époux.

Le *Ministre de la justice* répond que c'est une autre question ; qu'en admettant que le consentement mutuel joint aux sévices fût un motif de divorce, encore faudrait-il prouver les sévices devant l'assemblée de famille.

L'affirmative de la proposition du Premier Consul est adoptée.

Le *Premier Consul* demande s'il ne serait pas convenable de réduire à un an le délai dont parle l'article VI, lorsqu'après ce terme les deux époux demandent également le divorce.

Le C. *Cretet* dit que ce concours de demandes équivaut au consentement mutuel.

Le *Premier Consul* dit que si le délai était nécessairement prolongé au-delà d'un an, le mari aurait à craindre que la femme, à laquelle on ne peut plus assigner de retraite, telle qu'étaient autrefois les couvents, n'introduisît dans la famille des enfants étrangers.

Le C. *Tronchet* répond que ces enfants n'appartiendraient au mari que dans le cas où la femme prouverait qu'il a cohabité avec elle.

Le consul *Cambacérès* dit que ces sortes de questions seront toujours décidées d'après les circonstances ; que, si la position du mari est embarrassante, d'un autre côté le mari pourrait aussi désavouer, par mauvaise foi, des enfants qui seraient vraiment de lui. Tout dépend donc des faits particuliers dans ces contestations. Mais il faut fixer la question principale, et prononcer d'une maniere précise entre les deux opinions, dont une est de couvrir les causes du divorce par le consentement mutuel, l'autre de n'admettre en aucun cas le divorce par l'effet de ce consentement.

Le conseil adopte ;

1º Que dans le cas de l'article VI, les deux époux pourront demander le divorce après un an de séparation, s'ils y consentent mutuellement ;

2º Que la séparation pour sévices et mauvais traitements pourra être obtenue par un seul, lorsque les faits seront prouvés.

Rédaction communiquée au Tribunat.

III « La femme pourra demander le divorce pour « sévices ou injures graves qu'elle aura éprouvés de « son mari. »

Observations du Tribunat.

La section propose de substituer à cet article la rédaction suivante :

(231) « Les époux pourront demander le divorce « pour sévices ou injures graves de l'un d'eux envers « l'autre. »

Le motif de ce changement est que la section pense que l'action en divorce pour sévices ou injures graves doit être réciproque pour le mari et pour la femme.

Cela paraît de toute évidence pour les injures graves. Sous ces expressions on doit comprendre les excès en diffamation, qui peuvent être regardés comme des attentats à l'honneur, et l'on ne concevrait pas comment il n'en résulterait pas l'action en divorce contre la femme, lorsqu'elle s'y livre contre son mari.

Par rapport aux sévices, il semble au premier abord que le mari ne peut les invoquer, pour fonder une demande en divorce. On peut penser que la force de son sexe peut l'en mettre à l'abri.

Cependant cela n'est pas toujours vrai : et si, par exemple, on se représente un mari infirme ou âgé, qui soit journellement exposé aux plus durs traitements et à des sévices de la part de sa femme, il paraît de toute justice que l'action soit réciproque. C'est un moyen sage de contenir les emportements d'une femme violente, et qui oublie ses devoirs.

Les juges pourront avoir plus particulièrement

égard aux circonstances, lorsque l'action en divorce du mari sera fondée sur les sévices de la part de sa femme. Ces sévices pourront n'être pas toujours aussi décisifs: mais il suffit qu'ils le soient quelquefois, pour que l'action sur ce motif ne soit pas interdite au mari.

Mais ce qui en cela a le plus déterminé la section, c'est l'idée qu'elle s'est formée sur l'article IV, ainsi conçu: « L'attentat de l'un des époux à la vie de l'au- « tre, sera pour celui-ci une cause de divorce. »

La section pense que cet article doit être rejeté.

Il en résulte, ainsi que des dispositions de l'article VIII (*), que l'époux qui est dans la cruelle position d'avoir à alléguer un des motifs les plus légitimes du divorce, ne peut le demander, sans paraître aux yeux de la société se rendre le dénonciateur de l'autre époux, et sans courir quelquefois le risque de le traîner à l'échafaud.

Or, si on écoute la raison et le sentiment, on ne peut vouloir long-temps que ce ne soit qu'à ce prix que l'époux le plus malheureux invoque la faculté du divorce.

Cet inconvénient grave disparaîtra, ou au moins il sera considérablement affaibli si, comme on vient de le proposer, l'action en divorce pour sévices et injures graves de la part de la femme est accordée au mari. Sous ces expressions, et principalement sous celle de sévices, le mari pourra se plaindre des plus grands excès de la part de sa femme, même d'un attentat ca- ractérisé à sa vie.

Il est aisé de sentir que ce mode ne présentera pas l'odieux qui s'attacherait nécessairement à une dénon- ciation directe et positive d'un attentat à la vie. Il donnerait bien moins l'éveil à l'officier chargé du mi- nistere public; et s'il ne prévenait pas absolument, il retarderait au moins, une instruction qui, en der- niere analyse, pourrait être sans objet.

Ce qui occupe principalement, c'est l'intérêt de l'époux malheurenx; et on doit à sa position et à son

(*) Cité page 198.

malheur même la faveur de pouvoir envelopper sa plainte sous les expressions les plus douces, pour écarter de lui le rôle toujours odieux de dénonciateur.

Il est vrai que le ministere public, dont rien ne doit arrêter la vigilance et la sévérité, pourra devenir partie plaignante. Mais ce ne sera au moins que lorsqu'en dernier résultat il y aura un délit qualifié, c'est-à-dire une tentative de crime avec les circonstances qu'exige la loi pour provoquer une condamnation criminelle.

Un circonstance est encore entrée dans la détermination de supprimer du nombre des causes de divorce, l'attentat à la vie de l'un des époux de la part de l'autre : c'est l'admission du divorce par consentement mutuel.

A la vérité la section a pensé qu'il ne devait l'être que sous les modifications qu'elle propose : mais, malgré ces modifications mêmes, il arrivera, au moins dans plusieurs cas, que cette forme du consentement mutuel pourra dispenser l'un des époux de déférer aux tribunaux des excès scandaleux, tel que l'attentat à la vie.

CHAPITRE II.

Du Divorce pour cause déterminée.

SECTION PREMIERE.

Des Formes du divorce pour cause déterminée.

234. Quelle que soit la nature des faits ou des délits qui donneront lieu à la demande en divorce pour cause déterminée, cette demande ne pourra être formée qu'au tribunal de l'arrondissement dans lequel les époux auront leur domicile.

235.

Si quelques uns des faits allégués par l'époux demandeur donnent lieu à une poursuite criminelle de la part du ministere public, l'action en divorce restera suspendue jusqu'après le jugement du tribunal criminel ; alors elle pourra être reprise, sans qu'il soit permis d'inférer du jugement criminel aucune fin de non-recevoir ou exception préjudicielle contre l'époux demandeur.

Discussion du Conseil d'Etat.

Premiere rédaction. (Séance du 26 vendém. X, *t.* 1, *p.* 374.)

XXI (234, 235). « Quelle que soit la nature des « faits ou délits imputés par le demandeur à l'autre « époux, le divorce ne peut être suivi que par la voie « civile.

« Le divorce sera autorisé ou rejeté, nonobstant « l'action criminelle qui pourrait être intentée d'office « par le commissaire du gouvernement, et sans préju- « dice de cette action.

« Le jugement portant absolution de l'époux accusé, « ne produira aucun effet contre celui qui aura auto- « risé le divorce. S'il intervient, au contraire, un « jugement de condamnation contre l'époux accusé, « ce jugement rétablira le droit de l'époux demandeur, « nonobstant le jugement qui aurait rejeté sa demande « en divorce.

« En conséquence, sur la présentation du jugement « de condamnation, et sur la simple requête du de- « mandeur, le divorce sera autorisé. »

Le C. *Tronchet* dit que cet article décide qu'il y aura d'abord une procédure civile, quoique, dans le cours de la discussion, on ait paru adopter que lorsqu'il y aurait lieu, il y aurait d'abord une procédure criminelle.

L'article est ajourné.

Rédaction communiquée au Tribunat.

VIII. « Dans le cas d'attentat de l'un des époux à la « vie de l'autre, le commissaire du gouvernement

« pourra toujours intenter l'action criminelle : si elle a
« été précédée d'une demande en divorce, fondée sur la
« même cause, il sera sursis à l'instruction de la de-
« mande en divorce jusqu'après le jugement de l'accu-
« sation ; et sur la représentation de ce jugement, sui-
« vant qu'il aura condamné ou acquitté l'époux accusé,
« le divorce demandé par l'autre époux sera admis ou
« rejeté par le tribunal. »

Observations du Tribunat.

D'après l'opinion de la section énoncée sur l'article
III (231), cet article doit être rejeté. (*Voy. p.* 196).

ARTICLE 236.

Toute demande en divorce détaillera les faits :
elle sera remise, avec les pieces à l'appui, s'il y en
a, au président du tribunal ou au juge qui en fera
les fonctions, par l'époux demandeur en personne, à moins qu'il n'en soit empêché par maladie ; auquel cas, sur sa requisition et le certificat de deux docteurs en médecine ou en chirur-
gie, ou de deux officiers de santé, le magistrat
se transportera au domicile du demandeur pour
y recevoir sa demande.

Discussion du Conseil d'Etat.

Premiere rédaction. (Séance du 26 vendém. X, *t.* 1, *p.* 369.)

II (236, 237). « La demande détaillera les faits.
« Elle sera présentée au président, ou à celui qui en
« fera les fonctions ; elle sera signée par la partie. Si la
« partie ne sait ou ne peut signer, il en sera fait men-
« tion dans le procès-verbal que le juge sera tenu de
« rédiger, pour constater la présentation de la demande
« et la remise des pieces qui pourront y être jointes.
III (236). « L'époux demandeur présentera en per-
« sonne sa demande, à moins qu'il n'en soit empêché

« pour cause de maladie ; et , dans ce cas, le juge, sur
« le certificat de deux officiers de santé , se transpor-
« tera au lieu du domicile du demandeur pour y re-
« cevoir sa déclaration. »

Le consul *Cambacérès* demande si la disposition
de cet article est tellement absolue qu'elle n'admette
pas d'exception, même en faveur de celui qui est absent pour le service public ?

Le C. *Tronchet* dit que l'objet de cet article est de
mettre les parties en présence , afin qu'on puisse
essayer des moyens de conciliation ; que , sous ce rapport, toute exception est impossible.

L'article est adopté.

ARTICLE 237.

Le juge, après avoir entendu le demandeur,
et lui avoir fait les observations qu'il croira convenables, paraphera la demande et les pieces , et
dressera procès-verbal de la remise du tout en
ses mains. Ce procès-verbal sera signé par le juge
et par le demandeur, à moins que celui-ci ne sache
ou ne puisse signer ; auquel cas il en sera fait
mention.

238.

Le juge ordonnera , au bas de son procès-verbal, que les parties comparaîtront en personne
devant lui , au jour et à l'heure qu'il indiquera ;
et qu'à cet effet, copie de son ordonnance sera,
par lui , adressée à la partie contre laquelle le
divorce est demandé.

239.

Au jour indiqué, le juge fera aux deux époux,
s'ils se présentent, ou au demandeur, s'il est seul
comparant, les représentations qu'il croira propres à opérer un rapprochement : s'il ne peut y

parvenir, il en dressera procès-verbal, et ordonnera la communication de la demande et des pieces au commissaire du gouvernement, et le référé du tout au tribunal.

240.

Dans les trois jours qui suivront, le tribunal, sur le rapport du président ou du juge qui en aura fait les fonctions, et sur les conclusions du commissaire du gouvernement, accordera ou suspendra la permission de citer. La suspension ne pourra excéder le terme de vingt jours.

241.

Le demandeur, en vertu de la permission du tribunal, fera citer le défendeur, dans la forme ordinaire, à comparaître en personne à l'audience, à huis clos, dans le délai de la loi; il fera donner copie, en tête de la citation, de la demande en divorce et des pieces produites à l'appui.

242.

A l'échéance du délai, soit que le défendeur comparaisse ou non, le demandeur en personne, assisté d'un conseil, s'il le juge à propos, exposera ou fera exposer les motifs de sa demande; il représentera les pieces qui l'appuient, et nommera les témoins qu'il se propose de faire entendre.

243.

Si le défendeur comparaît en personne ou par un fondé de pouvoir, il pourra proposer ou faire proposer ses observations, tant sur les motifs de la demande que sur les pieces produites par le demandeur et sur les témoins par lui nommés. Le défendeur nommera de son côté les témoins qu'il se propose de faire entendre, et sur lesquels le demandeur fera réciproquement ses observations.

244.

Il sera dressé procès-verbal des comparutions, dires et observations des parties, ainsi que des aveux que l'une ou l'autre pourra faire. Lecture de ce procès - verbal sera donnée auxdites parties, qui seront requises de le signer ; et il sera fait mention expresse de leur signature, ou de leur déclaration de ne pouvoir ou ne vouloir signer.

245.

Le tribunal renverra les parties à l'audience publique, dont il fixera le jour et l'heure ; il ordonnera la communication de la procédure au commissaire du gouvernement, et commettra un rapporteur. Dans le cas où le défendeur n'aurait pas comparu, le demandeur sera tenu de lui faire signifier l'ordonnance du tribunal, dans le délai qu'elle aura déterminé.

Rédaction communiquée au Tribunat.

XVIII (245). « Le tribunal renverra les parties à « l'audience publique, dont il fixera le jour et l'heure ; « il ordonnera la communication de la procédure au « commissaire du gouvernement, et commettra un « rapporteur. Dans le cas où le défendeur n'aurait pas « comparu, le demandeur sera tenu de lui faire signi- « fier l'ordonnance du tribunal dans les vingt-quatre « heures. »

Observations du Tribunat.

La section propose de substituer à ces derniers mots de cet article « dans les vingt-quatre heures », ceux qui suivent « dans le délai qu'elle aura déterminé. »

Il serait souvent impossible que le demandeur fît

signifier l'ordonnance du tribunal dans le délai de vingt-quatre heures, soit à raison de la distance des lieux, soit à raison du temps nécessaire pour l'expédition et l'enregistrement. Il est plus sage d'accorder au tribunal la détermination du délai de la signification de l'ordonnance.

ARTICLE 246.

Au jour et à l'heure indiqués, sur le rapport du juge commis, le commissaire du gouvernement entendu, le tribunal statuera d'abord sur les fins de non-recevoir, s'il en a été proposé. En cas qu'elles soient trouvées concluantes, la demande en divorce sera rejetée; dans le cas contraire, ou s'il n'a pas été proposé de fins de non-recevoir, la demande en divorce sera admise.

Discussion du Conseil d'Etat.

Première rédaction. (Séance du 26 vendém. X, *t.* 1, *p.* 371.)

IX (246). « Au jour indiqué par l'ordonnance ci-« dessus, sur le rapport fait par le juge commis, et « après avoir ouï le commissaire du gouvernement, le « tribunal rejettera la demande si elle lui paraît non-« recevable; et dans le cas où elle lui paraîtra recevable, « il y fera droit, s'il la trouve suffisamment justifiée, « ou il admettra le demandeur à faire preuve des « faits par lui allégués, et le défendeur, à la preuve « contraire. »

Le consul *Cambacérès* dit que cet article semble présenter l'idée que le tribunal délibérera et prononcera deux fois sur la même demande.

Le C. *Portalis* dit que le tribunal est obligé de délibérer d'abord sur les fins de non-recevoir qui peuvent être opposées; mais que cette délibération n'a rien de commun avec celle sur le fond de la contestation. Ces fins de non-recevoir sont celles qui écartent la demande, sans en permettre même l'examen. Après le jugement des fins de non-recevoir, vient la question de savoir si la demande est mal fondée.

Le consul *Cambacérès* dit que la rédaction de l'article est du moins inexacte, puisqu'elle conduit à croire que le tribunal prononcera sur le fond même de la demande.

Le C. *Tronchet* propose, pour rendre la loi plus claire, d'ajouter à l'article VIII (243), *que le défendeur qui comparaît, proposera ses exceptions en même temps que ses observations.*

L'article est adopté sauf rédaction.

ARTICLE 247.

Immédiatement après l'admission de la demande en divorce, sur le rapport du juge commis, le commissaire du gouvernement entendu, le tribunal statuera au fond. Il fera droit à la demande, si elle lui paraît en état d'être jugée; sinon, il admettra le demandeur à la preuve des faits pertinents par lui allégués, et le défendeur à la preuve contraire.

Rédaction communiquée au Tribunat.

XX (247). « Immédiatement après l'admission de « la demande en divorce, sur le rapport du juge com- « mis, le commissaire du gouvernement entendu, le « tribunal statuera au fond. Il fera droit à la demande, « si elle lui paraît suffisamment justifiée ; sinon il ad- « mettra le demandeur à la preuve des faits par lui « allégués, et le défendeur à la preuve du contraire. »

Observations du Tribunat.

La section adopte la première partie de cet article ; mais elle propose de substituer à la seconde partie la rédaction suivante :

« Il fera droit sur la demande , si elle lui paraît en
« état de recevoir jugement ; sinon , il admettra le de-
« mandeur à la preuve des faits pertinents par lui allé-
« gués , et le défendeur à la preuve du contraire. »

Le tribunal , après avoir porté une décision sur les
fins de non-recevoir , peut statuer sur le fond de trois
manieres ;

Ou en admettant la demande, ou en la rejetant, sans
être obligé dans ces deux cas d'en venir à des enquêtes,
ou enfin en ordonnant préalablement des preuves
testimoniales. Mais , dans ce dernier cas , ces preuves
ne doivent porter que sur des faits pertinents.

ARTICLE 248.

A chaque acte de la cause , les parties pourront , après le rapport du juge , et avant que le
commissaire du gouvernement ait pris la parole ,
proposer ou faire proposer leurs moyens respectifs , d'abord sur les fins de non-recevoir , et ensuite sur le fond ; mais en aucun cas le conseil du
demandeur ne sera admis , si le demandeur n'est
pas comparant en personne.

249.

Aussitôt après la prononciation du jugement
qui ordonnera les enquêtes , le greffier du tribunal donnera lecture de la partie du procès-verbal
qui contient la nomination déja faite des témoins
que les parties se proposent de faire entendre.
Elles seront averties par le président , qu'elles
peuvent encore en désigner d'autres , mais qu'a-
près ce moment elles n'y seront plus reçues.

250.

Les parties proposeront de suite leurs repro-
ches respectifs contre les témoins qu'elles voudront écarter. Le tribunal statuera sur ces repro-

ches, après avoir entendu le commissaire du gouvernement.

251.

Les parents des parties, à l'exception de leurs enfants et descendants, ne sont pas reprochables du chef de la parenté, non plus que les domestiques des époux, en raison de cette qualité; mais le tribunal aura tel égard que de raison aux dépositions des parents et des domestiques.

252.

Tout jugement qui admettra une preuve testimoniale, dénommera les témoins qui seront entendus, et déterminera le jour et l'heure auxquels les parties devront les présenter.

253.

Les dépositions des témoins seront reçues par le tribunal séant à huis clos, en présence du commissaire du gouvernement, des parties, et de leurs conseils ou amis jusqu'au nombre de trois de chaque côté.

254.

Les parties, par elles ou par leurs conseils, pourront faire aux témoins telles observations et interpellations qu'elles jugeront à propos, sans pouvoir néanmoins les interrompre dans le cours de leurs dépositions.

255.

Chaque déposition sera rédigée par écrit, ainsi que les dires et observations auxquels elle aura donné lieu. Le procès-verbal d'enquête sera lu tant aux témoins qu'aux parties: les uns et les autres seront requis de le signer; et il sera fait mention de leur signature, ou de leur déclaration qu'ils ne peuvent ou ne veulent signer.

256.

Après la clôture des deux enquêtes ou de celle du demandeur, si le défendeur n'a pas produit de témoins, le tribunal renverra les parties à l'audience publique, dont il indiquera le jour et l'heure; il ordonnera la communication de la procédure au commissaire du gouvernement, et commettra un rapporteur. Cette ordonnance sera signifiée au défendeur, à la requête du demandeur, dans le délai qu'elle aura déterminé.

257.

Au jour fixé pour le jugement définitif, le rapport sera fait par le juge commis : les parties pourront ensuite faire par elles-mêmes ou par l'organe de leurs conseils, telles observations qu'elles jugeront utiles à leur cause; après quoi le commissaire du gouvernement donnera ses conclusions.

258.

Le jugement définitif sera prononcé publiquement : lorsqu'il admettra le divorce, le demandeur sera autorisé à se retirer devant l'officier de l'état civil pour le faire prononcer.

259.

Lorsque la demande en divorce aura été formée pour cause d'excès, de sévices ou d'injures graves, encore qu'elle soit bien établie, les juges pourront ne pas admettre immédiatement le divorce; dans ce cas, avant de faire droit, ils autoriseront la femme à quitter la compagnie de son mari, sans être tenue de le recevoir, si elle ne le juge à propos; et ils condamneront le mari à lui payer une pension alimentaire proportionnée à ses facultés, si la femme n'a pas elle-même des revenus suffisants pour fournir à ses besoins.

Rédaction communiquée au Tribunat.

XXXII (259). « Lorsque la demande en divorce
« aura été formée pour cause de sévices ou d'injures
« graves, encore qu'elle soit bien établie, les juges
« n'admettront pas immédiatement le divorce ; mais,
« avant faire droit, ils autoriseront la femme deman-
« deresse à quitter la compagnie de son mari, sans
« être tenue de le recevoir, si elle ne le juge à propos ;
« et ils condamneront le mari à lui payer une pension
« alimentaire proportionnée à ses facultés, si la femme
« n'a pas elle-même des revenus suffisants pour fournir
« à ses besoins. »

Observations du Tribunat.

La section propose de substituer aux expressions de cet article, « lorsque la demande en divorce aura
« été formée pour cause de sévices et d'injures graves,
« encore qu'elle soit bien établie, les juges n'admettront
« pas immédiatement le divorce ; mais avant faire
« droit, ils autoriseront la femme demanderesse à
« quitter, etc. » celles qui suivent : « Lorsque la de-
« mande en divorce aura été formée pour cause de
« sévices ou injures graves, encore qu'elle soit bien
« établie, les juges pourront ne pas admettre immé-
« diatement le divorce ; et alors, avant faire droit, ils
« autoriseront la femme à quitter, etc.

Cette disposition du projet faite pour le cas où la demande en divorce aura été formée pour cause de sévices ou d'injures graves, encore qu'elle soit bien établie, a été sagement conçue dans le sens du projet de loi qui accordait à la femme seule l'action en divorce pour cette cause, et qui faisait ensuite de l'attentat à la vie une cause séparée et directe du divorce.

Mais dans le sens de la section qui a pensé que d'un côté l'action en divorce pour cause de sévices et d'injures graves devait être réciproque entre les époux, et d'un autre côté qu'on ne devait pas faire de l'attentat à la vie une cause déterminée du divorce, le changement proposé devient nécessaire.

Sous l'expression de *sévices*, il pourra se présenter des demandes en divorce qui auront les causes les plus graves, telles que l'attentat à la vie de l'un ou de l'autre des époux envers l'autre.

La section a aussi pensé que, sous les expressions « *ou d'injures graves* », le mari pourrait demander le divorce dans un cas prévu au titre de la paternité et de la filiation, à l'article III (314), qui est celui d'un enfant né avant le cent quatre-vingtieme jour du mariage, et que le mari désavouerait. Il y a sans doute dans ce fait perfidie et injure grave.

Or dans ce cas il répugnerait que le tribunal fût dans la nécessité d'ordonner une épreuve qui serait peu convenable, évidemment inutile, et de forcer un mari, déja très malheureux, au paiement d'une pension alimentaire pendant la durée de cette épreuve.

La nécessité absolue de l'épreuve prescrite par le projet, pouvait se concilier avec la restriction des causes entendues dans son sens, sous les expressions de *sévices ou d'injures graves* : mais elle présente trop d'inconvénients, ces causes se rapportant, dans le sens de la section, à un plus grand nombre de cas, dont quelques uns sont portés au dernier degré de gravité.

Il devient donc indispensable de convertir la nécessité voulue par le projet de loi en une simple faculté.

D'ailleurs il n'y a aucun inconvénient à laisser cette faculté aux tribunaux. Ils peseront les circonstances que la loi peut difficilement saisir. Pour être impérative, elle commanderait quelquefois des injustices.

On observe encore que c'est dans le même sens que l'action en divorce doit être réciproque entre les époux, qu'il faut dire seulement *la femme*, et non *la femme demanderesse*, parceque, d'après la réciprocité, elle peut être *défenderesse* comme *demanderesse*.

Conférence. II.   14

Enfin, on sentira aisément la justesse du changement des mots *et d'injures graves*, en ceux-ci, *ou
d'injures graves*, proposés par la section.

ARTICLE 260.

Après une année d'épreuve, si les parties ne
se sont pas réunies, l'époux demandeur pourra
faire citer l'autre époux à comparaître au tribunal, dans les délais de la loi, pour y entendre
prononcer le jugement définitif, qui pour lors
admettra le divorce.

Rédaction communiquée au Tribunat.

XXXIII (260). « Après une année d'épreuve, si les
« parties ne se sont pas réunies, la demanderesse pour-
« ra faire citer son mari à comparaître au tribunal,
« dans les délais de la loi, pour y entendre prononcer
« le jugement définitif, qui pour lors admettra le di-
« vorce. »

Observations du Tribunat.

Dès que, d'après les raisons qu'on vient de déduire
sur l'art. XXXII (259), la femme peut être également
ment défenderesse ou demanderesse, quoique le divorce ait pour cause des sévices ou des injures graves,
au lieu de ces expressions de l'article du projet, « La
« demanderesse pourra faire citer son mari, etc. » On
doit dire « L'époux demandeur pourra faire citer l'au-
« tre époux. »

ARTICLE 261.

Lorsque le divorce sera demandé par la raison
qu'un des époux est condamné à une peine infamante, les seules formalités à observer consiste-
ront à présenter au tribunal civil une expédition

en bonne forme du jugement de condamnation,
avec un certificat du tribunal criminel, portant
que ce même jugement n'est plus susceptible
d'être réformé par aucune voie légale.

Rédaction communiquée au Tribunat.

Nota. Elle était conforme à celle du Code.

Observations du Tribunat.

Cet article a pour objet d'établir les formalités dans
le cas du divorce demandé par la raison qu'un des
époux est condamné à une peine infamante.

Mais il n'explique pas suffisamment ce qu'il y a à
faire pour le cas où le jugement est contradictoire, et
pour celui où il est rendu par contumace : ce qu'il est
nécessaire de bien distinguer.

C'est dans cette idée que la section propose les ad-
ditions suivantes :

L'article a paru pouvoir subsister tel qu'il est pour
le cas du jugement contradictoire, en ajoutant néanmoins après les mots « une peine infamante », ceux-ci :
« par jugement contradictoire. »

Ensuite on croit qu'il doit être ajouté un nouvel
article pour le cas de la contumace, qui a paru devoir
être conçu ainsi qu'il suit :

« Si le jugement est rendu par contumace, la de-
« mande en divorce ne pourra être formée qu'à l'expi-
« ration de cinq années à compter du jour de l'exécu-
« tion par effigie.

« Dans ce cas, le certificat du tribunal criminel con-
« statera cette époque, et la non-rétractation du ju-
« gement.

« Si même après le délai de cinq années, le condam-
« né se présentait à la justice, ou était arrêté avant
« le divorce prononcé, il y sera sursis jusqu'après le
« jugement contradictoire et définitif. »

L'addition de cet article ne présente aucune superfluité dans le XXXIV (261) article du projet. Ce qui est dit à la fin, qu'il sera rapporté un certificat du tribunal criminel portant que « ce même jugement n'est « plus susceptible d'être réformé par aucune voie lé- « gale », devient toujours nécessaire, quoiqu'il y soit question d'un jugement contradictoire, parceque ces expressions se rapportent au pourvoi en cassation, dont la faculté doit appartenir à celui qui est condamné, même par un jugement contradictoire.

Ensuite le développement qui fait l'objet de l'article dont on propose l'addition, s'applique uniquement au cas du jugement par contumace; et les dispositions sont conçues dans les principes.

Le jugement par contumace ne doit certainement pas donner lieu à l'ouverture de l'action en divorce, elle est fondée dans ce cas sur le seul fait de l'infamie; et il n'y en a pas pendant le délai dans lequel la loi accorde la faculté de la rétractation du jugement. Tel a été l'avis de la section relativement à la mort civile, et il y a parité de raison.

Il a aussi paru juste que, quand l'époux condamné ne se représenterait qu'après ce délai, il fût sursis au divorce jusqu'après le jugement contradictoire et définitif, si, depuis l'échéance du délai, le divorce n'avait pas été prononcé.

ARTICLE 262.

En cas d'appel du jugement d'admission ou du jugement définitif, rendu par le tribunal de premiere instance en matiere de divorce, la cause sera instruite et jugée par le tribunal d'appel comme affaire urgente.

Rédaction communiquée au Tribunat.

XXXV (262). « En cas d'appel d'aucun jugement, « soit préparatoire, soit définitif, rendu par le tri- « bunal de premiere instance en matiere de divorce,

« la cause sera instruite et jugée par le tribunal d'appel,
« sur le rôle des affaires urgentes. »

Observations du Tribunat.

Cet article prescrit seulement un bref délai dans lequel l'appel qui serait interjeté d'un jugement, soit
préparatoire, soit définitif, en matiere de divorce,
sera jugé au tribunal d'appel. Mais il s'est présenté
bien d'autres difficultés relativement au délai dans lequel l'appel devra être interjeté. Il a fallu sur-tout
prévoir l'inconvénient qui résulterait de la jurisprudence, à laquelle un défaut d'explication dans notre
législation judiciaire a donné lieu, et qui proroge jusqu'à trente ans la faculté d'interjeter appel d'un jugement par défaut.

De plus le projet de loi laisse indécise la question
de savoir si un jugement rendu en dernier ressort sur
une demande en divorce est, ou non, susceptible de
pourvoi en cassation.

Il est convenable d'éviter à ce sujet une incertitude
qui pourrait se former dans une matiere sur laquelle
on sort en plusieurs points des regles ordinaires; et
le pourvoi en cassation a paru à la section devoir être
maintenu contre les jugements rendus sur les demandes en divorce comme sur les autres. C'eût été introduire une faveur contraire à l'esprit du projet de loi,
et aux principes.

En conséquence la section propose d'ajouter après
l'article XXXV un nouvel article ainsi conçu:

(263). « L'appel ne sera pas recevable, s'il n'a été
« interjeté dans les trois mois de la date du jugement,
« quand il est contradictoire: s'il est rendu par défaut,
« ce délai de trois mois ne courra contre le défendeur
« que du jour de la signification.

« Le délai pour se pourvoir au tribunal de cassation
« contre un jugement en dernier ressort, sera aussi de
« trois mois. Il courra de la même maniere que celui
« de l'appel. Le pourvoi sera suspensif. »

On fera courir le délai de l'appel et du pourvoi en

cassation du jour même du jugement, lorsqu'il est contradictoire; parceque, suivant le projet, ne pouvant être ainsi rendu qu'en présence des parties, chacune d'elles le connaît nécessairement.

On a cru que le pourvoi devait être suspensif, parcequ'il s'agit d'une chose irréparable par sa nature. Il est plus convenable de suspendre dans ce cas la prononciation du divorce, dont les traces pourraient devenir des motifs de mécontentement et d'aigreur entre les époux.

ARTICLE 263.

L'appel ne sera recevable qu'autant qu'il aura été interjeté dans les trois mois à compter du jour de la signification du jugement rendu contradictoirement ou par défaut. Le délai pour se pourvoir au tribunal de cassation contre un jugement en dernier ressort, sera aussi de trois mois à compter de la signification. Le pourvoi sera suspensif.

Discussion du Conseil d'Etat.

Premiere rédaction. (Séance du 20 vendém. X, *t.* I, *p.* 375.)

XVIII. « Dans tous les actes de l'instruction sur une « demande en divorce, les parties ne pourront se faire « représenter par un fondé de pouvoir; elles pourront « néanmoins être assistées d'un avoué ou défenseur.

« Il est défendu, dans l'instruction, soit de premiere « instance, soit d'appel, de publier de part ni d'autre « aucun mémoire imprimé, à peine de 1,000 francs « d'amende, tant contre la partie qui l'aura produit, « que contre chacun des signataires, auteurs et im-« primeurs. »

Le consul *Cambacérès* pense qu'il ne faudrait pas interdire l'impression des défenses, parcequ'il est possible que l'un des époux ait intérêt de redresser l'opinion publique qu'on serait parvenu à égarer.

Le C. *Boulay* observe que ce serait rendre la contestation publique.

Le consul *Cambacérès* dit qu'il voudrait qu'elle le
fût ; que cette publicité serait un moyen d'amener plus
sûrement les époux au divorce par consentement mutuel ; que d'ailleurs on se flatte vainement que la procédure sera secrete ; qu'il ne peut pas y avoir de mystere là où il y a tant de témoins. Le secret devrait être
réservé pour la procédure primaire, pendant laquelle
on peut encore espérer la réconciliation ; au-delà de
ce terme, cet espoir est détruit.

Le C. *Emmery* pense que si la section eût prévu
que le systéme du consentement mutuel serait adopté,
elle eût autrement rédigé ce chapitre ; qu'il serait donc
nécessaire de le revoir depuis l'art. XVI.

Le C. *Tronchet* dit qu'on pourrait sans inconvénient
changer la disposition qui défend d'exprimer dans le
jugement la cause du divorce ; mais qu'il importe de
ne pas donner de publicité à une procédure dont les
détails sont scandaleux, et qui devient un vrai spectacle pour la malignité.

La proposition du C. Tronchet et l'article XVIII
sont adoptés.

XIX. « Tous les procès-verbaux relatifs à l'instruc-
« tion de la demande en divorce, resteront déposés
« au greffe, pour y demeurer secrets. On ne pourra
« en délivrer des expéditions qu'aux personnes qui y
« auront été parties, ou à leurs héritiers et ayant-cau-
« se, dans les cas où ceux-ci y auront intérèt, et sur
« une permission spéciale du président du tribunal, le
« commissaire du gouvernement préalablement ouï. »

L'article est adopté.

ARTICLE 264.

En vertu de tout jugement rendu en dernier
ressort ou passé en force de chose jugée, qui
autorisera le divorce, l'époux qui l'aura obtenu,
sera obligé de se présenter, dans le délai de deux

mois, devant l'officier de l'état civil, l'autre partie dûment appelée, pour faire prononcer le divorce.

Rédaction communiquée au Tribunat.

XXXVI (264). « En vertu de tout jugement rendu
« en dernier ressort ou passé en force de chose jugée,
« qui autorisera le divorce, l'époux qui l'aura obtenu
« sera obligé de se présenter, dans le délai de deux
« mois, devant l'officier de l'état civil, l'autre partie
« dûment appelée, pour faire prononcer le divorce,
« à peine de déchéance du bénéfice du jugement, qui
« demeurera comme non avenu si l'exécution n'en a
« été poursuivie dans le délai ci-dessus. »

Observations du Tribunat.

La section propose d'ajouter à cet article deux autres articles qui seraient ainsi conçus :

(265). « Ces deux mois ne commenceront à courir
« qu'après l'expiration du délai d'appel pour les juge-
« ments rendus en premiere instance; de celui d'op-
« position, pour ceux rendus en dernier ressort par
« défaut; et quant à ceux rendus en dernier ressort
« contradictoirement, à compter de l'expiration du
« délai du pourvoi en cassation. »

(266). « L'époux demandeur qui aura laissé écouler
« le délai de deux mois ci-dessus déterminé, ne pour-
« ra pas reprendre son action en divorce, si ce n'est
« pour causes nouvelles, auquel cas il pourra faire va-
« loir les causes anciennes. »

Ces deux dispositions sont évidemment nécessaires
pour compléter celles de l'article en discussion.

ARTICLE 265.

Ces deux mois ne commenceront à courir à
l'égard des jugements de premiere instance, qu'a-
près l'expiration du délai d'appel; à l'égard des

jugements rendus par défaut en cause d'appel,
qu'après l'expiration du délai d'opposition ; et à
l'égard des jugements contradictoires en dernier
ressort, qu'après l'expiration du délai du pourvoi
en cassation.

266.

L'époux demandeur qui aura laissé passer le
délai de deux mois ci-dessus déterminé, sans
appeler l'autre époux devant l'officier de l'état
civil, sera déchu du bénéfice du jugement qu'il
avait obtenu, et ne pourra reprendre son action
en divorce, sinon pour cause nouvelle ; auquel
cas il pourra néanmoins faire valoir les anciennes
causes.

SECTION II.

*Des Mesures provisoires auxquelles peut donner lieu la
demande en divorce pour cause déterminée.*

267.

L'administration provisoire des enfants restera au mari demandeur ou défendeur en divorce, à moins qu'il n'en soit autrement ordonné
par le tribunal, sur la demande, soit de la mere,
soit de la famille, ou du commissaire du gouvernement, pour le plus grand avantage des
enfants.

Discussion du Conseil d'Etat.

Premiere rédaction. (Séance du 26 vendém. X, *t.* 1, *p.* 375.)

Art. I (267). « S'il y a des enfants communs dont
« chacun des deux époux réclame l'administration
« provisoire pendant l'instance en divorce, le juge en
« décidera d'après les circonstances et pour la plus
« grande utilité des enfants. »

Le consul *Cambacérès* demande s'il convient de laisser le sort des enfants entièrement à l'arbitrage du juge,

ou s'il ne serait pas préférable d'établir, à cet égard, quelques regles. Il faudrait du moins donner aux tribunaux une instruction qui les mit en état de décider suivant les circonstances. La position, en effet, n'est pas la même lorsque le divorce est demandé par le mari, que lorsqu'il est demandé par la femme; lorsque les enfants sont mâles, que lorsque ce sont des filles.

Le C. *Portalis* dit que la section avait fait ces distinctions; mais comme c'est une doctrine reçue, que le juge doit avoir égard aux circonstances, et que l'intérèt des enfants est le principe décisif dans cette matiere, la section a cru les détails inutiles.

Le consul *Cambacérès* demande si, par ce mot *le juge*, la section entend le tribunal entier, on seulement le président.

Le C. *Portalis* répond qu'elle a entendu désigner le tribunal entier.

Le consul *Cambacérès* dit qu'alors il est nécessaire de s'expliquer plus positivement.

Le C. *Emmery* dit que la décision paraît devoir appartenir au président, parceque, pendant une longue instruction, il est quelquefois nécessaire de changer fréquemment les dispositions prises pour régler le sort des enfants.

Le consul *Cambacérès* dit qu'on pourrait obliger le président à en référer au tribunal.

L'article est adopté, ainsi que la derniere proposition du consul Cambacérès et celle du C. Emmery.

***

ARTICLE 268.

La femme demanderesse ou défenderesse en divorce, pourra quitter le domicile du mari pendant la poursuite, et demander une pension alimentaire proportionnée aux facultés du mari. Le tribunal indiquera la maison dans laquelle la femme sera tenue de résider, et fixera, s'il y a

lieu, la provision alimentaire que le mari sera
obligé de lui payer.

269.

La femme sera tenue de justifier de sa résidence dans la maison indiquée, toutes les fois
qu'elle en sera requise : à défaut de cette justification, le mari pourra refuser la provision alimentaire ; et, si la femme est demanderesse en
divorce, la faire déclarer non-recevable à continuer ses poursuites.

Discussion du Conseil d'Etat.

Première rédaction. (Séance du 26 vendém. X, *t.* I, *p.* 376.)

II (268). « Si la femme qui demande le divorce, a
« quitté ou déclaré vouloir quitter le domicile du mari,
« le tribunal indiquera la maison dans laquelle elle
« devra résider pendant la poursuite du divorce.

« (269) La femme sera tenue de justifier de cette
« résidence, toutes les fois qu'elle en sera requise ;
« faute d'en justifier, toute poursuite sera suspendue. »

Le C. *Portalis* dit que l'objet de cet article est de
ménager la décence, et de faciliter la surveillance du
mari.

Le consul *Cambacérès* dit que l'article est incomplet, en ce qu'il ne pourvoit pas au cas où la demande
en divorce est formée par le mari.

Le C. *Portalis* dit que l'article est commun aux deux
cas.

L'article est adopté sauf rédaction.

III (268). « Si la femme n'a pas de revenus suffi-
« sants pour fournir à ses besoins pendant la pour-
« suite du divorce, le tribunal lui accordera une pen-
« sion alimentaire proportionnée aux facultés du
« mari.

« (269) Le mari ne sera tenu de lui payer cette
« pension, qu'autant que la femme justifiera qu'elle a

« constamment résidé dans la maison indiquée par le
« tribunal. »

Le consul *Cambacérès* demande si le jugement qui
accorde la pension sera sujet à l'appel.

Le C. *Portalis* répond que la section a entendu
réserver cette faculté au mari.

Le C. *Regnaud* (de Saint-Jean-d'Angely) demande
si ces mots *revenus suffisants* s'appliquent aussi à la
femme commune en biens; et, dans ce cas, si la pension alimentaire sera prise sur la communauté, ou
sur les biens personnels du mari.

Le C. *Portalis* dit que la disposition s'étend à tous
les cas où la femme manque du nécessaire.

Le C. *Tronchet* ajoute que l'esprit de l'article étant
d'assurer à la femme une pension alimentaire, cette
pension sera prise indistinctement sur les revenus de
la femme ou sur ceux du mari, en un mot, sur tous
les biens qui pourront la fournir.

L'article est adopté.

Seconde rédaction. (Séance du 22 fructid. X, *t.* 2, *p.* 19.)

Le C. *Regnier* observe que ces mots, *si la femme n'a
pas de revenus suffisants,* supposent qu'elle sera mise
en possession de ses biens, avant la dissolution du
mariage par le divorce. Cependant, jusque-là, la communauté subsiste, et le mari continue d'en être le
maître.

Le C. *Emmery* répond que la disposition est nécessairement restreinte à la femme non commune.

Le C. *Tronchet* appuie l'observation du C. Regnier.
Il faut sans doute, dans tous les cas, pourvoir à l'entretien de la femme; mais il est nécessaire de distinguer deux hypotheses : s'il y a communauté, une
pension doit être payée à la femme, parceque la communauté subsiste jusqu'au divorce; ce n'est que dans
le cas où il n'y a pas de communauté qu'il convient
d'examiner si la femme a un revenu suffisant.

Le C. *Emmery* propose de rédiger ainsi l'article :

« (268) La femme demanderesse en divorce pourra
« quitter le domicile du mari pendant la poursuite,
« et exiger une pension alimentaire proportionnée
« aux facultés de son mari. Le tribunal indiquera, etc. »

Le consul *Cambacérès* propose de substituer au
mot *exiger* le mot *demander*, afin de laisser plus de
latitude aux tribunaux.

La rédaction du C. Emmery est adoptée avec l'a-
mendement.

Le C. *Regnier* propose de rédiger ainsi :

« Pourra demander, *s'il y a lieu*, une pension ali-
« mentaire, etc. »

Le C. *Portalis* combat cet amendement, parceque,
dit-il, le mot *alimentaire* exprime suffisamment le cas
où la pension est due. Cette expression, *s'il y a lieu*,
l'affaiblirait ; elle semblerait permettre de refuser des
aliments à la femme qui manque du nécessaire.

L'amendement est rejeté.

ARTICLE 270.

La femme commune en biens, demanderesse
ou défenderesse en divorce, pourra, en tout état
de cause, à partir de la date de l'ordonnance
dont il est fait mention en l'article 238, requérir,
pour la conservation de ses droits, l'apposition
des scellés sur les effets mobiliers de la communauté. Ces scellés ne seront levés qu'en faisant
inventaire avec prisée, et à la charge par le mari
de représenter les choses inventoriées, ou de
répondre de leur valeur comme gardien judiciaire.

271.

Toute obligation contractée par le mari à la
charge de la communauté, toute aliénation par
lui faite des immeubles qui en dépendent, postérieurement à la date de l'ordonnance dont il

est fait mention en l'article 238, sera déclarée nulle, s'il est prouvé d'ailleurs qu'elle ait été faite ou contractée en fraude des droits de la femme.

Discussion du Conseil d'Etat.

Première Rédaction. (Séance du 26 vendém. X, *t.* I, *p.* 377.)

IV (270). « La femme, commune ou non commune, « pourra, pour la conservation de ses droits, requé- « rir l'apposition des scellés sur les meubles et effets « dont le mari est en possession.

« L'apposition des scellés pourra avoir lieu, même « dans les cas où le tribunal suspendra l'admission de « la demande en divorce, pour les causes prévues « dans les articles précédents.

« Le tribunal saisi de la demande en divorce, con- « naîtra de la demande en apposition de scellés. »

Le C. *Regnier* demande si l'apposition des scellés sera accordée par le juge sans examen.

Le C. *Tronchet* répond que les articles suivants prévoient la difficulté ; qu'en autorisant le mari à demander la main-levée des scellés, on lui permet à plus forte raison de s'opposer à leur apposition ; que son opposition sera jugée à l'instant sur référé.

Le consul *Cambacérès* demande dans quel cas il y aura lieu à recevoir l'opposition du mari.

Le C. *Tronchet* répond que ce sera toutes les fois que les scellés nuiraient à ses affaires, et que c'est pour donner, en ce cas, une sûreté à la femme, que la section propose de faire dresser un inventaire, ou d'obliger le mari à fournir caution.

Le consul *Cambacérès* dit qu'en effet les art. VI et VII (271) donnent une garantie à la femme, dans le cas où des raisons particulières doivent empêcher l'appo- sition des scellés ; mais que ces articles se bornent à autoriser l'apposition, sans examen des droits de la femme, au lieu que l'art. V, par l'effet de sa rédaction, semble autoriser le mari à contester ses droits, pour échapper au scellé.

Le C. *Tronchet* dit que l'expression *contester l'apposition* est vicieuse, et qu'il est préférable de dire, *le mari s'opposera à l'apposition des scellés.*

Le C. *Regnaud* (de Saint-Jean-d'Angely) dit que l'apposition des scellés doit avoir lieu nonobstant l'opposition du mari, afin que toute distraction devienne impossible pendant le référé qui sera introduit; sans cela le mari ne permettra jamais l'apposition des scellés; et pendant le délai qu'il se procurera, il enlevera les meilleurs effets, il dénaturera tout ce qui sera susceptible d'être changé de forme et caché. Alors les femmes ne trouveront qu'une communauté spoliée, et seront quelquefois réduites à la misère, tandis que leurs époux, du côté desquels pourront être les torts, vivront dans l'opulence.

Le C. *Tronchet* dit qu'alors, comme dans le cas de la saisie de meubles, un huissier restera dans la maison, où le juge de paix établira un gardien jusqu'après le référé, qui aura lieu à l'instant.

Le C. *Regnaud* (de Saint-Jean-d'Angely) objecte que ces précautions ne suffiraient pas pour empêcher la soustraction d'un porte-feuille qui pourrait renfermer des sommes considérables.

Le C. *Emmery* observe qu'un mari prévoit ordinairement qu'il va être exposé à l'apposition des scellés, et que, s'il est de mauvaise foi, ses précautions sont prises avant le moment où le juge de paix se présente.

L'article est adopté.

Les articles V et VI sont adoptés; ils sont ainsi conçus :

V. « Quand le mari contestera l'apposition des scel- « lés ou lorsqu'il en demandera la main-levée, le tri- « bunal statuera, sauf l'appel. L'appel, dans ce cas, « n'aura point d'effet suspensif.

« Le tribunal d'appel statuera dans le mois.

VI. « La main-levée des scellés sera toujours accor-

« dée, si le mari consent qu'il soit procédé à l'inven-
« taire, et s'il présente une sûreté suffisante dans ses
« biens personnels, ou s'il offre une caution suffisante
des droits apparents de la femme. »

L'article VII est soumis à la discussion; il porte:

« A compter du jour de la demande en divorce,
« l'état de la communauté ne pourra être changé rela-
« tivement à la femme, ni par les engagements que le
« mari pourra contracter, ni par les aliénations qu'il
« pourra faire. Le mari en devra la garantie à sa
« femme, et celle-ci aura action pour prévenir ou
« pour faire réparer les fraudes faites à son préju-
« dice. »

Le C. *Regnier* demande au profit de qui tournera
l'augmentation qui pourra survenir dans la communauté.

Il observe que cet article gênera beaucoup le mari
dans l'administration de ses affaires.

Le C. *Portalis* répond que cependant, sans la précaution établie par cet article, on doit craindre beaucoup de fraudes; qu'au surplus il suffirait peut-être
de dire que les actes frauduleux seront déclarés nuls.

L'article est adopté sauf rédaction.

Rédaction communiquée au Tribunat.

XL (270). « La femme commune en biens deman-
« deresse ou défenderesse en divorce, pourra, en tout
« état de cause, requérir, pour la conservation de
« ses droits, l'apposition des scellés dans les habita-
« tions du mari. Les scellés ne seront levés qu'en fai-
« sant inventaire, et à la charge par le mari de donner
« caution de la représentation des choses invento-
« riées.

XLI (271). « A compter du jour de la demande
« en divorce, le mari ne pourra plus contracter des
« dettes à la charge de la communauté, ni disposer
« des immeubles qui en dépendent: toute aliénation
« qu'il en fera sera nulle de droit.

Observations du Tribunat.

Ces deux articles se lient dans leur objet : les motifs des changements qu'on va proposer sur l'un et sur l'autre seront expliqués en même temps.

Au lieu de l'article XL (270) la section propose la rédaction suivante :

« La femme commune en biens, demanderesse ou « défenderesse en divorce, pourra, en tout état de « cause, à partir de l'époque de l'ordonnance auto- « risée par l'article XII (238), requérir, pour la con- « servation de ses droits, l'apposition de scellés sur « les effets mobiliers de la communauté. Ces scellés « ne seront levés qu'en faisant inventaire avec prisée, « et à la charge par le mari de représenter les choses « inventoriées, ou de répondre de leur valeur comme « gardien judiciaire. »

En place de l'article XLI (271) la section propose de substituer ce qui suit :

« A compter de la même ordonnance, le mari ne « pourra plus ni contracter de dettes à la charge de « la communauté, ni disposer des immeubles qui en « dépendent, sans le consentement formel de la femme, « ou sans l'autorisation de la justice, accordée contra- « dictoirement avec la femme, ou elle dûment appe- « lée. Toute obligation ou toute aliénation contractée « malgré cette prohibition ne produira aucun effet à « l'égard de la femme, pourvu toutefois, audit cas « d'aliénation d'immeubles, qu'elle ait formé au bu- « reau des hypothèques de leur situation une inscrip- « tion conservatoire de ses droits dans la commu- « nauté. »

Le projet de divorce étant formé de la part de l'un ou de l'autre des époux, on peut craindre que le mari, comme chef de la communauté, ne cherche à la diminuer à son profit. Il a été sage de prendre des mesures pour conserver provisoirement à la femme les droits qu'elle devra avoir en définitif, si le divorce a lieu.

Conférence. II.   15

Mais il a paru que ces mesures ne devaient pas tellement grever le mari qu'il lui fût impossible de continuer la gestion de ses affaires ou de son commerce. Car il pourrait en résulter un dérangement total qui conduirait quelquefois à des banqueroutes.

Il faut donc tâcher de concilier les intérêts respectifs. Ainsi par rapport au mobilier de la communauté, qui est l'objet de l'article XL (270), la section a pensé d'abord qu'il ne fallait pas autoriser les mesures conservatoires tout de suite après la présentation faite au président du tribunal de la demande en divorce. Ce n'est là qu'un projet qui est suspendu , et qui peut n'avoir point de suite par l'effet des voies conciliatrices indiquées par la loi.

Ensuite la nécessité prescrite par le projet de loi de donner caution de la part du mari a paru trop dure ; car on doit présumer que presque toujours le mari, dans une pareille position , et vu l'incertitude des droits que la femme pourrait répéter à une époque indéterminée, serait dans l'impossibilité de fournir cette caution. Le tempérament qui consiste à laisser les objets inventoriés au pouvoir du mari, en le rendant gardien judiciaire , ce qui emporte la contrainte par corps , ce tempérament, dit-on, a paru plus sage : il veille également aux intérêts des deux époux.

Enfin il est dans la nature des choses que l'inventaire soit fait avec prisée ; ce qui devenait incertain d'après le projet de loi.

Relativement aux immeubles de la communauté , dont il est question dans l'art. XLI (271), il deviendrait souvent nuisible à la communauté que le mari ne pût ni les hypothéquer ni les vendre. Si les circonstances l'exigeaient, pourquoi ne pas le permettre ? mais, ou avec le consentement de la femme, ou, en cas de difficulté de sa part, sous l'autorisation de la justice, qui alors doit devenir médiatrice.

Cette mesure pourvoit suffisamment aux intérêts de la femme.

Mais la section a porté son attention sur les suites de la nullité des obligations ou des aliénations qui seraient faites sans le consentement de la femme, ou sans l'autorisation de la justice. Elle considère cette nullité sous le rapport de l'intérêt des tiers, qui, n'étant avertis par aucun signe de la position du mari, pourraient devenir victimes innocentes de leur bonne foi en contractant avec lui.

Pour remédier à cet inconvénient on a cru que la nullité ne devait avoir lieu respectivement aux tiers qu'autant que la femme aurait fait au bureau des hypothèques une inscription indéterminée pour ses droits. Ainsi les tiers, étant avertis, ne contracteront avec le mari qu'autant qu'il y aura le consentement de la femme, ou l'autorisation de la justice. Ce moyen donne au mari la facilité de se tirer de l'embarras dans lequel pourraient le mettre les précautions prises par la femme ; et elle le met dans l'impossibilité de tromper des tiers.

SECTION III.

Des Fins de non-recevoir contre l'action en divorce pour cause déterminée.

272. L'action en divorce sera éteinte par la réconciliation des époux, survenue, soit depuis les faits qui auraient pu autoriser cette action, soit depuis la demande en divorce.

273.

Dans l'un et l'autre cas, le demandeur sera déclaré non-recevable dans son action ; il pourra néanmoins en intenter une nouvelle pour cause survenue depuis la réconciliation, et alors faire usage des anciennes causes pour appuyer sa nouvelle demande.

274.

Si le demandeur en divorce nie qu'il y ait eu

réconciliation, le défendeur en fera preuve, soit par écrit, soit par témoins, dans la forme prescrite en la premiere section du présent chapitre.

Discussion du Conseil d'Etat.

Premiere rédaction. (Séance du 22 fructid. X, *t.* 2, *p.* 20.)

XLII (272). « L'action en divorce sera éteinte par « la réconciliation des époux, survenue, soit depuis « les faits qui auraient pu autoriser cette action, soit « depuis la demande en divorce.

XLIII (273). « Dans l'un et l'autre cas le deman- « deur sera déclaré non-recevable dans son action ; il « pourra néanmoins en intenter une nouvelle pour « causes survenues depuis la réconciliation, et alors « faire usage des anciennes causes pour appuyer sa « nouvelle demande.

XLIV (274). « Si le demandeur en divorce nie « qu'il y ait eu réconciliation, le défendeur en fera « preuve, soit par écrit, soit par témoins, dans la « forme prescrite en la premiere section du présent « chapitre.

XLV. « Quoique l'adultere soit prouvé et le divorce « prononcé, l'enfant appartiendra au mari, si les deux « époux habitaient ensemble à l'époque de la concep- « tion ; mais s'ils étaient déja séparés d'habitation, « l'enfant n'appartiendra pas au mariage, à moins que « le mari ne le reconnaisse. »

Le consul *Cambacérès* dit que l'article XLV doit être mis en harmonie avec les dispositions relatives à *la Paternité* et à *la Filiation*.

Il y aurait sans doute de l'inconvénient à s'éloigner de la maxime qui veut que l'adultere de la mere ne décide point de l'illégitimité de l'enfant ; toutefois il ne faut pas se lier de maniere à ne point céder à l'évidence dans une matiere où les juges ont plus besoin d'exemples que de regles.

Le C. *Tronchet* pense que l'article est dangereux.

Ces questions doivent être jugées d'après les principes généraux de la matiere. Il est permis à la femme d'opposer à la demande en divorce l'exception de la réconciliation: elle ferait valoir que depuis la séparation son mari est venu la trouver, que l'enfant qui vient de naître est le fruit de ce rapprochement: et cependant la seconde partie défendrait au juge de l'écouter. La loi ne doit pas empêcher les tribunaux de prononcer sur tous les cas d'après les circonstances.

Le C. *Emmery* dit que, dans son opinion, l'article doit être retranché; qu'il n'a été proposé par la section que pour se conformer au sentiment qui a paru prévaloir dans le Conseil. On avait prévu que la femme pourrait devenir enceinte pendant le cours de la procédure: pour décider du sort de l'enfant on avait distingué les temps et la situation respective des parties, et l'on avait pensé qu'il convenoit de laisser à la conscience du mari à juger s'il est le pere de l'enfant conçu depuis la séparation des époux.

Le C. *Maleville* dit que l'article est juste, parcequ'il ne porte que sur l'enfant conçu depuis que l'adultere a été prouvé et le divorce prononcé; qu'il n'est nullement probable que cet enfant appartienne au mari, et qu'il serait cruel de forcer ce dernier à l'adopter sur une fiction légale dont toutes les circonstances annoncent ici la fausseté, et au préjudice de ses enfants légitimes.

Le C. *Tronchet* répond que l'article serait juste si ses effets se réduisaient à ce cas; mais que, rédigé comme il l'est, il s'étend également au cas où la conception de l'enfant a précédé la preuve de l'adultere et la dissolution du mariage.

Le C. *Bigot-Préameneu* pense que l'article doit être supprimé.

Le C. *Berlier* dit qu'on peut supprimer la seconde partie de l'article; mais il demande que la premiere partie soit maintenue. Le législateur ne doit pas laisser d'incertitude sur le cas auquel cette partie se rapporte; et la faveur due à l'enfant veut qu'il soit réglé comme il l'est par l'article.

Le consul *Cambacérès* opine pour la suppression de l'article.

Il ne croit pas que la situation de l'enfant d'une femme convaincue d'adultere, et dont le mariage a été dissous pour cette raison, soit plus favorable que celle de l'enfant né pendant le mariage, de l'enfant qui peut réclamer l'application de la regle *pater is est* dans toute sa force : il convient donc du moins de les placer l'un et l'autre sur la même ligne. On examinera, lors de la discussion du titre *de la Paternité*, s'il est possible de trouver dans cette matiere des regles assez générales pour qu'on puisse n'admettre aucune exception. Le Consul ne pense pas qu'on y parvienne; il est persuadé que, dans cette matiere, la loi ne peut établir que des présomptions, qui doivent par conséquent céder devant l'évidence des faits.

Le C. *Bigot-Préameneu* ajoute que la circonstance de la demeure du mari dans une autre maison que la femme n'est pas assez décisive pour en faire dépendre le sort de l'enfant.

L'article est retranché, et les autres articles de la section adoptés.

CHAPITRE III.

Du Divorce par consentement mutuel.

Rédaction communiquée au Tribunat.

Des Formes du divorce par consentement mutuel.

Observations du Tribunat.

La section n'a pas cru que le divorce par consentement mutuel dût avoir autant de latitude que lui en donne le projet de loi.

Lorsqu'il existe des enfants de l'union, le contrat qui l'a formée, leur appartient au moins autant qu'aux

époux. Il ne parait donc pas possible , au moins dans
ce cas, d'admettre le consentement des époux comme
preuve suffisante d'une incompatibilité capable de dissoudre le contrat.

Mais lorsqu'on ne peut opposer l'intérêt des enfants, sur lequel est principalement basé celui que la
société doit prendre à la dissolution du mariage, alors
la forme du consentement mutuel devient moins défavorable, mais elle doit être restreinte à ce seul cas.

Cette opinion amene donc des changements dans
le projet de loi. Mais ces changements peuvent être
combinés de maniere qu'il n'en résulte pas la nécessité d'une refonte de cette section.

Il est d'abord à propos d'ajouter un nouvel article
qui en fera le premier, et qui parait devoir être ainsi
conçu :

« Le mariage dont il existe des enfants, ne pourra
« être dissous par consentement mutuel. »

ARTICLE 275.

Le consentement mutuel des époux ne sera
point admis, si le mari a moins de vingt-cinq
ans, ou si la femme est mineure de vingt-un ans.

Rédaction communiquée au Tribunat.

XLV (275). « Le consentement mutuel d'époux mi-
« neurs ne sera point admis. »

Observations du Tribunat.

La section propose de substituer à cet article la rédaction suivante :

« Le consentement mutuel des époux ne sera point
« admis, si le mari est mineur de vingt - cinq ans, et
« la femme, de vingt-un ans. »

Cette explication a paru nécessaire pour faire cesser l'équivoque qui résulterait de ce qu'il y a deux
majorités, l'une qui est celle de droit, fixée à vingt-

un ans; l'autre qui est relative à la faculté du mariage, qui est de vingt-cinq ans pour les mâles, et de
vingt-un ans pour les filles. Il a paru convenable de
choisir, pour le cas dont il s'agit, la majorité matri-
moniale. Il faut la même maturité de raison pour dissoudre un mariage, que pour le contracter.

ARTICLE 276.

Le consentement mutuel ne sera admis qu'a-
près deux ans de mariage.

Rédaction communiquée au Tribunat.

XLVI (276). « Le consentement mutuel d'époux
« majeurs ne sera admis qu'après deux ans de ma-
« riage. »

Observations du Tribunat.

D'après l'explication qu'on vient de donner sur l'article précédent, cet article doit être ainsi conçu :

« Le consentement mutuel ne sera admis qu'après
« deux ans de mariage. »

ARTICLE 277.

Il ne pourra plus l'être après vingt ans de
mariage, ni lorsque la femme aura quarante-cinq
ans.

278.

Dans aucun cas, le consentement mutuel des
époux ne suffira, s'il n'est autorisé par leurs
peres et meres, ou par leurs autres ascendants
vivants, suivant les regles prescrites par l'article
150, au titre *du Mariage.*

Rédaction communiquée au Tribunat.

XLVIII (278). « Dans aucun cas, le consentement
« mutuel des époux ne suffira, s'il n'est autorisé par

« leurs pere et mere, ou par leurs autres ascendants
« vivants, si les pere et mere sont morts. »

Observations du Tribunat.

La section propose de faire à cet article l'addition
suivante :

« Cette autorisation sera obtenue conformément
« aux regles prescrites par l'art. VII (150) au titre *du*
« *Mariage.* »

L'objet de cette addition est de lever toute incertitude sur l'ordre dans lequel les parents doivent être
appelés, et il paraît convenable que cet ordre soit,
dans ce cas, le même que dans celui du mariage.

ARTICLE 279.

Les époux déterminés à opérer le divorce par
consentement mutuel, seront tenus de faire préalablement inventaire et estimation de tous leurs
biens, meubles et immeubles, et de régler leurs
droits respectifs, sur lesquels il leur sera néanmoins libre de transiger.

280.

Ils seront pareillement tenus de constater par
écrit leur convention sur les trois points qui suivent :

1° A qui les enfants nés de leur union seront
confiés, soit pendant le temps des épreuves, soit
après le divorce prononcé ;

2° Dans quelle maison la femme devra se retirer et résider pendant le temps des épreuves ;

3° Quelle somme le mari devra payer à sa
femme pendant le même temps, si elle n'a pas
des revenus suffisants pour fournir à ses besoins.

Rédaction communiquée au Tribunat.

Nota. Elle était conforme à celle du Code.

Observations du Tribunat.

Des trois objets de cet article (280), le premier devient inutile, puisque dans l'opinion de la section, le divorce par consentement mutuel ne doit point avoir lieu, lorsqu'il y a des enfants. En conséquence le paragraphe premier doit être supprimé ; au lieu de dire dans la première partie de l'article « sur les trois points » ; il faut dire : « sur les deux points qui sui-
« vent. »

ARTICLE 281.

Les époux se présenteront ensemble, et en personne, devant le président du tribunal civil de leur arrondissement, ou devant le juge qui en fera les fonctions, et lui feront la déclaration de leur volonté, en présence de deux notaires amenés par eux.

282.

Le juge fera aux deux époux réunis, et à chacun d'eux en particulier, en présence des deux notaires, telles représentations et exhortations qu'il croira convenables ; il leur donnera lecture du chapitre IV du présent titre, qui regle *les Effets du divorce*, et leur développera toutes les conséquences de leur démarche.

283.

Si les époux persistent dans leur résolution, il leur sera donné acte, par le juge, de ce qu'ils demandent le divorce et y consentent mutuellement ; et ils seront tenus de produire et déposer à l'instant, entre les mains des notaires, outre les actes mentionnés aux articles 279 et 280,

1° Les actes de leur naissance, et celui de leur mariage ;

2° Les actes de naissance et de décès de tous les enfants nés de leur union ;

3° La déclaration authentique de leurs peres et meres, ou autres ascendants vivants, portant que, pour les causes à eux connues, ils autorisent tel *ou* telle , leur fils *ou* fille , petit-fils *ou* petite-fille , marié *ou* mariée à tel *ou* telle , à demander le divorce et à y consentir. Les peres , meres, aïeuls et aïeules des époux , seront présumés vivants jusqu'à la représentation des actes constatant leur décès.

Rédaction communiquée au Tribunat.

LIII (283). « Si les époux persistent dans leur ré-
« solution, il leur sera donné acte , par le juge, de ce
« qu'ils demandent et consentent mutuellement au di-
« vorce, et ils seront tenus de produire et déposer à
« l'instant, entre les mains des notaires , outre les ac-
« tes mentionnés aux articles XLIX et L (279, 280),

1° « Les actes de leur naissance , et celui de leur
« mariage ;

2° « Les actes de naissance et de décès de tous les
« enfants nés de leur union ;

3° « La déclaration authentique de leurs pere et
« mere ou autres ascendants vivants, portant que ,
« pour les causes à eux connues , ils autorisent tel *ou*
« telle, leur fils *ou* fille , petit-fils *ou* petite-fille , marié
« *ou* mariée à tel *ou* telle , à demander le divorce et à
« y consentir. Les peres , meres, aïeuls et aïeules, bi-
« saïeuls et bisaïeules des époux seront présumés vi-
« vants jusqu'à la représentation des actes constatant
« leur décès. »

Observations du Tribunat.

Cet article est adopté sous deux modifications ; l'une consiste à ajouter un nouveau paragraphe entre les deuxieme et troisieme qui sera conçu ainsi ;

« 3º Un acte de notoriété qu'il n'existe pas d'enfants
« de leur union. »

Cette addition est une suite de l'opinion de la section sur l'admission du divorce par consentement
mutuel.

La seconde modification consiste dans la suppression de ces mots du troisieme paragraphe, « bisaïeuls
« et bisaïeules. »

La section pense qu'il y a trop de rigueur a exiger
la preuve du décès des bisaïeuls et bisaïeules, qui
très rarement existent lors du mariage de leurs ar-
riere-petits-enfants : que d'ailleurs ceux-ci pourraient
ignorer les dépôts, souvent éloignés, où seraient ces
actes de décès. La présomption d'existence doit être
bornée aux peres, meres, aïeuls et aïeules.

ARTICLE 284.

Les notaires dresseront procès-verbal détaillé
de tout ce qui aura été dit et fait en exécution
des articles précédents ; la minute en restera au
plus âgé des deux notaires, ainsi que les pieces
produites, qui demeureront annexées au procès-
verbal, dans lequel il sera fait mention de l'aver-
tissement qui sera donné à la femme de se retirer,
dans les vingt-quatre heures, dans la maison convenue entre elle et son mari, et d'y résider jusqu'au divorce prononcé.

285.

La déclaration ainsi faite sera renouvelée dans
la premiere quinzaine de chacun des quatrieme,
septieme et dixieme mois qui suivront, en ob-
servant les mêmes formalités. Les parties seront
obligées à rapporter chaque fois la preuve, par
acte public, que leurs peres, meres, ou autres
ascendants vivants, persistent dans leur premiere

détermination ; mais elles ne seront tenues à répéter la production d'aucun autre acte.

Discussion du Conseil d'Etat.

Première rédaction. (Séance du 22 fructid. X, *t.* 2, *p.* 25.)

Le C. *Jollivet* demande pourquoi l'article LVI (285) impose aux époux l'obligation de prendre quatre fois le conseil de leurs ascendants ?

Le C. *Emmery* répond que cette formalité a pour objet de donner aux parents le moyen de revenir sur un consentement ou surpris, ou trop facilement accordé.

Le consul *Cambacérès* propose de les assujettir seulement à rapporter la preuve que le premier consentement n'a pas été révoqué.

Au lieu de cette rédaction : « Les parties seront obli-« gées à rapporter chaque fois une nouvelle autorisa-« tion de leurs peres et meres, ou autres ascendants vi-« vants, mais ne seront tenus à répéter la production « d'aucun autre acte ». Le consul propose la rédaction suivante : « Les parties seront obligées à rapporter « chaque fois la preuve, par acte public, que les peres, « meres, ou autres ascendants vivants, persistent dans « leur premiere détermination ; mais, etc. »

Cette rédaction est adoptée.

ARTICLE 286.

Dans la quinzaine du jour où sera révolue l'année, à compter de la premiere déclaration, les époux, assistés chacun de deux amis, personnes notables dans l'arrondissement, âgés de cinquante ans au moins, se présenteront ensemble et en personne devant le président du tribunal ou le juge qui en fera les fonctions ; ils lui remettront les expéditions en bonne forme des quatre procès-verbaux, contenant leur consentement mutuel, et de tous les actes qui y auront été annexés, et requerront du magistrat, chacun séparément, en présence néanmoins l'un de l'autre et des quatre notables, l'admission du divorce.

287.

Après que le juge et les assistants auront fait leurs observations aux époux, s'ils persévèrent, il leur sera donné acte de leur requisition, et de la remise par eux faite des pieces à l'appui : le greffier du tribunal dressera procès-verbal, qui sera signé tant par les parties (à moins qu'elles ne déclarent ne savoir ou ne pouvoir signer, auquel cas il en sera fait mention), que par les quatre assistants, le juge, et le greffier.

288.

Le juge mettra de suite, au bas de ce procès-verbal, son ordonnance portant que, dans les trois jours, il sera par lui référé du tout au tribunal en la chambre du Conseil, sur les conclusions par écrit du commissaire du gouvernement, auquel les pieces seront, à cet effet, communiquées par le greffier.

289.

Si le commissaire du gouvernement trouve dans les pieces la preuve que les deux époux étaient âgés, le mari de vingt-cinq ans, la femme de vingt-un ans, lorsqu'ils ont fait leur premiere déclaration; qu'à cette époque ils étaient mariés depuis deux ans, que le mariage ne remontait pas à plus de vingt, que la femme avait moins de quarante-cinq ans, que le consentement mutuel a été exprimé quatre fois dans le cours de l'année, après les préalables ci-dessus prescrits et avec toutes les formalités requises par le présent chapitre, notamment avec l'autorisation des peres et meres des époux, ou avec celle de leurs autres ascendants vivants, en cas de prédécès des peres et meres, il donnera ses conclusions en ces termes, *la loi permet :* dans le cas contraire, ses conclusions seront en ces termes, *la loi empêche.*

Rédaction communiquée au Tribunat.

LIX (289). «Si le commissaire du gouvernement « trouve dans les pieces la preuve que les deux époux « étaient majeurs lorsqu'ils ont fait leur premiere « déclaration; qu'à cette époque ils étaient mariés « depuis deux ans; que le mariage ne remontait pas « à plus de vingt; que la femme avait moins de « quarante-cinq ans; que le consentement mutuel « a été exprimé quatre fois dans le cours de l'année, « après les préalables ci-dessus prescrits, et avec « toutes les formalités requises par le présent titre, « notamment avec l'autorisation des peres et meres « des époux, ou avec celle de leurs autres ascen« dants vivants, en cas de prédécès des peres et meres, « il donnera ses conclusions en ces termes, *la loi per« met;* dans le cas contraire, ses conclusions seront « en ces termes, *la loi défend.* »

Observations du Tribunat.

Par les raisons déduites sur l'article LIII (283), il doit être ajouté la condition «qu'il n'existe point d'enfants « nés de leur union. »

Cette condition peut être placée après les mots de l'article, «quarante-cinq ans. »

ARTICLE 290.

Le tribunal, sur le référé, ne pourra faire d'autres vérifications que celles indiquées par l'article précédent. S'il en résulte que, dans l'opinion du tribunal, les parties ont satisfait aux conditions et rempli les formalités déterminées par la loi, il admettra le divorce, et renverra les parties devant l'officier de l'état civil, pour le faire prononcer: dans le cas contraire, le tribunal déclarera qu'il n'y a pas lieu à admettre le divorce, et déduira les motifs de la décision.

291.

L'appel du jugement qui aurait déclaré ne pas y avoir lieu à admettre le divorce, ne sera recevable qu'autant qu'il sera interjeté par les deux parties, et néanmoins par actes séparés, dans les dix jours au plutôt, et au plus tard dans les vingt jours de la date du jugement de premiere instance.

292.

Les actes d'appel seront réciproquement signifiés tant à l'autre époux qu'au commissaire du gouvernement près du tribunal de premiere instance.

293.

Dans les dix jours, à compter de la signification qui lui aura été faite du second acte d'appel, le commissaire du gouvernement près le tribunal de premiere instance fera passer au commissaire du gouvernement près du tribunal d'appel, l'expédition du jugement, et les pieces sur lesquelles il est intervenu. Le commissaire près du tribunal d'appel donnera ses conclusions par écrit, dans les dix jours qui suivront la réception des pieces : le président, ou le juge qui le suppléera, fera son rapport au tribunal d'appel, en la chambre du conseil, et il sera statué définitivement dans les dix jours qui suivront la remise des conclusions du commissaire.

Rédaction communiquée au Tribunat.

LXIII (293). « Dans la décade, à compter de la « date du second acte d'appel à lui signifié, le com- « missaire du gouvernement près du tribunal de pre- « miere instance fera passer au commissaire du gou- « vernement près du tribunal d'appel, l'expédition du « jugement, et les pieces sur lesquelles il est intervenu. « Le commissaire près du tribunal d'appel donnera « ses conclusions par écrit, dans la décade suivante; « le président, ou le juge qui le suppléera, fera son « rapport au tribunal d'appel, en la chambre du con- « seil, et il sera statué définitivement dans la troisieme « décade. »

Observations du Tribunal.

Dans cet article on veut que l'appel soit jugé dans la troisieme décade, à compter de la date du second acte d'appel; et on suppose que le commissaire près le tribunal d'appel recevra toujours les pieces de la part du commissaire près le tribunal de premiere instance, dans la décade, à compter du second appel signifié à ce dernier.

Mais il est possible, et on peut aisément présumer que cela n'arrivera pas toujours; en sorte que la loi qui aura prescrit impérieusement un délai de trois décades, sera souvent sans effet. Il paraît plus conve-nable de substituer à la rédaction de l'article celle qui suit.

« Dans la décade, à compter de la signification qui « lui aura été faite du deuxieme acte d'appel, le com- « missaire du gouvernement près le tribunal de pre- « miere instance fera passer au commissaire du gou- « vernement près le tribunal d'appel, l'expédition du « jugement et les pieces sur lesquelles il est intervenu. « Le commissaire près le tribunal d'appel donnera ses

« conclusions par écrit dans la décade qui suivra la
« réception des pieces. Le président ou le juge qui le
« suppléera fera son rapport au tribunal d'appel en
« la chambre du conseil, et il sera statué définitive-
« ment dans la décade qui suivra la remise des con-
« clusions du commissaire. »

ARTICLE 294.

En vertu du jugement qui admettra le divorce,
et dans les vingt jours de sa date, les parties se
présenteront ensemble et en personne devant
l'officier de l'état civil, pour faire prononcer le
divorce. Ce délai passé, le jugement demeurera
comme non avenu.

Rédaction communiquée au Tribunat.

LXIV (294). « En vertu du jugement qui admettra
« le divorce, et dans les dix jours de sa date, etc. »

Observations du Tribunat.

La section pense que le délai de dix jours, fixé par
cet article, doit être porté à vingt jours.

CHAPITRE IV.
Des Effets du divorce.

295. Les époux qui divorceront pour quelque
cause que ce soit, ne pourront plus se réunir.

Discussion du Conseil d'Etat.

Premiere rédaction. (Séance du 22 fructid. X, *t.* 2, *p.* 26.)

LXVI (295). « Les époux qui auront divorcé pour
« quelque cause que ce soit, ne pourront plus se
« réunir. »
Le C. *Forfait* demande si cet article et les deux ar-

ticles suivants s'appliquent également aux époux dont le divorce est consommé : la rédaction semble le faire croire.

Le consul *Cambacérès*, pour lever toute équivoque, propose de substituer dans l'art. LXVI (295), le mot *divorceront* à ceux-ci, *auront divorcé*.

L'article est adopté avec cet amendement.

Rédaction communiquée au Tribunat.

Nota. Elle était conforme à celle du Code.

Observations du Tribunat.

La section ne croit pas devoir admettre la disposition absolue de cet article. Elle la croit très sage pour le cas du divorce par consentement mutuel.

A l'égard du divorce pour cause déterminée, la faculté accordée aux époux divorcés de se remarier, est morale, au moins lorsqu'il y a des enfants : elle rend les repentirs utiles ; elle ouvre des moyens de réparer des torts, et de réunir une famille dont on ne voit qu'avec peine les membres dispersés. Dans ce cas, le retour à l'ancien état de choses est favorable.

Il ne faut donc retirer la faculté de se remarier que dans deux cas, lorsqu'il n'y a point d'enfants de l'union, et lorsque l'un des époux aurait contracté un nouveau mariage après le divorce.

Enfin, dans le cas du second mariage entre les époux, il a paru sage que ce second mariage ne pût être dissous de nouveau par le divorce.

En conséquence la section propose de substituer à cet article la rédaction suivante :

« Les époux qui auront divorcé par consentement « mutuel, ne pourront plus se réunir. »

Et de placer ensuite un nouvel article ainsi conçu :

« Les époux divorcés pour cause déterminée, ne « pourront se réunir que lorsqu'il y aura des enfants « de leur première union, et qu'il n'y aura pas eu de « mariage intermédiaire de la part d'aucun d'eux.

« Ce nouveau mariage ne pourra plus être dissous
« par le divorce. »

Rédaction définitive.

(Séance du 20 brumaire XI , *tome* 2 , *page* 154.)

Le C. *Emmery* présente deux propositions faites par
le tribunat dans la conférence sur le titre du *Divorce*.

Le tribunat a demandé ,

1º Que le divorce par consentement mutuel fût interdit aux époux qui auraient des enfants. (*V. p.* 230.)

2º (*) Que les époux divorcés par consentement
mutuel *ne* pussent se remarier ensemble ;

Que cette faculté fût *accordée* aux époux divorcés
pour cause déterminée, lorsqu'ils auraient des enfants ;

Que les époux qui se remarieraient après le divorce
ne pussent divorcer de nouveau.

La première question est soumise à la discussion.

Le C. *Emmery* dit que la section ne partage pas
l'avis du Tribunat.

Le divorce par consentement mutuel est institué
principalement pour couvrir les causes déterminées
qu'il serait honteux d'alléguer. Ainsi l'existence d'enfant, loin d'être un motif de le défendre , est au contraire une raison de l'admettre , puisqu'il leur épargne
la honte d'entendre divulguer la conduite scandaleuse de leur pere ou de leur mere.

Le C. *Berlier* dit que la distinction proposée par le
Tribunat découle d'une source honorable , puisque ,
dans les vues de ceux qui l'ont imaginée, elle a sa base
dans l'intérêt des enfants; mais l'opinant démontrera
dans un moment que l'on s'est mépris même sur ce
point.

En appuyant ce que vient de dire le C. Emmery sur
le but général que l'on s'est proposé en admettant le
consentement mutuel comme moyen de divorce, le

(*) Le procès-verbal de cette séance porte , « que les époux...
« pussent se remarier ensemble;
« Que cette faculté fût *refusée*...

C. Berlier remarque d'abord qu'en privant de ce moyen les époux qui ont des enfants, c'est le retirer aux neuf dixièmes des époux, puisque le nombre des mariages stériles est heureusement très petit; un tel amendement serait donc, par le fait, destructif du principe.

Mais s'il importe de jeter un voile officieux sur de graves écarts qui ne permettent plus à des époux de vivre ensemble, n'est-ce pas sur-tout quand il y a des enfants? n'est-ce pas alors qu'une rupture scandaleuse est plus funeste? Rien donc, dans l'ordre moral, ne justifie la distinction proposée.

Dans l'intérêt pécuniaire des enfants, elle est plus fausse encore. En effet, le *consentement mutuel* suppose nécessairement le desir ou le besoin réciproque de divorcer: or, qu'arriverait-il, si ce moyen était ôté à des époux ayant des enfants?

Il leur resterait d'autres voies, notamment celle des sévices et mauvais traitements: ils l'emploieraient d'accord; ils se distribueraient les rôles; l'un attaquerait, l'autre ne se défendrait point ou se défendrait faiblement; et le divorce serait le résultat nécessaire de cette collusion, le plus souvent invisible.

L'opinant n'induit pas de cet exemple qu'il ne fût pas convenable d'admettre la cause positive des sévices; il en a toujours regardé l'admission comme nécessaire, parce qu'elle peut très souvent n'être que trop fondée: mais il a seulement voulu prouver que le reste du système devait se coordonner avec elle, et que, sous ce rapport, l'emploi du consentement mutuel a des avantages réels sur les autres moyens; 1° il évite le scandale; 2° il pourvoit à l'intérêt des enfants, puisque, dès ce moment, leurs pere et mere sont tenus de leur assurer *la moitié de leurs biens.*

Voilà, continue le C. *Berlier*, le vrai frein en cette matiere, la vraie garantie contre l'abus : le législateur qui ne crée point les passions des hommes, ne peut empêcher que des époux soient malheureux ensemble, et ne doit pas leur interdire, en ce cas, le divorce par consentement mutuel; mais il leur impose des sacrifices tels que l'emploi de ce moyen porte avec lui la preuve de sa nécessité.

En se résumant, l'opinant trouve que toutes les objections déduites de l'intérêt des enfants, sont sans fondement dans l'espece particuliere, puisqu'elle est même la seule où l'intérêt *pécuniaire* des enfants ait été assuré par une disposition formelle.

Il s'étonne ensuite que la distinction proposée par le Tribunat ait tendu à priver les époux ayant enfants, d'un droit que l'on conserve aux époux *sans enfants*. La proposition inverse, dit le C. Berlier, eût peut-être été plus spécieuse, en ce que n'y ayant rien à assurer à des enfants qui n'existent point, la disposition qu'on examine perd sa principale garantie à l'égard des époux sans enfants, et peut, à leur égard, se prêter un peu trop à de simples caprices.

Cependant comme, dans ce dernier cas, les conséquences sont moins graves, le C. Berlier pense que le divorce par *consentement mutuel* peut-être maintenu à l'égard d'époux sans enfants, mais qu'il ne doit point être ravi à ceux qui en ont.

Le Conseil adopte en principe que les époux qui ont des enfants pourront divorcer par consentement mutuel.

La seconde proposition est soumise à la discussion.

Le C. *Emmery* présente la question dans les termes suivants :

« Les époux divorcés pourront-ils contracter en-« semble un nouveau mariage ? »

Le C. *Thibaudeau* dit que le Tribunat a pensé que sa proposition était dans l'intérêt des enfants.

Le consul *Cambacérès* dit que cette proposition repose sur le même principe que celle qui vient d'être rejetée ; elle vient de ce que le Tribunat considere le mariage comme un contrat dans lequel les enfants sont des tiers intéressés.

Le Conseil adopte en principe que les époux ne pourront contracter ensemble un nouveau mariage, quelle que soit la cause de leur divorce.

ARTICLE 296.

Dans le cas de divorce prononcé pour cause déterminée, la femme divorcée ne pourra se remarier que dix mois après le divorce prononcé.

Rédaction communiquée au Tribunat.

LXVI (296). « La femme divorcée pour quelque « cause que ce soit, ne pourra se remarier que dix « mois après le divorce prononcé. »

Observations du Tribunat.

La section propose de substituer à ces mots de l'article « pour quelque cause que ce soit », ceux-ci : « pour cause déterminée. »

ARTICLE 297.

Dans le cas de divorce par consentement mutuel, aucun des deux époux ne pourra contracter un nouveau mariage que trois ans après la prononciation du divorce.

298.

Dans le cas de divorce admis en justice pour cause d'adultere, l'époux coupable ne pourra jamais se marier avec son complice. La femme adultere sera condamnée par le même jugement, et sur la requisition du ministere public, à la réclusion dans une maison de correction, pour un temps déterminé, qui ne pourra être moindre de trois mois, ni excéder deux années.

Discussion du Conseil d'Etat.

Premiere rédaction. (Séance du 22 fructid. X, *t.* 2 *,p.* 26.)

LXVIII (298). « Dans le cas de divorce admis en

« justice pour cause d'adultere de la femme, elle sera
« condamnée à la réclusion dans une maison de cor-
« rection, pour un temps déterminé, qui ne pourra
« être moindre de trois mois, ni excéder deux années.
« La femme adultere ne pourra jamais se remarier. »

Le C. *Tronchet* dit que la disposition de cet article
qui condamne la femme adultere à ne plus se remarier peut avoir une influence dangereuse sur les
mœurs, en fournissant une excuse au libertinage de
cette femme.

Le C. *Bigot-Préameneu* partage cette opinion : il
demande que l'incapacité soit restreinte au complice
de l'adultere.

L'article est adopté avec cet amendement.

Rédaction communiquée au Tribunat.

LXVII (298). « Dans le cas de divorce admis en
« justice pour cause d'adultere, l'époux coupable ne
« pourra jamais se marier avec son complice. La femme
« adultere sera condamnée à la réclusion dans une
« maison de correction pour un temps déterminé,
« qui ne pourra être moindre de trois mois, ni excé-
« der deux années. »

Observations du Tribunat.

Cet article est adopté, avec l'addition qu'on propose de faire après ces mots, « sera condamnée » de
ceux-ci « par le même jugement, et sur la requisition
« du ministere public. »

Tout doit être ordonné, le divorce et la peine, par
le même jugement, et il est à propos de l'exprimer.

La section a encore pensé qu'il était convenable
que la peine fût demandée par l'officier chargé du
ministere public, et non par le mari.

ARTICLE 299.
Pour quelque cause que le divorce ait lieu,

hors le cas du consentement mutuel, l'époux contre lequel le divorce aura été admis, perdra tous les avantages que l'autre époux lui avait faits, soit par leur contrat de mariage, soit depuis le mariage contracté.

300.

L'époux qui aura obtenu le divorce, conservera les avantages à lui faits par l'autre époux, encore qu'ils aient été stipulés réciproques et que la réciprocité n'ait pas lieu.

Rédaction communiquée au Tribunat.

LXIX (299). « Pour quelque cause que le divorce « ait lieu, hors le cas du consentement mutuel, l'é- « poux contre lequel le divorce aura été admis perdra « tous les avantages que l'autre époux lui avait faits, « soit par leur contrat de mariage, soit depuis le ma- « riage contracté.

LXX (300). « L'époux qui aura obtenu le divorce « conservera les avantages à lui faits par l'autre époux, « encore qu'ils aient été stipulés réciproques, et que « la réciprocité n'ait pas lieu. »

Observations du Tribunat.

La section propose de fondre ces deux articles en un seul, qui sera ainsi conçu :

« Le divorce pour cause déterminée annulle, non- « obstant toutes conventions contraires, tous les avan- « tages patrimoniaux stipulés entre les époux, soit « par le contrat de mariage, soit depuis, et ceux qui « ont pu être faits à l'un d'eux par les père, mère, et « parents de l'autre ; sauf aux juges à accorder, à titre « d'indemnité, à l'époux demandeur une partie ou la « totalité des avantages matrimoniaux, selon la gravité « des torts de l'époux défendeur. »

La section n'a pas cru devoir adopter l'idée con- signée dans les deux articles du projet, qui est que l'époux qui a obtenu le divorce doit par cela seul conserver les avantages qui lui ont été faits, et que l'époux contre lequel il a été obtenu doit par cela seul perdre les siens.

Il est donc dans la nature des choses que la dissolution du mariage par le divorce, opere l'extinction des avantages faits en vue de ce même mariage.

D'ailleurs les circonstances peuvent être telles que l'époux qui obtiendra le divorce puisse ne pas être exempt de torts quelquefois assez graves.

Le système de l'indemnité que le juge pourra accorder paraît donc préférable à la disposition absolue des deux articles du projet; et la législation de la loi de 1792 sur le divorce, de laquelle la section se rapproche, lui a paru plus conforme à l'équité.

Ces mots *nonobstant toutes conventions contraires* ont pour objet d'empêcher des stipulations dans des contrats de mariage faites dans la prévoyance du divorce, dont on voit journellement des exemples. Elles sont indécentes et immorales; et d'après cette addition elles disparaîtront, puisqu'elles seraient sans objet.

ARTICLE 301.

Si les époux ne s'étaient fait aucun avantage, ou si ceux stipulés ne paraissaient pas suffisants pour assurer la subsistance de l'époux qui a obtenu le divorce, le tribunal pourra lui accorder, sur les biens de l'autre époux, une pension alimentaire, qui ne pourra excéder le tiers des revenus de cet autre époux. Cette pension sera révocable dans le cas où elle cesserait d'être nécessaire.

Rédaction communiquée au Tribunat.

LXXI (301). « Si les époux ne s'étaient fait aucun
« avantage, ou si ceux stipulés ne paraissaient pas
« suffisants pour indemniser l'époux qui a obtenu le

« divorce, le tribunal pourra lui accorder sur les
« biens de l'autre époux une pension alimentaire, qui
« ne pourra être moindre du sixieme, ni excéder le
« tiers des revenus de cet autre époux. »

Observations du Tribunat.

La section adopte cet article avec cette addition :
« Cette pension cessera, si l'époux divorcé qui en
« jouit contracte un nouveau mariage. »

ARTICLE 302.

Les enfants seront confiés à l'époux qui a obtenu le divorce, à moins que le tribunal, sur la
demande de la famille, ou du commissaire du
gouvernement, n'ordonne, pour le plus grand
avantage des enfants, que tous ou quelques uns
d'eux seront confiés aux soins, soit de l'autre
époux, soit d'une tierce personne.

Discussion du Conseil d'Etat.

Premiere rédaction. (Séance du 22 fructid. X, *t.* 2, *p.* 26.)

LXXIV (302). « Les enfants seront confiés à l'é-
« poux qui a obtenu le divorce, à moins que la fa-
« mille, convoquée par un de ses membres, n'estime,
« pour le plus grand avantage des enfants, que tous
« ou quelques uns d'eux doivent être confiés aux soins,
« soit de l'autre époux, soit d'une tierce personne. »

Le consul *Cambacérès* dit qu'il serait préférable
de donner aux tribunaux la décision sur les difficultés
que l'article LXXIV (302) renvoie à l'arbitrage de
la famille. On ne s'est pas bien trouvé de ces réunions
de parents, dans lesquelles les préventions ne s'affoi-
blissent point, et où l'on rencontre souvent de la
haine.

L'article est adopté avec cet amendement.

ARTICLE 303.

Quelle que soit la personne à laquelle les enfants seront confiés, les pere et mere conserveront respectivement le droit de surveiller l'entretien et l'éducation de leurs enfants, et seront tenus d'y contribuer à proportion de leurs facultés.

304.

La dissolution du mariage par le divorce admis en justice, ne privera les enfants nés de ce mariage d'aucun des avantages qui leur étaient assurés par les lois, ou par les conventions matrimoniales de leurs pere et mere ; mais il n'y aura d'ouverture aux droits des enfants que de la même maniere et dans les mêmes circonstances où ils se seraient ouverts s'il n'y avait pas eu de divorce.

305.

Dans le cas de divorce par consentement mutuel, la propriété de la moitié des biens de chacun des deux époux sera acquise de plein droit, du jour de leur premiere déclaration, aux enfants nés de leur mariage : les pere et mere conserveront néanmoins la jouissance de cette moitié jusqu'à la majorité de leurs enfants, à la charge de pourvoir à leur nourriture, entretien, et éducation, conformément à leur fortune et à leur état ; le tout sans préjudice des autres avantages qui pourraient avoir été assurés auxdits enfants par les conventions matrimoniales de leurs pere et mere.

Discussion du Conseil d'Etat.

Première rédaction. (Séance du 22 fructid. X, *t.* 2, *p.* 28.)

Le C. *Jollivet* demande quelle sera la garantie des acquéreurs de bonne foi dans le cas de l'article LXXVII (305)?

Le C. *Emmery* répond que le divorce étant public, ceux qui postérieurement acquerraient des époux divorcés n'ont aucune excuse.

Le consul *Cambacérès* ajoute qu'on pourra d'ailleurs, au titre *de l'hypotheque,* prendre des précautions pour prévenir de semblables erreurs.

L'article est adopté.

Rédaction communiquée au Tribunat.

NOTA. Elle était conforme à celle du Code.

Observations du Tribunat.

Cet article doit être supprimé, dès que dans l'opinion de la section il ne doit pas y avoir de divorce par consentement mutuel lorsqu'il y a des enfants. (*Voyez page* 230.)

CHAPITRE V.
De la Séparation de corps.

Observations générales.

Première rédaction. (Séance du 26 vend. X, *t.* 1, *p.* 361.)

Le C. *Portalis* dit que la troisieme question qu'il avait proposée dans la séance du 14 de ce mois, est celle de savoir si la séparation de corps sera admise comme action parallele à celle du divorce; que la marche de la discussion amene l'examen de cette question.

La séparation de corps relâche le lien du mariage, mais ne le rompt pas : les époux continuent de demeurer unis; la femme conserve le nom de son mari, et reste sous sa surveillance : si elle manque à l'honneur, il a contre elle l'action en adultere. Enfin la séparation a cet avantage que la réconciliation des époux est toujours possible.

Dans l'ancienne législation, la séparation était toujours prononcée pour un temps soit fixe, soit indéterminé ; jamais à perpétuité : on eût craint de blesser le principe de l'indissolubilité absolue du mariage.

Les tribunaux demandent que la séparation de corps soit rétablie et marche parallèlement avec le divorce, afin de mettre à l'aise la conscience des personnes qui regardent le mariage comme indissoluble.

Ce motif doit en effet la faire admettre. Cependant, l'usage de la séparation parait rencontrer quelque difficulté, lorsque les deux époux n'ont pas les mêmes principes ; que l'un croit à l'indissolubilité absolue du mariage, que l'autre croit le divorce légitime : mais cette difficulté n'est pas réelle ; car l'action en séparation ou en divorce sera au choix du demandeur, qui sera libre de suivre ses principes.

Mais qu'arrivera-t-il après la séparation obtenue ?

Si elle n'est que séparation d'épreuve, le divorce n'est pas encore possible ; si elle est absolue, l'autre époux sera libre de demander que la séparation soit convertie en divorce.

Le *Premier Consul* dit que le système de la séparation de corps ne présente aucun moyen de réprimer et de punir la femme adultere, qui continue à vivre dans le désordre et à déshonorer son mari.

Le C. *Portalis* répond que le mari qui, en conséquence de ses principes religieux, a préféré la séparation au divorce, a connu les inconvénients et les suites de son option. Quand cette vue ne l'a pas arrêté, c'est une preuve que ses principes lui eussent fait dévorer en silence ses chagrins et dissimuler l'adultere de sa femme, si la loi ne lui eût pas présenté la ressource de la séparation : on allége donc sa condition, lorsqu'on lui donne un moyen conforme à sa conscience.

Le C. *Regnaud* (de Saint-Jean-d'Angely) dit qu'il serait cependant nécessaire de pourvoir aux inconvénients que le Premier Consul a fait appercevoir.

Autrefois, la femme convaincue d'adultere était authentiquée, c'est-à-dire, déclarée déchue de ses avantages matrimoniaux, rasée et enfermée dans un couvent, d'où elle ne sortait qu'autant que son mari consentait à la reprendre dans un délai fixé. Aujourd'hui qu'il n'existe plus de couvents, et qu'on ne connait de lieux de détention que les maisons correctionnelles, il faut chercher un autre moyen d'appliquer les peines de l'authentique. Sans cette précaution, on offre au mari, dans la séparation, un moyen dont les résultats lui paraitront trop funestes pour qu'il ose y consentir. Ainsi, il convient ou de renoncer à ce moyen, ou de chercher comment on peut le rétablir d'une façon analogue à l'ancienne législation.

Le C. *Portalis* dit que si l'on punit l'adultere lorsqu'il donne lieu à la séparation, on ne peut se dispenser de le punir également quand il donne lieu au divorce : il est impossible de laisser, dans un cas plus que dans l'autre, un libre cours à la corruption. Mais cette discussion doit être renvoyée au Code criminel. La séparation de corps et le divorce étant paralleles, on prendra alors des mesures contre la femme adultere, soit divorcée, soit séparée de corps.

Le *Premier Consul* dit que, quand le divorce a été prononcé à la suite de l'adultere, l'honneur du mari est satisfait, et la femme coupable punie. La femme perd le nom de son époux. Il n'en est pas de même dans le cas de la séparation. Cette différence doit être saisie par les lois.

Le C. *Bigot-Préameneu* dit que si on punit l'adultere, on manque le but qu'on s'était proposé; car on voulait le cacher.

Le *Premier Consul* dit que cette réflexion prouve que la séparation de corps ne doit pas être admise quand il y a adultere. La séparation, en effet, ne peut être prononcée pour cette cause, sans que l'adultere soit divulgué : on parvient au contraire à le masquer, lorsqu'il est employé comme cause de divorce.

Le C. *Portalis* observe que l'objection n'a été faite que dans l'intérêt du mari : or la loi lui offre un moyen de couvrir son honneur, puisqu'elle lui permet le divorce. C'est donc parcequ'il le veut, que son honneur se trouve sacrifié à sa conscience : dès-lors la loi n'est pas injuste à son égard; *volenti non fit injuria.* Ainsi, la peine de l'adultère ne peut plus être considérée qu'autant qu'elle serait dans l'intérêt public; mais, sous ce rapport, elle doit porter également, et sur la femme divorcée, et sur la femme séparée de corps.

Le *Premier Consul* dit que le divorce et la séparation de corps sont des parallèles, et que, des parallèles ne pouvant jamais se rencontrer, il convient de raisonner séparément sur les deux cas. Au surplus, la séparation doit être admise; car il serait injuste d'abandonner au malheur qui l'attend, le mari que sa conscience empêche de faire usage du divorce.

Le Consul demande si, sous l'ancienne législation, l'adultère donnait lieu à la séparation de corps.

Le C. *Tronchet* répond que le mari ne pouvait, en ce cas, demander la séparation de corps, parceque cette action lui était absolument interdite; mais qu'il avait un moyen équivalent.

Pour bien saisir la jurisprudence ancienne, il faut se rappeler qu'elle était fondée sur le principe de l'indissolubilité absolue du mariage. La séparation n'attaquait pas ce principe, puisqu'elle ne rompait pas le mariage, et qu'elle laissait toujours une porte ouverte à la réconciliation des époux : la dissolution du mariage était donc impossible, même pour cause d'adultère. Mais le mari poursuivait sa femme au criminel, et la faisait condamner à une réclusion perpétuelle; ce qui produisait une séparation de fait, dont les effets étaient les mêmes que ceux de la séparation judiciaire et directe : la tranquillité du mari était au surplus assurée; de plus, il lui était permis de reprendre sa femme, s'il la croyait revenue aux principes de l'honneur et à ses devoirs : c'était là un avantage.

Il n'est plus possible aujourd'hui de suivre cette jurisprudence : mais la question est de savoir si l'on doit donner à l'époux d'une femme adultere, un moyen plus conforme que le divorce à ses principes religieux.

L'adultere, considéré dans ses effets par rapport au mariage, conduit au divorce, parcequ'il est une infraction au contrat formé entre les époux, et une violation de la foi donnée : l'adultere, considéré comme un délit, appartiendrait au Code pénal ; mais, parcequ'il n'y a pas de peine établie contre l'adultere, on a observé que la position d'un mari qui aurait obtenu la séparation de corps contre sa femme pour cause d'adultere, serait très fâcheuse ; qu'il demeurerait exposé au déshonneur que cette femme continuerait d'imprimer à son nom. C'est sans doute un inconvénient ; mais il est bien compensé par le soulagement que la faculté d'user de la séparation de corps donne à la conscience du mari ; et son sort sera toujours moins malheureux que si, ce moyen lui manquant, et n'ayant que la ressource du divorce qu'il ne veut pas employer, il était obligé de garder sa coupable épouse.

On pourrait, au surplus, ordonner que la femme séparée de corps pour cause d'adultere, sera, comme la femme divorcée, obligée de quitter le nom de son mari. Mais cette disposition en contrarierait d'autres qu'il est important d'établir : ce sont celles qui ordonneraient que la procédure fût secrete toutes les fois qu'il s'agirait d'une cause honteuse, et qu'elle serait invoquée pour obtenir, soit la séparation de corps, soit le divorce.

Le C. *Boulay* dit que la loi ne peut se dispenser de venir au secours du mari malheureux à qui ses principes ne permettent pas de faire usage du divorce, et qu'elle ne doit pas le placer entre le désespoir et sa conscience. Ceci mérite d'autant plus d'attention, que les principes de la plus grande partie des Français ne

Conférence. II.   17

se concilient pas avec l'usage du divorce; c'est pour cette raison que la plupart des tribunaux ont demandé le rétablissement de la séparation de corps, et qu'elle est en usage même dans les pays protestants.

Le *Premier Consul* dit qu'on peut renvoyer au Code pénal les dispositions sur le châtiment de l'adultere, mais qu'il ne faut pas déroger à l'usage universel en laissant ce crime impuni; autrement la législation serait immorale, puisqu'elle autoriserait une séparation qui permettrait à la femme adultere d'aller vivre avec son séducteur.

L'opinion du Consul est que la séparation de corps doit être admise pour sévices, ou comme un échelon pour arriver au divorce; mais qu'il serait dangereux de se borner à ce moyen, lorsqu'il y a adultere, et qu'il conviendrait de rétablir à cet égard la législation ancienne.

Le C. *Emmery* dit que si le mari est protestant, il n'hésitera pas de faire usage de l'action en divorce dans le cas de l'adultere, et qu'alors il est bon d'établir une peine contre la femme; que si au contraire le mari est catholique, il prendra la voie de la plainte, qui le conduira à la séparation de corps sans qu'il y ait divorce; et alors on appliquera à la femme les peines de l'authentique. On l'enfermera dans une maison de correction; et, si au bout de deux ans son mari ne la reprend pas, elle sera rasée, et sa réclusion deviendra perpétuelle.

Le C. *Rœderer* observe que la séparation de corps est proposée en faveur des catholiques; qu'en conséquence il convient d'examiner d'abord si leur croyance l'admet dans le cas d'adultere. L'affirmative est très douteuse: on ne voit pas que la religion catholique ait autorisé la séparation de corps pour cette cause; elle n'a avoué que la procédure criminelle qui a lieu alors, et le séquestre de la femme condamnée, lequel amene une séparation de fait. En cela elle n'a considéré le crime d'adultere que comme les autres crimes.

Une autre observation, c'est que la procédure se-

crete ne sauvera pas le scandale de la cause ; car dès-
lors qu'il sera connu qu'il y aura procédure secrete
toutes les fois qu'il y aura adultere, on saura qu'il y
a eu adultere précisément parcequ'il y aura procédure secrete.

Le C. *Boulay* répond que puisque la procédure
sera secrete dans tous les cas, et qu'il y aura plusieurs
causes de divorce, le public ne pourra pas reconnaitre
celle qui sera le motif de la demande.

Le *Premier Consul* dit que si le crime d'adultere est
allégué et prouvé dans une demande de séparation,
il sera impossible à la partie publique de ne pas poursuivre la femme coupable ; que la justice ne pourra
sur-tout se taire si le motif de la demande est une
tentative d'empoisonnement ou d'assassinat. On ne
peut donc se dispenser d'établir une peine contre la
femme.

La question n'est pas encore parfaitement éclaircie.
Il faut en effet distinguer.

Quand le Code civil prononce qu'il y aura divorce
lorsqu'il y aura eu attentat, il dit tout ce qu'il doit
dire, et il n'a pas à s'occuper ensuite de ce qu'ordonnera la loi criminelle à l'égard de l'époux coupable,
puisque le mariage se trouve rompu.

Mais il n'en est pas de même lorsqu'il s'agit de la
séparation. Le mariage, qui est du domaine de la loi
civile, continue de subsister ; et la loi civile doit continuer aussi à en régler les suites et les effets. Il faut
donc qu'elle fixe la condition de chacun des époux ;
qu'elle explique ce que deviendra la femme, ce que
deviendront les enfants.

Le C. *Portalis* dit que la section adopte cette idée.

Le C. *Tronchet* dit qu'il ne sait si le rétablissement
de la séparation, que les tribunaux ont demandé d'a-
près des motifs peut-être plus spécieux que réels, est
un remede absolument nécessaire.

En effet la loi civile ne s'occupe point de ce qui se
passe dans les consciences. Si elle n'autorise que le
divorce seul, le catholique, qui ne verra que ce moyen

de quitter son époux, l'emploiera ; et, pour obéir à ses principes, il ne contractera pas un mariage nouveau.

Le C. *Devaines* observe que le mari, s'il est conséquent dans ses principes, craindra que son épouse soit moins scrupuleuse que lui ; et alors, pour ne lui pas donner une liberté qu'il ne croit pas légitime, il s'abstiendra de demander le divorce.

Le C. *Portalis* dit que la législation doit être concordante dans toutes ses parties. Elle consacre la liberté des cultes : or par-tout où cette liberté existe le divorce et la séparation ont été également établis, afin que chacun pût en user suivant sa conscience. La Prusse sur-tout a donné cet exemple, quoiqu'il ne s'y trouve que peu de catholiques.

Mais, dit-on, le catholique, en ne se remariant pas, satisfait à sa conscience. Non, il n'y satisfait pas, puisque, par le divorce qu'il a obtenu, il donne à l'autre époux la faculté de méconnaître le principe de l'indissolubilité du mariage. Il se trouve même des personnes qui, sans professer la religion catholique, croient cependant que l'engagement du mariage ne peut se rompre ; ceux-là aussi aimeront mieux souffrir que d'induire l'autre époux dans l'erreur, et de lui donner la facilité de se remarier. Ainsi la liberté des opinions religieuses et la liberté des opinions morales réclament également la séparation de corps.

Au reste les observations faites par le Premier Consul sur le châtiment que peut mériter le crime des époux, sont infiniment sages, et l'on ne peut qu'y souscrire.

Le *Ministre de la justice* observe que la question de savoir si l'adultère doit être puni criminellement est indifférente à celle de savoir si l'adultère peut être un motif de séparation ; que la peine dans ce cas est extrinsèque à la demande en séparation, comme elle l'est à la demande en divorce ; que dans l'un et l'autre cas l'époux offensé ne demande qu'un remede civil, sauf au ministere public à faire, pour l'intérêt

de la loi, si elle l'y autorise, ce qu'il jugera convenable; sauf même à l'époux offensé à prendre luimême la voie criminelle, s'il veut obtenir la punition
des coupables. Mais on ne peut refuser à l'époux
comme moyen de séparation ce qu'on lui accorde
comme moyen de divorce. On ne peut refuser le
moins à celui à qui on accorde le plus.

Le consul *Cambacérès* dit qu'il faut examiner avant
tout si la cause d'adultere amenera directement la
dissolution du mariage, ou s'il faudra d'abord faire
condamner l'époux coupable, afin que la condamnation devienne la preuve de la cause pour laquelle le
divorce est demandé. Si ce dernier systéme était admis, il en résulterait que le tribunal pourrait absoudre
la femme, et que cependant il resterait au mari des
preuves et une conviction assez forte pour lui persuader qu'il ne peut plus vivre avec son épouse.

Aujourd'hui que la cause d'incompatibilité est rejetée, et que le divorce par consentement mutuel est
adopté, l'ordre des idées veut qu'on fixe d'abord les
conditions sous lesquelles ce divorce sera autorisé.

Ici le Consul rappelle ce qu'il a dit à cet égard dans
la séance du 24 (*); puis il ajoute que quand ce point
sera réglé, on déterminera les causes qui pourront
donner lieu au divorce judiciairement prononcé. Le
mari qui croira devoir faire usage de l'une de ces
causes menacera l'autre époux de s'en servir, si celui-ci refuse de se prêter au divorce par consentement
mutuel. La cause est-elle réelle? l'autre époux acceptera la proposition pour sauver son honneur; la cause
est-elle imaginaire? l'autre époux, fort de son innocence, résistera; les parents interviendront, et désabuseront l'époux trompé par de fausses apparences.

Le *Premier Consul* dit que toute la question est
dans l'article XXI (supprimé) du chapitre intitulé *des
Formes du Divorce*. Cet article porte:

« Quelle que soit la nature des faits ou délits im-

(*) Voyez ci-dessus, page 194.

« putés par le demandeur à l'autre époux, le divorce
« ne peut être poursuivi que par la voie civile.

« Le divorce sera autorisé ou rejeté nonobstant l'ac-
« tion criminelle qui pourrait être intentée d'office
« par le commissaire du gouvernement, et sans pré-
« judice de cette action.

« Le jugement portant absolution de l'époux accusé
« ne produira aucun effet contre celui qui aura au-
« torisé le divorce. S'il intervient au contraire un ju-
« gement de condamnation contre l'époux accusé, ce
« jugement rétablira le droit de l'époux demandeur,
« nonobstant le jugement qui aurait rejeté sa demande
« en divorce.

« En conséquence, sur la représentation du juge-
« ment de condamnation, et sur la simple requête du
« demandeur, le divorce sera autorisé. »

Le Consul adopte cet article, si ses dispositions
doivent être appliquées au divorce, parcequ'alors le
mariage est rompu.

Il ne l'adopte plus, si on veut l'appliquer à la séparation de corps, parcequ'alors le mariage subsiste. Il
voudrait que la séparation absolue fût toujours la
suite d'une procédure criminelle, attendu que si elle
était prononcée avant la condamnation, on ne saurait
plus ce que deviendrait la femme.

Le C. *Portalis* dit que l'art. XXI (sup.) ne s'applique
qu'au divorce; que l'intention de la section était d'obtenir d'abord le vœu du Conseil sur le principe de la
séparation de corps; et cette raison l'a empêché de
rédiger jusqu'ici aucun article de développement. Mais
il faudra certainement décider si la séparation de corps
sera admise pour les mêmes causes que le divorce, et
en déterminer les formes.

Le C. *Maleville* demande pourquoi on ne pourrait
arriver à la séparation que par la voie criminelle dans
les mêmes cas où l'on parviendrait au divorce par la
voie civile; pourquoi la séparation serait rendue plus
difficile que le divorce, lorsque la majorité de la na-

tion la réclame, et qu'il y a au contraire un intérêt moral à rendre le divorce plus difficile.

Le C. *Boulay* dit que, s'il ne s'agit que de punir l'adultere, on peut le frapper dans le cas de la séparation comme dans le cas du divorce ; mais ce châtiment, qui ne serait pas dans l'intérêt de la société, ne serait pas non plus dans l'intérêt des familles, parcequ'il leur importe au contraire que la honte de l'adultere soit couverte par le secret.

ARTICLE 306.

Dans les cas où il y a lieu à la demande en divorce pour cause déterminée, il sera libre aux époux de former demande en séparation de corps.

307.

Elle sera intentée, instruite et jugée de la même maniere que toute autre action civile : elle ne pourra avoir lieu par le consentement mutuel des époux.

Rédaction communiquée au Tribunat.

LXXVII (307). « Elle sera intentée, instruite et « jugée de la même maniere que toute autre action « civile. »

Observations du Tribunat.

La section propose de substituer à cet article celui qui suit :

« Elle sera intentée, instruite et jugée dans les « mêmes formes que toute autre action civile. Elle « ne pourra pas avoir lieu par le consentement mu-« tuel des époux. »

Cette addition a pour objet d'indiquer que les séparations de corps doivent nécessairement subir une instruction, sans égard au consentement des parties.

ARTICLE 308.

La femme contre laquelle la séparation de corps sera prononcée pour cause d'adultere, sera condamnée par le même jugement, et sur la requisition du ministere public, à la réclusion dans une maison de correction pendant un temps déterminé, qui ne pourra être moindre de trois mois, ni excéder deux années.

309.

Le mari restera le maître d'arrêter l'effet de cette condamnation, en consentant à reprendre sa femme.

310.

Lorsque la séparation de corps prononcée pour toute autre cause que l'adultere de la femme, aura duré trois ans, l'époux qui était originairement défendeur, pourra demander le divorce au tribunal, qui l'admettra, si le demandeur originaire, présent ou dûment appelé, ne consent pas immédiatement à faire cesser la séparation.

Rédaction communiquée au Tribunat.

LXXX (310). « Lorsque la séparation de corps, pro-
« noncée pour toute autre cause que l'adultere de la
« femme, aura duré trois ans, l'époux, qui était originai-
« rement défendeur, pourra demander le divorce au
« tribunal, qui l'admettra, si le demandeur originaire
« ne consent pas immédiatement à faire cesser la sépara-
« tion. »

Observations du Tribunat.

Cet article est adopté, avec l'addition qui doit être faite après ces mots « si le demandeur originaire » de ceux-ci « présent ou dûment appelé. »

L'article du projet laisse du doute sur la question

de savoir si dans ce cas l'époux contre lequel on demande le divorce doit être cité préalablement devant le tribunal. La section s'est décidée pour l'affirmative, et a cru la mention nécessaire.

ARTICLE 311.

La séparation de corps emportera toujours séparation de biens.

Discussion du Conseil d'Etat.

Premiere rédaction. (Séance du 22 fructid. X , *t.* 2, *p.* 29.)

Le C. *Tronchet* rappelle que la séparation de corps n'a été admise que pour ne pas mettre en opposition avec la loi la conscience de ceux qui croient le mariage indissoluble. Il demande si l'époux, qui à raison de sa croyance religieuse a préféré la séparation de corps, doit être admis ensuite à prétendre qu'il ne professe pas le culte auquel il a annoncé être attaché et dans lequel il a été marié, et à demander que la séparation soit convertie en divorce.

Le C. *Jollivet* répond que souvent l'un des époux consent à faire célébrer son mariage dans le culte de l'autre époux, quoique lui-même ne professe pas ce culte.

Le C. *Tronchet* dit qu'il en était ainsi autrefois, parceque la loi civile ne reconnoissait pour enfants légitimes que ceux nés d'un mariage célébré suivant le rit catholique; qu'il n'en est pas de même aujourd'hui où la loi civile admet la liberté des cultes, et établit une forme commune pour tous les mariages.

Le C. *Portalis* dit que la loi ne voit plus dans le mariage qu'un contrat, et n'en fait dépendre la validité que de formes purement civiles. Les cérémonies du culte n'ajoutent rien à cette validité; c'est aux parties à se régler à cet égard d'après leur conscience. Cette question est donc purement théologique. Il est possible que des personnes se soumettent à un acte religieux prescrit par un culte qu'ils ne professent pas ; que dans la suite elles changent de culte : elles ont à cet égard la plus entiere liberté. La double action en divorce et en séparation de corps n'a été établie que pour mettre toutes les consciences à l'aise.

Le C. *Réal* dit que, d'après l'amendement fait à l'article LXVIII (298), la femme adultere divorcée peut se remarier ; que cependant l'article LXXXII (310) la priverait de cette faculté dans le cas de la séparation de corps, puisque, n'étant pas demanderesse, il ne lui reste aucun moyen de convertir la séparation en divorce.

Le consul *Cambacérès* répond que lorsque le mari offensé préfere au divorce la séparation de corps, ce serait favoriser l'adultere que de permettre à la femme coupable de s'affranchir du lien du mariage que la séparation n'a pu rompre.

Les articles du chapitre sont adoptés.

Rédaction communiquée au Tribunat.

LXXXI (311). « La séparation de corps empor-« tera toujours séparation de biens : elle ne pourra « pas avoir lieu par le consentement mutuel des « époux. »

Observations du Tribunat.

Cet article doit être ainsi réduit :

« La séparation de corps emportera toujours sépa-« ration de biens. »

Le surplus se trouve dans la rédaction proposée de l'article LXXVII (307), où cette disposition a paru mieux placée.

N. B. On a vu la discussion *particuliere* du conseil d'état et du tribunat avant la rédaction définitive de ce titre ; on en trouvera la discussion *publique* au corps législatif et au tribunat, dans l'édition du Code civil, en 8 vol., imprimée chez FIRMIN DIDOT, — Exposé des Motifs par le conseiller d'état Treilhard, N° 20, — Rapport au tribunat par le tribun Savoie Rollin,

TITRE VII.

De la Paternité et de la Filiation.

(Décrété le 2 germin. an XI. Promulg. le 12 du même mois.)

CHAPITRE PREMIER.

De la Filiation des enfants légitimes ou nés dans le mariage.

312. L'enfant conçu pendant le mariage, a
pour pere le mari.

Néanmoins celui-ci pourra désavouer l'enfant,
s'il prouve que, pendant le temps qui a couru
depuis le trois - centieme jusqu'au cent-quatre-
vingtieme jour avant la naissance de cet enfant,
il était, soit par cause d'éloignement, soit par
l'effet de quelque accident, dans l'impossibilité
physique de cohabiter avec sa femme.

Rédaction communiquée au Tribunat.

I (312). « L'enfant conçu pendant le mariage, a
« pour pere le mari.

« Néanmoins celui-ci pourra désavouer l'enfant,
« s'il prouve qu'au moment de la conception de cet
« enfant il était, soit pour cause d'éloignement, soit
« par l'effet de quelque accident, dans l'impossibilité
« physique de cohabiter avec sa femme. ».

Observations du Tribunat.

Sur le second paragraphe de cet article on observe

que les mots «au moment de la conception de l'enfant», n'offrent qu'une idée vague. L'époque de la conception étant inconnue, ce n'est qu'en circonscrivant ce moment dans les limites le plus généralement avouées qu'il est possible de prévenir les inconvénients de l'arbitraire.

Deux cas sont à prévoir·

1° La naissance de l'enfant la plus précoce ;

2° La naissance la plus tardive.

A la vérité l'un et l'autre cas sont prévus par les art. III (314) et IV (315) du projet. L'art. III détermine le plus court terme, depuis le moment de la conception jusqu'à celui de la naissance ; l'article IV détermine le plus long : mais comme ces deux articles sont absolument indépendants du paragraphe dont il s'agit, lequel n'est relatif qu'à l'impossibilité physique et aux enfants conçus pendant le mariage, les termes qu'ils fixent ne pourraient lui être appliqués que par induction. L'importance du sujet, l'ordre des articles, la clarté de la rédaction sollicitent pour ce paragraphe une explication formelle.

On propose de le rédiger ainsi :

« Néanmoins celui ci pourra désavouer l'enfant, « s'il prouve que trois cent un jour avant la nais-« sance de cet enfant, et depuis cette époque jusqu'au « cent-quatre-vingtieme, il était, soit pour cause « d'éloignement, soit par l'effet de quelque accident, « dans l'impossibilité physique de cohabiter avec sa « femme. »

ARTICLE 313.

Le mari ne pourra, en alléguant son impuissance naturelle, désavouer l'enfant: il ne pourra le désavouer même pour cause d'adultere, à moins que la naissance ne lui ait été cachée; auquel cas il sera admis à proposer tous les faits propres à justifier qu'il n'en est pas le pere.

Rédaction communiquée au Tribunat.

II (313). « Le mari ne pourra désavouer l'enfant,
« soit en excipant d'adultere de la part de sa femme,
« soit en alléguant son impuissance naturelle, à moins
« que la naissance de l'enfant ne lui ait été cachée;
« auquel cas il sera admis à proposer tous les faits
« propres à justifier qu'il n'en est pas le pere. »

Observations du Tribunat.

On propose de substituer aux mots de cet article
« en excipant d'adultere », ceux-ci, « pour' une cause
« d'adultere. »

Cette substitution rend avec plus d'exactitude toute
la pensée de la loi; *exciper* n'est autre chose que se
défendre par voie d'exception. Le sens est limitatif;
il fallait une expression générique, telle est celle proposée.

On s'arrête ensuite aux mots « impuissance naturelle »; on pense qu'il est extrêmement difficile, pour
ne pas dire impossible, d'obtenir à cet égard des résultats certains.

L'art est si souvent trompé par la nature! il se perd
dans l'obscurité de ses impénétrables mysteres; il
prend pour vice de conformation ce qui n'est que différence de forme; il regarde comme absolu ce qui
n'est que relatif; comme perpétuel ce qui n'est que
momentanée : il s'égare au milieu de ses contempla-
tions, parcequ'il veut saisir par les regles ce qui
échappe à toutes les regles. Enfin rien de plus incertain que la preuve de l'impuissance naturelle; rien de
plus scandaleux que les moyens pour y parvenir.

D'après ces observations, un membre propose et
la section adopte la suppression des mots « impuis-
« sance naturelle. »

Enfin l'attention se fixe sur l'ensemble de ce même
article. On remarque qu'il importe d'une part que la
maxime consacrée par le §. 1er du Ier art. ne devienne

jamais illusoire ; de l'autre, que le mari ne soit pas toujours forcé de reconnaitre pour lui appartenir les enfants d'une femme qui le déshonore, et qu'il puisse les désavouer toutes les fois qu'un concours de circonstances le met en état de justifier qu'il n'en est pas le pere.

On pense que pour être admis à la preuve, il ne suffit pas qu'il y ait eu adultere de la part de la femme ; il faut de plus que la naissance de l'enfant ait été cachée au mari, ou du moins que le mari ait notoirement vécu séparé d'habitation de sa femme.

Quant à la condition du recélement de la naissance, elle est fondée sur ce que l'on ne peut supposer que la femme eût caché la naissance de l'enfant au mari, si elle n'eût pas eu intérêt de le faire ; et le seul intérêt qu'elle pouvait avoir était évidemment de laisser ignorer à son époux qu'un autre que lui l'avait rendue mere.

A l'égard de la séparation d'habitation, cette autre condition est fondée sur ce que le concours de l'adultere de la part de la femme et de sa demeure séparée de celle de son mari entraine la présomption morale la plus forte sur la cessation totale de cohabitation avec lui ; présomption suffisante pour que le mari doive être admis à la preuve de non paternité.

Mais cette alternative du recélement de la naissance et de la séparation d'habitation concourant avec l'adultere, ne se trouvant point établie par cet article, un membre propose d'y substituer la rédaction suivante :

« Le mari ne pourra désavouer l'enfant pour cause
« d'adultere de la part de sa femme, à moins que la
« naissance de l'enfant ne lui ait été recelée, ou qu'il
« n'ait vécu séparé d'habitation de sa femme à l'épo-
« que de la conception ; auquel cas il sera admis à
« proposer tous les faits propres à justifier qu'il n'est
« pas le pere. »

ARTICLE 314.

L'enfant né avant le cent-quatre-vingtieme jour du mariage ne pourra être désavoué par le mari dans les cas suivants : 1° s'il a eu connaissance de la grossesse avant le mariage ; 2° s'il a assisté à l'acte de naissance, et si cet acte est signé de lui, ou contient sa déclaration qu'il ne sait signer ; 3° si l'enfant n'est pas déclaré viable.

Discussion du Conseil d'Etat.

Premiere rédaction. (Séance du 29 fruct. an X, *t.* 2, *p.* 31.)

III (314). « L'enfant né avant le cent-quatre-ving-
« tieme jour du mariage, et qui aura survécu dix
« jours à sa naissance, pourra être désavoué par le
« mari, excepté dans l'un ou l'autre des cas suivants:
« 1° s'il a eu connaissance de la grossesse avant le
« mariage ; 2° s'il a assisté à l'acte de naissance, et si
« cet acte est signé de lui, ou contient sa déclaration
« qu'il ne sait signer. »

Le C. *Bigot-Préameneu* observe que cet article ne dit pas comment ou pourra prouver contre le mari qu'il a eu connaissance de la grossesse de sa femme. Il ajoute que si l'on s'en tient au principe général, il faut un commencement de preuve par écrit.

Le C. *Boulay* répond qu'il est impossible de fixer à l'avance quelles especes de faits on peut regarder comme probants.

Le consul *Cambacérès* demande pourquoi l'article attache un effet absolu à la circonstance que l'enfant aurait survécu de dix jours à sa naissance.

Le C. *Bérenger* répond que c'est pour s'assurer si l'enfant est né viable, et pour déterminer par-là l'époque de sa conception.

Le consul *Cambacérès* dit que le terme fatal de dix jours lui parait trop rigoureux.

Le C. *Regnaud* (de Saint-Jean-d'Angely) dit que

les rédacteurs du projet sont partis de ce fait, qu'un enfant non viable ne peut pas même vivre dix jours.

Le consul *Cambacérès* dit qu'il est difficile d'assigner des regles fixes à la nature. Il voudrait que, après avoir établi la présomption de la légitimité, la loi se bornàt à déclarer que néanmoins cette présomption cesse lorsqu'elle est détruite par l'évidence des faits.

Le C. *Tronchet* dit que la loi doit établir une regle précise, parceque les tribunaux ont décidé la question de plusieurs manieres, et que les physiciens, les jurisconsultes, les théologiens n'ont jamais pu s'accorder sur ce point. Au milieu de ces incertitudes la loi peut établir une présomption.

Le C. *Treilhard* dit que le législateur doit sentir quelque répugnance à déclarer qu'un enfant qui a vécu pendant dix jours, n'est pas né viable; il propose de réduire le délai à vingt-quatre heures.

Le C. *Maleville* craint qu'il ne s'éleve des débats sur l'expiration des heures.

Le C. *Jollivet* propose de se servir de l'expression *un jour entier*.

Le C. *Defermon* dit que cette rédaction ne préviendrait pas les débats; il préfere celle adoptée par la section.

L'article est adopté.

Rédaction communiquée au Tribunat.

III (314). «L'enfant né avant le cent-quatre-vingtieme «jour du mariage, et qui aura survécu dix jours à sa «naissance, pourra être désavoué par le mari, ex- «cepté dans l'un ou l'autre des cas suivants : 1º s'il «a eu connaissance de la grossesse avant le mariage; «2º s'il a assisté à l'acte de naissance, et si cet acte «est signé de lui, ou contient sa déclaration qu'il ne «sait signer. »

Observations *du* Tribunat.

On réclame contre les mots « qui aura survécu dix « jours à sa naissance. »

Cette condition réduirait la mere à la douloureuse alternative de desirer la mort de son enfant, ou de craindre un désaveu à jamais flétrissant pour elle.

Un tel combat entre la nature et l'honneur exposerait la vie de l'enfant à être sacrifiée, sinon par un crime, au moins par une négligence dont l'effet pour lui serait le même. On a pensé qu'il était dangereux de placer le cœur humain dans une situation si délicate.

En conséquence on propose, et la section adopte la suppression de cette partie de l'article.

La section pense aussi qu'il convient d'ajouter les mots « sans accidents », afin de distinguer l'accouchement naturel de celui qui ne l'est pas.

L'article commencera donc ainsi :

« L'enfant né sans accident, etc. »

ARTICLE 315.

La légitimité de l'enfant, né trois cents jours après la dissolution du mariage, pourra être contestée.

Rédaction communiquée au Tribunat.

Nota. Elle était conforme à celle du Code.

Observations du Tribunat.

De la maniere dont cet article est rédigé, il semblerait que si la légitimité de l'enfant, né douze mois, par exemple, après la dissolution du mariage, n'était point contestée, il devrait être regardé comme légitime : ce ne peut être l'intention de la loi. On a pensé que l'article devait être conçu dans des termes plus précis et plus positifs, et qu'au lieu de laisser la faculté de contester ou de ne pas contester la légitimité de l'enfant, né trois cents jours après la dissolution du mariage, quelque laps de temps qui se fût écoulé depuis, il fallait, en ajoutant un jour de plus à ce terme, fixer l'époque fatale d'une fin de non-recevoir insurmontable.

La section adopte une nouvelle rédaction ainsi conçue :

« La loi ne reconnaît pas la légitimité de l'enfant né
« trois cents un jour après la dissolution du ma-
« riage. »

Un membre observe que la place naturelle de cet article est à la fin du chapitre, et non pas au milieu ; vu qu'il contient une regle générale et distincte, qui ne tient en aucune façon, ni aux articles qui le précedent, ni à ceux qui le suivent.

Cette observation est accueillie ; et la section pense que le présent article, d'après sa nouvelle rédaction, doit être placé le dernier du chapitre.

ARTICLE 316.

Dans les divers cas où le mari est autorisé à réclamer, il devra le faire dans le mois, s'il se trouve sur les lieux de la naissance de l'enfant ;

Dans les deux mois après son retour, si, à la même époque, il est absent ;

Dans les deux mois après la découverte de la fraude, si on lui avait caché la naissance de l'enfant.

Discussion du Conseil d'Etat.

(Séance du 29 fructidor an X, *tom.* 2, *pag.* 33.)

Le C. *Treilhard* demande pourquoi on accorde au mari absent deux mois après son retour pour faire sa déclaration, lorsqu'on ne lui donne qu'un mois quand il est présent à la naissance de l'enfant.

Le consul *Cambacérès* propose de fixer le délai à deux mois dans les deux cas.

L'article est renvoyé à la section.

ARTICLE 317.

Si le mari est mort avant d'avoir fait sa réclamation, mais étant encore dans le délai utile pour la faire, les héritiers auront deux mois pour contester la légitimité de l'enfant, à compter de l'époque où cet enfant se serait mis en possession des biens du mari, ou de l'époque où les héritiers seraient troublés par l'enfant dans cette possession.

Discussion du Conseil d'Etat.

Premiere rédaction. (Séance du 29 fruct. an X , *t.* 2, *p.* 33.)

VI (317). « Si le mari est mort avant d'avoir fait sa « réclamation , mais étant encore dans le délai utile « pour la faire, les héritiers auront deux mois pour « contester la légitimité de l'enfant , à compter de « l'époque où sa prétention leur sera notifiée. »

Le C. *Berlier* dit qu'il ne revient point sur la disposition qui, en faisant passer aux héritiers l'action en désaveu accordée au mari, leur donne un nouveau délai pour l'exercer; mais qu'il conçoit difficilement comment sera exécutée la derniere partie de l'article relative à la notification, attendu qu'un enfant en possession de son état ne fera pas notifier aux héritiers de son pere qu'il en veut jouir; cette possession est au contraire son titre. Quant à l'enfant qui ne jouit pas de son état, et dont la naissance aurait été cachée, il suffirait d'établir que le délai ne court qu'à compter de la découverte de la fraude, si toutes les dispositions de l'art. V (316) ne rendent pas cette explication inutile.

Le C. *Boulay* répond qu'il ne peut y avoir de contestation que dans le cas où l'enfant réclame un état dont il ne jouit pas.

Le C. *Regnaud* (de Saint-Jean-d'Angely) dit qu'il importe de distinguer deux cas ; l'un est celui où l'en-

fant a été inscrit sur le registre sous le nom du mari ;
l'autre celui où sa naissance a été cachée. L'observation du C. Berlier ne porte que sur le dernier cas.

Le consul *Cambacérès* dit que sans doute il s'éleve
une fin de non-recevoir contre l'héritier, lorsque l'enfant, étant en possession de son état, a été admis à partager la succession ; mais qu'il n'en est pas de même
lorsque sa naissance est demeurée cachée : alors l'enfant qui se présente pour recueillir l'hérédité devient
demandeur. Les héritiers au contraire ne sont que
des défendeurs que la loi ne doit point obliger à faire
des recherches sur les enfants qui peuvent exister,
mais auxquels ceux qui prétendent avoir la qualité
d'enfants doivent notifier leurs prétentions.

Le C. *Tronchet* dit qu'il ne peut adopter les dispositions de l'article. Il pense que les héritiers doivent
être toujours déclarés non-recevables, quand l'enfant
est inscrit sous le nom du mari, et que celui-ci n'a pas
réclamé ; qu'on ne doit accorder d'action aux héritiers , à défaut de réclamation de la part du mari, que
dans le cas où l'enfant n'a pas de possession d'état ; et
qu'alors il est convenable de renfermer cette action
dans un délai. Les héritiers, dans cette hypothese, qui
est la plus ordinaire, ne peuvent jamais devenir non-
recevables, puisqu'ils ne sont pas demandeurs , et que
c'est l'enfant qui vient les attaquer ; c'est donc contre
lui seulement qu'il est possible d'admettre une fin de
non-recevoir.

Le C. *Regnaud* (de Saint-Jean-d'Angely) dit que
l'obligation de notifier, imposée à l'enfant , conduirait
à de grandes injustices. Par exemple, une femme
accouche pendant l'absence de son mari , sous le nom
duquel elle fait inscrire l'enfant : le mari meurt éloigné dans le délai pendant lequel il lui était permis de
réclamer ; l'enfant cependant demeure en possession
de son état. Il serait possible qu'après vingt ans des
héritiers vinssent le lui contester, parcequ'il ne leur
aurait pas fait notifier sa prétention ; ils l'attaque-
raient avec beaucoup d'avantage, parcequ'à une épo-

que si éloignée de sa connaissance ils pourraient ras-
sembler contre lui une foule de probabilités.

Le consul *Cambacérès* répond qu'il est aussi juste
de forcer à la restitution un homme qui jouit, sans
droit, d'un bien depuis vingt-neuf ans, que celui qui
ne l'a usurpé que depuis six mois.

Le Consul ajoute que le C. Regnaud ne répond
point à l'objection, puisqu'il suppose toujours que
les héritiers sont demandeurs, tandis que, dans la
vérité, ils ne font que se défendre contre un individu
qui vient se placer malgré eux dans la famille : or, il
serait injuste de les déclarer non-recevables après un
court délai, qui expire même avant que l'action soit
intentée. Ce serait mettre les familles à la discrétion
des intrigants.

Le C. *Bérenger* dit qu'il semble qu'on ne doive pas
soumettre à des formalités des héritiers en possession
pour conserver leurs droits contre celui qui se pré-
tendrait enfant de leur auteur; de même qu'on ne
doit point y soumettre l'enfant en possession d'état,
pour conserver son droit contre des héritiers. L'article manque de clarté en ce qu'il ne distingue pas ces
deux cas, et qu'il oblige l'enfant de rechercher les
héritiers qui pourraient venir lui contester son état :
de là résulterait quelquefois qu'il se trouverait déchu
pour n'avoir pas fait sa notification aux véritables
héritiers.

Le consul *Cambacérès* est d'avis qu'on fasse cette
distinction dans l'article; mais il pense que dans tous
les cas il importe d'accorder un délai plus long. Rien
n'est plus rare, ajoute-t-il, que de voir des collatéraux
venir, après vingt-neuf ans, disputer à un enfant la
succession de son pere.

Le C. *Tronchet* dit qu'il convient de se régler par
ce qui arrive le plus ordinairement. Il est possible
qu'une mere hardie présente, après la mort de son
mari, un enfant contre lequel ce mari n'a pas réclamé, et fasse faire l'inventaire en son nom; alors les
héritiers qui surviennent prennent la qualité de de-

mandeurs ; mais ordinairement la mère, plus timide,
agit avec moins de précipitation. Les héritiers font
faire l'inventaire, et ce n'est qu'après un laps de
temps que l'enfant est présenté. Dans le premier cas
il est bon d'accorder un délai aux héritiers, et alors
deux mois suffisent ; dans le second, où les héritiers sont défendeurs, il est impossible de limiter leurs
droits par un délai.

Il importe de distinguer ces deux cas.

Le consul *Cambacérès* pense que si l'on faisait courir le délai contre le mineur, ce serait trop le mettre
à la discrétion de son tuteur.

L'article est renvoyé à la section.

Rédaction communiquée au Tribunat.

VI (317). « Si le mari est mort avant d'avoir fait sa
« réclamation, mais étant encore dans le délai utile
« pour la faire, les héritiers auront deux mois pour
« contester la légitimité de l'enfant, à compter de
« l'époque où sa prétention leur sera notifiée. »

Observations du Tribunat.

Le désaveu auquel le mari est autorisé dans le cas
de l'art. II (313) et de l'art. III (314) ne pouvant être
fondé que sur des poursuites et des actions dont
l'exercice a paru à la section devoir appartenir au
mari seul, on en a conclu qu'il fallait limiter l'application de cet article au cas prévu par l'art. Ier (312).

En effet, en se rapportant à l'art. II (313), on dit
que, si le mari était mort avant d'avoir intenté l'action
en adultère, quoiqu'étant encore dans le délai utile
pour l'intenter, on devait plutôt présumer qu'il eût
laissé passer le délai sans le faire, que d'accorder ce
droit aux héritiers, peut-être contre l'intention formelle du mari, dont le silence était commandé peut-
être par des raisons décisives et connues de lui seul.
Et, se rapportant à l'art. III (314), on a remarqué
que, si dans le cas de cet article le mari n'avait point

la faculté de désavouer l'enfant, lorsqu'il avait eu connaissance de la grossesse avant le mariage, il était impossible que les héritiers, après la mort du mari, pussent prouver qu'il n'avait pas eu cette connaissance, et que dès-lors ils ne pourraient user de la faculté que cet article lui accordait.

Tels sont les motifs qui ont déterminé la section à ne pas étendre l'application de cet article au-delà de l'article Ier (312).

On a ensuite examiné l'époque à compter de laquelle devait courir le délai de deux mois accordé aux héritiers dans le cas où ils ne peuvent désavouer l'enfant.

L'article du projet porte « à compter de l'époque où sa prétention (celle de l'enfant) sera notifiée. »

A cet égard on a pensé qu'il ne pouvait être dans l'intention de la loi que l'enfant eût à craindre d'être inquiété pendant le long espace de trente ans, s'il ne prenait pas la précaution de faire notifier lui-même à ses parents les plus proches qu'il se conduirait comme enfant légitime ; c'est cependant ce qui résulterait de la disposition de l'article. La notification de la part de l'enfant annoncerait un doute qu'il ne doit pas avoir, puisqu'on le suppose ayant la conviction intime de sa légitimité ; il faudrait alors que l'enfant fît naître dans l'esprit des autres une incertitude qu'il ne partagerait pas, et qu'il ne pouvait partager.

Il a paru juste que les héritiers, au lieu d'être prévenus d'une telle maniere, fussent considérés comme suffisamment avertis d'agir, par cela seul qu'ils ont connu la naissance de l'enfant.

D'après ces motifs, et en rappelant qu'il ne s'agit que du désaveu dans tout ce chapitre (excepté dans l'article IV (315), que la section a proposé de placer le dernier), la section se fixe définitivement à la rédaction suivante :

« Si le mari est mort avant d'avoir fait le désaveu,
« mais étant encore dans le délai utile pour le faire,
« les héritiers n'auront le droit de désavouer l'enfant
« que dans le cas prévu par l'art. Ier (312).

« Ils auront deux mois pour désavouer, à compter
« du jour où la mort du mari leur sera connue; et si,
« à cette époque, ils ignorent la naissance de l'enfant,
« les délais compteront du jour où ils auront acquis
« cette connaissance. »

ARTICLE 318.

Tout acte extra-judiciaire contenant le désaveu de la part du mari ou de ses héritiers, sera
comme non avenu, s'il n'est suivi, dans le délai
d'un mois, d'une action en justice, dirigée contre un tuteur *ad hoc* donné à l'enfant, et en
présence de sa mere.

Discussion du Conseil d'Etat.

(Séance du 29 fructidor an X, *tom.* *pag.* 35.)

Le C. *Regnaud* (de Saint-Jean-d'Angely), dit qu'il
convient de fournir au mari et à ses héritiers, un
moyen de faire donner un tuteur à l'enfant.

Le C. *Tronchet* répond que cette faculté leur appartient de droit commun.

L'article est adopté.

CHAPITRE II.
Des Preuves de la filiation des enfants légitimes.

319. La filiation des enfants légitimes se prouve par les actes de naissance inscrits sur le registre de l'état civil.

Rédaction communiquée au Tribunat.

I (319`. « La filiation des enfants légitimes se prou-
« ve par l'extrait du registre de l'état civil. »

Observations du Tribunat.

Un membre propose de supprimer le mot «extrait»;

il se fonde sur ce que le véritable titre est le registre. L'extrait ne tient lieu du registre, qu'autant qu'il en est la copie authentique et fidele; et, s'il y a quelque différence entre l'un et l'autre, il faut recourir au registre, et rectifier l'extrait.

Un autre membre fait la proposition de substituer aux mots « extrait du registre », les mots « actes de « naissance inscrits sur le registre de l'état civil. »

Sans cette substitution, dit-il, il semble que le titre de filiation d'un enfant légitime, peut être également un acte de mariage ou de décès, puisque le registre de l'état civil contient aussi ces sortes d'actes. Or, quant à la filiation des enfants, les actes de mariage ou de décès ne sont qu'énonciatifs du titre; et le seul acte du registre qui puisse avoir aux yeux de la loi le caractere du titre même, est l'acte de naissance.

La section approuve les observations, et est d'avis que cet article doit être ainsi conçu:

« La filiation des enfants légitimes se prouve par « les actes de naissance inscrits sur le registre de l'état « civil. »

ARTICLE 320.

A défaut de ce titre, la possession constante de l'état d'enfant légitime suffit.

321.

La possession d'état s'établit par une réunion suffisante de faits qui indiquent le rapport de filiation et de parenté entre un individu et la famille à laquelle il prétend appartenir.

Les principaux de ces faits sont, que l'individu a toujours porté le nom du pere auquel il prétend appartenir;

Que le pere l'a traité comme son enfant, et a pourvu, en cette qualité, à son éducation, à son entretien, et à son établissement;

Qu'il a été reconnu constamment pour tel dans la société;

Qu'il a été reconnu pour tel par la famille.

Rédaction communiquée au Tribunat.

NOTA. Elle était conforme à celle du Code.

Observations du Tribunat.

Pour donner à cet article toute la clarté dont il est susceptible, et ne laisser aucun doute sur le véritable sens de la disposition, qui est de ne pas regarder comme indispensable pour faire preuve la réunion complete des faits relatés dans l'article, la section accorde la préférence à la rédaction suivante.

« Cette possession d'état s'établit par une réunion « de faits suffisante, pour indiquer le rapport de filia- « tion, ou de parenté entre un individu et la famille à « laquelle il prétend appartenir;

« Telle, par exemple, que l'individu a toujours « porté le nom du pere, etc. »

ARTICLE 322.

Nul ne peut réclamer un état contraire à celui que lui donne son titre de naissance et la possession conforme à ce titre;

Et réciproquement, nul ne peut contester l'état de celui qui a une possession conforme à son titre de naissance.

323.

A défaut de titre et de possession constante, ou si l'enfant a été inscrit, soit sous de faux noms, soit comme né de pere et mere inconnus, la preuve de filiation peut se faire par témoins.

Néanmoins cette preuve ne peut être admise que lorsqu'il y a commencement de preuve par écrit, ou lorsque les présomptions ou indices résultant de faits dès-lors constants, sont assez graves pour déterminer l'admission.

Rédaction communiquée au Tribunat.

V (323). « A défaut de titre et de possession con-
« stante, la preuve de la filiation peut se faire par té-
« moins, s'il y a commencement de preuve par écrit.

« Il en est de même si l'enfant a été inscrit sous de
« faux noms, ou comme né de pere et mere inconnus. »

Observations du Tribunat.

Sur cet article, on observe que depuis un temps immémorial la jurisprudenee de presque tous les tribunaux a constamment été d'admettre la preuve testimoniale en fait de filiation, sans exiger, comme condition absolument indispensable, un commencement de preuves écrites : rien de plus juste en effet. Si l'enfant n'a recours à la preuve par témoins que parceque des preuves par écrit sont supprimées, perdues ou soustraites, on ne doit pas se faire un moyen contre lui de ce qu'il ne les a point, puisqu'il n'a pas dépendu de lui de les avoir. En le repoussant sous le fondement qu'il ne peut en représenter aucune, on le punirait d'une faute qui n'est point son ouvrage, d'un accident dont il n'est pas l'auteur.

D'ailleurs, on n'est jamais admis à la preuve par témoins, que lorsque les faits sont reconnus pertinents et admissibles. Ne faut-il pas la même reconnaissance par rapport aux pieces écrites ? Pour que le juge décide s'il y a réellement commencement de preuves, n'est-il pas nécessaire qu'il pese le degré de confiance que méritent ces pieces ? et ce degré de confiance n'est-il pas subordonné à la vraisemblance des faits qu'elles énoncent, et à la moralité des personnes dont elles émanent ?

Si tout fait, quoiqu'invraisemblable, quoique non concluant, était regardé comme un commencement de preuves, par cela seul qu'il serait consigné dans un écrit, il s'ensuivrait que celui qui aurait de pareilles pieces, serait admis à la preuve par témoins ; tandis que celui qui n'aurait aucune piece, mais qui néanmoins articulerait les faits les plus positifs et les plus lumineux, serait privé de cet avantage. Il convient donc de laisser aux juges une assez grande latitude, pour qu'ils puissent, après s'être environnés de toutes les lumieres les plus propres à éclairer leur conscience, empêcher que l'enfant ne soit victime du hasard, ou de la méchanceté.

Au lieu de cet article on propose la rédaction suivante :

« A défaut de titre ou de possession constante, ou
« si l'enfant a été inscrit, soit sous de faux noms,
« soit comme né de pere et mere inconnus, la preuve
« de la filiation peut se faire par témoins.

« Cette preuve ne peut être admise que lorsqu'il y
« a un commencement de preuves par écrit, ou un en-
« semble de présomptions et d'indices assez graves
« pour en déterminer l'admission. »

ARTICLE 324.

Le commencement de preuve par écrit résulte des titres de famille, des registres et papiers domestiques du pere ou de la mere, des actes publics et même privés émanés d'une partie engagée dans la contestation, ou qui y aurait intérêt si elle était vivante.

325.

La preuve contraire pourra se faire par tous les moyens propres à établir que le réclamant n'est pas l'enfant de la mere qu'il prétend avoir, ou même, la maternité prouvée, qu'il n'est pas l'enfant du mari de la mere.

Rédaction communiquée au Tribunat.

VII (325). « La famille à laquelle le réclamant pré-
« tend appartenir, sera admise à combattre sa récla-
« mation par tous les moyens propres à prouver, non
« seulement qu'il n'est pas l'enfant du pere, mais encore
« qu'il n'est pas l'enfant de la mere qu'il réclame. »

Observations du Tribunat.

D'après les diverses observations résultant de l'examen de cet article, la section a pensé que l'unique
objet de sa disposition était de changer la jurisprudence sur un cas particulier facile à prévoir.

On cite un exemple :

Un individu qui n'a ni possession ni titre, réclame
contre une famille à laquelle il prétend appartenir.
Que fait-il d'abord ? Il demande que sa réclamation
soit jugée relativement à la personne qu'il dit sa mere,
et dont il soutient être né durant le mariage : si le jugement sur la maternité ne lui est point favorable, il
ne va pas plus loin. Il sait que par-là tout est décidé.
Car dès qu'il n'est point l'enfant de la femme, il ne
peut l'être du mari ; il ne serait tout au plus que bâ-
tard adultérin. S'il parvient au contraire à faire juger
que cette femme est sa mere, il lui suffit, d'après la
jurisprudence encore existante, d'opposer, par rapport au pere, la maxime, *Pater is est quem nuptiæ de-
monstrant.* Cependant il peut arriver que les parents
de la femme, soit par négligence, soit par collusion
avec le réclamant, aient laissé accueillir une réclamation
très peu fondée, et que les parents du mari se trouvent
lésés au dernier point par un jugement dont on prétend conclure que le réclamant était l'enfant du mari,
quoiqu'il n'eût été question au procès que de savoir s'il
était enfant de la femme. L'article du projet a pour but
de parer à cet inconvénient grave ; la section ne peut
qu'approuver un si juste motif ; mais elle pense en

même temps que, pour ne rien laisser à desirer sur la
clarté du sens, et sur la facilité de l'application, la disposition doit être conçue en ces termes :

« La preuve contraire pourra se faire par tous les
« moyens propres à établir que le réclamant n'est pas
« l'enfant de la mere qu'il prétend avoir ; ou même, la
« maternité prouvée, qu'il n'est pas l'enfant du mari
« de la femme. »

ARTICLE 326.

Les tribunaux civils seront seuls compétents
pour statuer sur les réclamations d'état.

327.

L'action criminelle contre un délit de suppression d'état, ne pourra commencer qu'après
le jugement définitif sur la question d'état.

Discussion du Conseil d'Etat.

(Séance du 29 fructidor an X , *tom.* 2 , *pag.* 37.)

Le C. *Tronchet* demande qu'on se borne à suspendre l'action criminelle, parceque la plainte peut
être rendue et les preuves recueillies, sans que, jusqu'au jugement de la question d'état, la sûreté du
prévenu soit compromise.

Le C. *Treilhard* observe que la procédure serait
inutile si elle était secrete ; que si elle était publique,
elle influerait sur le jugement civil, en fournissant
des preuves pour appuyer la réclamation de l'état.

Le consul *Cambacérès* dit que l'objet de l'article
est d'empêcher que le jugement criminel ne détermine
le jugement au civil. La proposition du C. Tronchet n'expose point à cet inconvénient, tandis que
de l'article, tel qu'il est rédigé, sortirait une prescription contre l'accusation.

Le C. *Treilhard* dit que la prescription ne pourra

point être opposée, si la loi n'admet l'action au criminel qu'après le jugement de l'action civile.

Le C. *Tronchet*, revenant sur sa proposition, est d'avis d'admettre l'article. Cet article empêche que deux tribunaux ne puissent juger différemment sur le même fait; au civil, il faudra décider d'abord si la preuve par témoins est admissible. Dans le cas où elle serait admise, il faudrait décider si elle est concluante : et, lorsque le tribunal prononcera que la réclamation d'état n'est pas justifiée, il ne pourra plus y avoir lieu à l'action au criminel.

Le C. *Jollivet* croit l'article incomplet. On en pourrait conclure, dit-il, que l'action de la justice criminelle est paralysée, lorsqu'il y a eu exposition d'enfant, et que cependant il n'y a point de litige sur la question d'état.

Le C. *Treilhard* dit que cette espece n'est pas celle de l'article : il suppose une question d'état qui n'est point nécessairement liée avec l'exposition d'enfant. Cette exposition est toujours un crime que la justice doit punir.

L'article est adopté.

Rédaction communiquée au Tribunat.

IX (327). « L'action criminelle contre un délit qui « aurait été commis dans une suppression d'état, ne « pourra commencer qu'après le jugement définitif sur « la question d'état. »

Observations du Tribunat.

Cet article est adopté sauf le retranchement des mots « qui aurait été commis dans. »

Alors on lira :

« L'action criminelle contre un délit de suppression « d'état, ne pourra commencer qu'après le jugement « définitif sur la question d'état. »

Cette légere rectification a paru rendre le texte encore plus précis.

ARTICLE 328.

L'action en réclamation d'état est imprescriptible à l'égard de l'enfant.

329.

L'action ne peut être intentée par les héritiers de l'enfant qui n'a pas réclamé, qu'autant qu'il est décédé mineur, ou dans les cinq années après sa majorité.

33o.

Les héritiers peuvent suivre cette action lorsqu'elle a été commencée par l'enfant, à moins qu'il ne s'en fût désisté formellement, ou qu'il n'eût laissé passer trois années sans poursuites, à compter du dernier acte de la procédure.

Rédaction communiquée au Tribunat.

XII (33o). « Les héritiers peuvent suivre cette ac-« tion lorsqu'elle a été commencée, et non abandon-« née par l'enfant.

XIII (33o). « L'abandon résulte ou du désistement « formel, ou de la cessation des poursuites pendant trois « ans, à compter du dernier acte de la procédure. »

Observations du Tribunat.

On craint qu'en laissant subsister ces deux articles tels qu'ils sont rédigés, on n'en tire la conséquence que la cessation de poursuites pendant trois ans de la part de l'enfant, peut être opposée à l'enfant lui-même comme un abandon

On a pensé qu'il fallait distinguer entre l'enfant et les héritiers. Ceux-ci ne sont point aussi favorables que celui-là. Quand ce sont les héritiers qui veulent suivre l'action commencéé par l'enfant, si, lors du décès de l'enfant, il y avait trois ans qu'il avait discontinué ces poursuites, cette cessation triennale doit être considérée à l'égard des héritiers, comme un véritable désistement de la part de l'enfant. On ignore en effet si, dans le cas où l'enfant eût vécu, il aurait, après ce laps de temps, repris l'exercice de son action. L'absence de données certaines sur son intention positive, fait interpréter contre les héritiers le doute existant; et la société trouve en cela le précieux avantage d'extirper un germe de procès. Mais, lorsque c'est l'enfant qui agit lui-même, le silence qu'il a gardé depuis ces dernieres poursuites, ne peut opérer contre lui l'effet d'un désistement, quelque long que ce silence ait été; le droit qu'il exerce est tellement sacré, que la loi le déclare imprescriptible. Toutefois cette imprescriptibilité n'est établie qu'en sa faveur, et le privilege est purement personnel.

D'après la distinction qui vient d'être rappelée, et qui est fondée sur les principes de la matiere; on propose de ne faire qu'une seule disposition de ces deux articles, et de la rédiger ainsi qu'il suit :

« Les héritiers peuvent suivre cette action, lors-« qu'elle a été commencée par l'enfant, à moins qu'il « ne s'en fût désisté formellement, ou qu'il n'eût lais-« sé passer trois années sans poursuites, à compter du « dernier acte de la procédure. »

CHAPITRE III.
Des Enfants naturels.

SECTION PREMIERE.
De la Légitimation des enfants naturels.

331. Les enfants nés hors mariage, autres que ceux nés d'un commerce incestueux ou adultérin, pourront être légitimés par le mariage subséquent de leurs pere et mere, lorsque ceux-ci les auront légalement reconnus avant leur mariage, ou qu'ils les reconnaîtront dans l'acte-même de célébration.

Conférence. II.   19

332.

La légitimation peut avoir lieu, même en faveur des enfants décédés qui ont laissé des descendants ; et, dans ce cas, elle profite à ces descendants.

333.

Les enfants légitimés par le mariage subséquent, auront les mêmes droits que s'ils étaient nés de ce mariage.

SECTION II.

De la Reconnaissance des enfants naturels.

334.

La reconnaissance d'un enfant naturel sera faite par un acte authentique, lorsqu'elle ne l'aura pas été dans son acte de naissance.

335.

Cette reconnaissance ne pourra avoir lieu au profit des enfants nés d'un commerce incestueux ou adultérin.

Rédaction communiquée au Tribunat.

II (335). « Cette reconnaissance ne pourra avoir « lieu qu'au profit des enfants nés d'un commerce « libre. »

Observations du Tribunat.

A ces mots « d'un commerce libre » , on propose de substituer ceux-ci « De personnes auxquelles il était « libre de s'unir par mariage. »

Cette substitution fera disparaître toute espece de doute relativement à l'intention formelle de la loi de ne point autoriser la reconnaissance des bâtards incestueux.

ARTICLE 336.

La reconnaissance du pere, sans l'indication et l'aveu de la mere, n'a d'effet qu'à l'égard du pere.

Discussion du Conseil d'Etat.

Premiere rédaction. (Séance du 29 fruct. an X, *t.* 2, *p.* 38.)

XXIII (336). « La reconnaissance du pere, si elle « est désavouée par la mere, sera de nul effet. »

Le C. *Bigot-Préameneu* demande si cet article aura son effet, même lorsque la maternité sera prouvée?

Le C. *Maleville* dit que l'article XXVIII (341) décide la question ; car la preuve de la maternité étant une fois faite, elle doit nécessairement faire regarder comme non avenu le désaveu de la mere.

Le consul *Cambacérès* dit que la regle établie par l'article XXIII (336), est trop absolue.

Il peut arriver en effet que deux personnes qui ont vécu dans un commerce illicite, viennent à se haïr. Serait-il juste alors de souffrir que la mere, en haine du pere, pût rendre nulle la reconnaissance que celui-ci veut faire de leur enfant commun? La mere sera toujours le meilleur témoin sur le fait de la paternité : mais, si elle veut dissimuler ce fait, il ne faut pas que sa mauvaise volonté paralyse la bonne intention du pere.

Le C. *Berlier* dit qu'en l'absence d'un titre légal, l'aveu de la mere est la seule preuve que la loi doive admettre. Si la mere le refuse, ce peut être pour l'intérêt de l'enfant ; elle seule d'ailleurs connaît la vérité.

Le consul *Cambacérès* dit que le désaveu de la mere doit sans doute rendre sans effet la reconnaissance du pere, quand elle est isolée ; mais qu'il n'en peut être de même lorsque cette reconnaissance est appuyée de prénoms qui démontrent la fausseté du désaveu de la mere.

Il est donc nécessaire que le désaveu soit jugé.

Le C. *Emmery* pense qu'il est juste de ne donner aucun effet au désaveu de la mere quand il est démenti par son aveu antérieur. Il propose en conséquence d'ajouter à l'article : *à moins que le désaveu ne soit non-recevable.*

Le C. *Tronchet* dit qu'il n'y a de difficulté que sur le choix du genre de preuves, qu'on doit regarder comme capables de détruire le désaveu de la mere : il y aurait de l'inconvénient à en admettre d'autres que celles qui résultent d'écrits émanés d'elle.

Le C. *Portalis* dit qu'il est des circonstances qui ne sont pas moins fortes que l'aveu positif pour opérer la conviction : tels sont, par exemple, l'éducation, les soins donnés à l'enfant ; en un mot, ce qu'on appelle en droit *le traitement.*

Le C. *Emmery* pense qu'on ne doit pas y avoir égard. L'enfant né d'une union illicite, dit-il, n'appartient qu'à sa mere, parceque, hors le mariage, il n'y a de certain que la maternité. Il serait donc contre l'ordre que la reconnaissance de celui qui se prétend pere de l'enfant, prévalût sur le désaveu formel de la mere. Mais quand il est prouvé, par un aveu antérieur, que le désaveu actuel est l'effet de la passion, ce désaveu devient non-recevable : toute autre circonstance ne doit être d'aucune considération ; c'est un malheur si l'application de ce principe nuit aux intérêts de l'enfant.

Le consul *Cambacérès* dit que la loi doit être conçue de maniere à ne pas préparer un malheur. Voilà pourquoi le système dans lequel le désaveu serait repoussé comme non-recevable, lorsqu'il est combattu par un aveu antérieur, ne suffit pas.

Il importe qu'il soit écarté toutes les fois qu'il n'est pas valable : au surplus, il est difficile de concevoir comment on blesserait les principes, en admettant pour preuve la possession d'état acquise à un enfant illégitime contre son pere. Il n'en résulte qu'une simple créance au profit de l'enfant. Permettra-t-on à une femme capricieuse de lui enlever ses aliments par un désaveu dont la fausseté est prouvée par les circonstances? Pourquoi une regle si laconique et si absolue, lorsqu'il est impossible de tout prévoir?

Le C. *Berlier* reconnaît et avoue que, lorsque l'enfant a été traité comme tel par celui qui ensuite s'en déclare le pere, le tout au vu et su d'une mere qui n'aurait point contesté cette possession d'état, une telle mere doit être déclarée non-recevable dans son désaveu.

L'observation primitive de l'opinant n'exclut pas cette exception au principe qu'il a posé et qu'il regarde comme toujours subsistant.

Le C. *Tronchet* fait une autre observation. Il sera décidé, dit-il, que la reconnaissance du pere est insuffisante quand il y a eu désaveu valable de la part de la mere. Or, quel sera, dans ce système, l'effet de la reconnaissance du pere, quand la mere sera morte avant de l'avoir ni avouée ni désavouée? Laissera-t-on celui qui se prétend le pere, libre d'attribuer l'enfant à telle femme qu'il voudra, par une déclaration ensevelie chez un notaire ou chez un juge de paix, et que la mere prétendue n'aura pas connue? Ce serait là la conséquence nécessaire du principe qui ne prive d'effet la reconnaissance du pere que quand elle est désavouée par la mere. On échapperait à cet inconvénient, si, au lieu de ne regarder la déclaration du pere comme nulle que dans le cas où elle est désavouée par la mere, on n'y avait égard que lorsqu'elle serait avouée. Cette rédaction avait d'abord été proposée.

Le consul *Cambacérès* dit que l'inconvénient n'est pas aussi grave qu'il le paraît d'abord, puisque la déclaration du pere ne donne à l'enfant aucun droit à la succession de la mere. On peut néanmoins prévenir tout danger, en permettant au pere de reconnaître l'enfant sans indiquer la mere; cette forme aurait même l'avantage de mieux ménager les mœurs: puisqu'il ne s'agit que d'une créance sur les biens du pere, rien ne s'oppose à ce que la loi se contente de l'aveu du pere.

Le C. *Tronchet* demande qu'on décide avant tout que l'enfant reconnu n'aura droit qu'à une créance, et seulement sur les biens de celui qui l'aura avoué.

L'article est adopté ainsi qu'il suit:

« La reconnaissance d'un enfant naturel n'aura d'effet qu'à l'égard de celui qui l'aura reconnu. »

ARTICLE 337.

La reconnaissance faite pendant le mariage, par l'un des époux, au profit d'un enfant naturel qu'il aurait eu, avant son mariage, d'un autre que de son époux, ne pourra nuire ni à celui-ci, ni aux enfants-nés de ce mariage.

Néanmoins elle produira son effet après la dissolution de ce mariage, s'il n'en reste pas d'enfants.

338.

L'enfant naturel reconnu ne pourra réclamer les droits d'enfant légitime. Les droits des enfants naturels seront réglés au titre *des Successions*.

Discussion du Conseil d'Etat.

Premiere rédaction. (Séance du 13 br. an XI, *t. 2, p.* 133.)

XXVII (338). « L'enfant naturel reconnu ne « pourra réclamer les droits d'enfant légitime, mais « seulement une créance déterminée par la loi, sur la « succession de celui qui l'aura reconnu.»

Le consul *Cambacérès* dit que quelques personnes trouvent trop dure la disposition qui exclut l'enfant naturel de la succession de sa mere, lorsqu'elle n'a pas d'autres enfants.

Le C. *Bigot-Préameneu* dit que c'est pour maintenir

l'honneur du mariage, qu'on a réduit les enfants naturels à une simple créance. On ne pourrait se relâcher de cette sévérité sans ébranler ce système.

Le C. *Treilhard* dit que l'article appartient à la matiere des successions : il propose de l'y renvoyer.

Le C. *Tronchet* dit qu'un tel ajournement ferait durer trop long-temps l'incertitude qui regne par rapport au droit des enfants naturels.

En effet la loi du 12 brumaire an II a fait naître une question. Les uns ont pensé que tout enfant reconnu pouvait réclamer le bénéfice de cette loi; les autres, qu'elle ne donnait de droit qu'aux enfants dont les peres et meres sont décédés : cette derniere opinion est celle du tribunal de cassation. Il reste néanmoins aux autres tribunaux, des doutes qu'il importe de faire cesser dès à présent par une loi.

D'ailleurs les dispositions qui déterminent les effets de la légitimité ne sont pas déplacées dans un titre qui traite de *la Paternité et de la Filiation*. Les dispositions qui appartiennent plus spécialement à la matiere des successions, et qu'on pourrait y renvoyer, sont celles qui reglent la quotité de la créance accordée aux enfants naturels.

Le C. *Boulay* dit que, quelque favorable que soit l'exception dont a parlé le Consul, elle ébranlerait le principe de cette matiere. La loi du 12 brumaire, en assimilant les enfants naturels aux enfants légitimes, avait aboli le mariage; il est donc nécessaire, pour rétablir l'ordre, de tracer entre ces deux especes de descendants une ligne de séparation parfaite, et de ne les assimiler les uns aux autres sous aucun rapport.

Le consul *Cambacérès* dit qu'il suffirait peut-être, pour maintenir l'honneur dû au mariage, de déclarer que les enfants naturels n'ont pas les droits d'enfants légitimes.

Il reste à examiner si la part qu'ils auront dans les biens de leur pere, doit être fixée dans ce titre ou dans celui des successions. On a appelé cette part une *créance ;* il serait plus exact de la qualifier *aliments :* mais on aura à décider s'il faut permettre au pere et à la mere d'ajouter à la portion que donnera la loi. Cette question se rattache évidemment à la matiere des successions.

Le Consul propose, en conséquence, de réduire l'article à une disposition qui exclue les enfants naturels des droits d'enfants légitimes, et de renvoyer au titre *des Successions* la fixation des aliments qui leur seront accordés, ainsi que la question de savoir s'ils seront capables ou incapables de recevoir de leurs pere et mere.

Le C. *Treilhard* dit que le Conseil aura également à examiner si, à défaut d'héritiers, les enfants naturels excluront le fisc de l'hérédité de leurs pere et mere ; mais cette question appartient aussi à la matiere des successions.

Le C. *Jollivet* dit qu'il serait trop dur de leur refuser la préférence sur le fisc.

Le C. *Bigot-Préameneu* dit qu'ils peuvent exclure le fisc sans devenir héritiers, parceque ce n'est pas à titre d'hérédité que le fisc prend les biens.

L'article est adopté ainsi qu'il suit :

« L'enfant naturel reconnu ne pourra réclamer les « droits d'enfant légitime.

« Les droits des enfants naturels seront réglés au « titre *des Successions.* »

ARTICLE 33g.

Toute reconnaissance de la part du pere ou de la mere, de même que toute réclamation de la part de l'enfant, pourra être contestée par tous ceux qui y auront intérêt.

34o.

La recherche de la paternité est interdite.

Dans le cas d'enlèvement, lorsque l'époque de cet enlèvement se rapportera à celle de la conception, le ravisseur pourra être, sur la demande des parties intéressées, déclaré pere de l'enfant.

Rédaction communiquée au Tribunat.

VII (340). « La recherche de la paternité est inter-
« dite.

« Lors même que l'époque de la conception d'un
« enfant concourra avec des circonstances de rapt ou
« de viol, il n'y aura lieu qu'à des dommages-intérêts
« envers la mere. »

Observations du Tribunat.

On observe, sur le second paragraphe de cet article, qu'il ne s'agit point ici de déterminer en quel cas il y a lieu d'accorder des dommages-intérêts à la mere ; mais bien de dire que, dans le cas même où ces dommages-intérêts peuvent être accordés, la recherche de la paternité n'en est pas moins interdite.

On propose, en conséquence, de réunir ces deux paragraphes, et de rédiger la disposition en ces termes :

« La recherche de la paternité est interdite, quand
« bien même l'époque de la conception d'un enfant
« concourrait avec des circonstances de rapt ou de
« viol, qui donneraient lieu à des dommages-intérêts
« au profit de la mere.»

Rédaction définitive (*).

(Séance du 13 brumaire an XI, *tom.* 2, *pag.* 134.)

XXIX (340). « La recherche de la paternité est
« interdite ; mais dans le cas d'enlèvement, lorsque
« l'époque de cet enlèvement se rapportera à celle de
« l'accouchement, le ravisseur sera, sur la demande
« des parties intéressées, déclaré pere de l'enfant. »

(*) C'est seulement la rédaction définitive de l'article 340.

Le C. *Bigot-Préameneu* dit que l'exception que cet article fait à la regle générale a été proposée par le tribunat. Elle est fondée sur ce que la coïncidence des deux époques de l'enlèvement et de l'accouchement devient une preuve de la paternité.

Le consul *Cambacérès* rappelle que dans la conférence avec le tribunat on était convenu de ne rendre la déclaration de la paternité que facultative et non forcée. Le Consul propose en conséquence de substituer le mot *pourra* au mot *sera*.

Le C. *Treilhard* dit que le concours de l'époque de l'enlèvement avec celle de la conception, et la prolongation de la chartre privée ne laissant aucun doute sur la paternité, toute recherche, tout examen devient inutile ; et il n'est plus possible de laisser au juge le pouvoir de décider le contraire. La loi ne doit pas autoriser une contestation qui porterait sur un fait évident. Le ravisseur n'a pas à se plaindre ; la déclaration de paternité est ici la suite nécessaire et la peine de l'enlèvement. Au surplus c'est à l'époque de la conception et non à celle de l'accouchement qu'il convient de s'arrêter.

Le C. *Tronchet* partage l'opinion du Consul.

Le C. *Portalis* est du même avis. Il ne croit pas que l'intention de punir un tiers puisse devenir un motif déterminant pour donner l'état civil. La peine de l'enlèvement sera la recherche de la paternité.

Le C. *Thibaudeau* dit qu'il croit que la disposition avait été arrêtée d'une maniere impérative, et comme une peine imposée au ravisseur ; cependant il peut être plus convenable de s'en rapporter aux tribunaux.

Le C. *Emmery* voudrait que l'exception fût purement facultative.

Il rappelle que dans la conférence avec le tribunat on trouva contradictoire qu'un individu fût réputé pere de l'enfant par rapport à la mere, et à l'effet de lui payer des dommages - intérêts, et qu'il ne le fût plus par rapport à l'enfant lui-même. On a proposé en conséquence, non de donner action aux parties, mais d'autoriser le juge à déclarer d'office la paternité.

Les CC. *Berlier* et *Maleville* pensent aussi que l'exception n'a été proposée que comme facultative.

Le C. *Muraire* dit que dans la conférence avec le tribunat la question fut amenée par la disposition qui accordait des dommages-intérêts à la mere. Il parut étrange que le ravisseur ne fût pas soumis à une peine plus grave ; et ce fut dans cette vue qu'on crut devoir autoriser le juge à le déclarer le pere de l'enfant, quand d'ailleurs l'époque de l'accouchement concourrait avec celle du rapt.

Le C. *Boulay* pense qu'il serait dangereux de rendre l'exception absolue, et d'accorder la déclaration de paternité sur la simple demande des parties, sans autre examen. En effet, le concours de l'époque de l'enlèvement avec celle de la conception n'est jamais certain ; car il est impossible de fixer le moment précis de la conception.

Le C. *Regnaud* (de Saint-Jean d'Angely) dit que, si on laissait subsister l'exception comme absolue, le tribunal se trouverait quelquefois obligé de prononcer contre sa conscience, en déclarant la paternité du ravisseur, même lorsqu'il serait d'ailleurs démontré que l'enfant a un autre pere.

L'article est adopté ainsi qu'il suit :

« La recherche de la paternité est interdite.

« Dans le cas d'enlèvement, lorsque l'époque de cet « enlèvement se rapportera à celle de la conception, le « ravisseur pourra être, sur la demande des parties « intéressées, déclaré pere de l'enfant. »

ARTICLE 341.

La recherche de la maternité est admise.

L'enfant qui réclamera sa mere, sera tenu de prouver qu'il est identiquement le même que l'enfant dont elle est accouchée.

Il ne sera reçu à faire cette preuve par témoins, que lorsqu'il aura déja un commencement de preuve par écrit.

Rédaction communiquée au Tribunat.

NOTA. Elle était conforme à celle du Code.

Observations du Tribunat.

Pour empêcher qu'on ne donne à cet article une extension qui serait une source de scandale et de trouble, et pour avertir en même temps que les articles, relatifs à la reconnaissance d'un enfant naturel, sont, quant à l'effet, applicables à la preuve résultante de la recherche de la maternité, un membre propose et la section adopte la rédaction suivante :

« La recherche de la maternité est admise dans le « cas où, au terme de l'article II (335), la reconnais- « sance peut avoir lieu. Elle n'est point admise lorsque « la mère est, au moment de la demande, engagée « dans les liens du mariage. L'effet de la preuve résul- « tant de cette recherche sera le même que celui de « la reconnaissance. »

ARTICLE 342.

Un enfant ne sera jamais admis à la recherche soit de la paternité, soit de la maternité, dans les cas où, suivant l'article 335, la reconnais- sance n'est pas admise.

Discussion du Conseil d'État.

(Séance du 13 brumaire an XI, *tom.* 2 ,*pag.* 132.)

Le C. *Bigot-Préameneu* , d'après la conférence tenue avec le tribunat , présente la rédaction défini- tive du titre *de la Paternité et de la Filiation.*

Le Conseil l'adopte.

N. B. On a vu la discussion *particuliere* du conseil d'état et

du tribunat avant la rédaction définitive de ce titre; si on veut
en connaître la discussion *publique* au corps législatif et au tribunat , on la trouvera dans l'édition du Code civil, en 8 vol.,
imprimée chez FIRMIN DIDOT, — Exposé des Motifs par le conseiller d'état Bigot - Préameneu , N° 25 , — Rapport au tribunat
par le tribun La Hary , N° 26 , — Discours au corps législatif
par le tribun Duveyrier , N° 27.

TITRE VIII.

De l'Adoption et de la Tutele officieuse.

(Décrété le 2 germ. an VI. Promulgué le 12 du même mois.)

Discussion du Conseil d'État.

Premiere rédaction. (Séance du 27 brum. an XI, *t.* 2, *p.* 271.)

Le C. *Berlier* présente le titre de l'*Adoption* (*). Il
est ainsi conçu :

I. « L'adoption est permise sous les conditions ,
« dans les cas , et avec les formalités qui suivent :

Des conditions de l'adoption par rapport aux
adoptants.

II (343). « Nul individu ne pourra adopter s'il a
« des enfants ou descendants légitimes.

III. « Hors le cas prévu par l'article II, l'adoption
« pourra être demandée ; savoir :

« Par les gens mariés , lorsqu'il se sera écoulé au
« moins dix ans depuis leur mariage , ou que les
« deux époux auront l'un et l'autre plus de cinquante
« ans ;

« Par les veufs ou veuves , lorsqu'ils auront atteint
« l'âge de quarante ans au moins ;

(343). « Et par toutes autres personnes , lorsqu'elles
« seront âgées de plus de cinquante ans.

(*) Ce projet et sa discussion sont placés ici, parcequ'ils ont
été considérés comme devant servir d'introduction au titre *de*
l'Adoption

IV (344). « Nul époux ne pourra adopter que con-
« jointement avec l'autre époux.

V (344). « Nul autre que des époux ne pourra
« adopter conjointement avec une autre personne.

VI. « Nul ne pourra adopter que des individus de
« son sexe, à moins que l'adoption ne soit faite par
« des époux, ou que l'adopté ne soit neveu ou niece,
« petit-neveu ou petite-niece de l'adoptant.

VII. « On pourra, par le même acte, adopter plu-
« sieurs enfants ; mais, après l'adoption consommée,
« l'adoptant ne pourra, pendant la vie de l'enfant
« adopté ou de ses descendants, faire d'autres adop-
« tions, à moins qu'elles ne portent sur les freres ou
« sœurs de l'enfant précédemment adopté.

Des Conditions de l'adoption par rapport à l'adopté.

VIII. « Nul enfant ne pourra être adopté s'il a plus
« de douze ans.

IX. « Nul enfant légitime ne pourra être offert en
« adoption que par ses pere et mere, ou par le sur-
« vivant d'entre eux, si l'autre est mort.

X. « Tous autres parents, même les ascendants,
« ne pourront, à défaut de pere et mere, offrir l'en-
« fant en adoption, à moins qu'il ne soit légalement
« constaté qu'il est sans moyens d'existence.

XI. « L'enfant qui n'aura point de parents connus,
« pourra être offert en adoption, soit par les admi-
« nistrateurs de l'hospice où il aura été recueilli, soit
« par la municipalité du lieu où résidera la personne
« prenant soin de lui.

XII. « Si l'enfant offert en adoption par ses pere
« et mere, ou par le survivant des deux, se trouve
« avoir quelques biens ou droits acquis dans sa famille
« naturelle, il ne pourra les apporter dans la famille
« adoptive; et sa succession sera, à cet égard, répu-
« tée ouverte dans sa famille naturelle, à dater du jour
« de l'adoption. »

Des Actes préliminaires de l'Adoption.

XIII. « La personne qui se proposera d'adopter, et
« celle dont le consentement est nécessaire à l'adop-
« tion, feront la déclaration de leurs intentions res-
« pectives au juge de paix du domicile de l'enfant.

XIV. « Dans le cas ou l'adoption concernera un
« enfant privé de son pere ou de sa mere, le con-
« sentement du survivant sera précédé de l'avis d'un
« conseil de famille, désigné par le juge de paix, et
« composé, autant que faire se pourra, aux deux tiers
« de parents du côté de l'époux défunt.

« Si cet avis n'était pas en faveur de l'adoption, il
« n'en arrêtera point la poursuite ; mais il servira de
« renseignement aux autorités chargées d'y statuer.

XV. « Si l'enfant se trouve dans le cas prévu par
« l'article X, il sera présenté en adoption par un tu-
« teur spécial à lui donné par un conseil de famille,
« et après que le juge de paix aura procédé à une en-
« quête touchant l'état de dénuement de l'enfant.

Des Formes de l'Adoption.

XVI. « Toutes demandes en adoption seront por-
« tées et instruites devant le conseil de préfecture
« du département où résidera l'enfant. Ce conseil
« examinera ; 1º (355) si toutes les conditions de la
« loi sont remplies ; 2º (355) si la personne qui se pro-
« pose d'adopter jouit d'une bonne réputation ; 3º si,
« d'après sa situation comparée à celle de l'enfant,
« l'adoption offre à celui-ci de vrais avantages.

« Pour éclairer cet examen, le conseil de préfecture
« prendra l'avis des maires et sous-préfets, et provo-
« quera tous les renseignements qui lui sembleront
« utiles.

XVII. « Si l'enfant se trouve dans le cas prévu par
« l'article XII, le conseil de préfecture ordonnera
« préalablement que les biens ou droits que l'enfant
« laissera dans sa famille naturelle soient estimés par
« experts assermentés, et pourvoira à ce que le de-

« mandeur en adoption en assure le remplacement
« sur ses propres biens, par un acte entre-vifs, trans-
« latif de fonds non grevés d'hypotheques.

XVIII. « L'avis définitif et motivé du conseil de
« préfecture sera transmis au gouvernement par la
« voie du ministre de la justice, sur le rapport du-
« quel, et après avoir entendu le conseil d'état, les
« consuls proposeront, s'il y a lieu, au corps législa-
« tif de prononcer l'adoption.

XIX. « Chaque adoption datera du jour de la pro-
« mulgation de la loi qui l'aura prononcée.

Des Effets de l'Adoption.

XX. « L'adoption sera irrévocable.

XXI (347). « L'enfant adoptif prendra le nom de
« la personne qui l'aura adopté.

XXII. « Il appartiendra à la famille de l'adoptant
« dans tous les degrés directs et collatéraux.

XXIII. « L'adoption transportera au pere ou à la
« mere qui aura adopté, la qualité de pere ou mere
« légitime; elle établira entre l'adoptant et le fils adop-
« tif les mêmes droits et les mêmes devoirs qu'entre
« pere et enfant légitime.

XXIV (350). « Dans le cas où, après l'adoption,
« il naîtrait à l'adoptant des enfants en mariage, l'en-
« fant adoptif n'en conservera pas moins le droit à
« une part d'enfant légitime dans la succession.

XXV. « L'adoption fera sortir l'enfant adoptif de
« sa famille naturelle; elle ne laissera subsister entre
« lui et ses pere et mere ou autres ascendants que
« l'obligation naturelle et réciproque de se fournir
« des aliments dans le besoin. »

Le C. *Berlier* observe que cette rédaction a paru à
la section de législation rendre assez exactement les
idées résultant de la discussion établie sur cette matiere dans les séances des 6, 14 et 16 frimaire, et 4
nivose an X (*).

(*) Cette discussion n'a pas été imprimée.

Mais un autre devoir était imposé à la section.

Dans la séance du 20 de ce mois, elle a reçu du consul Cambacérès l'ordre d'examiner si, d'après les objections par lesquelles le projet a été combattu, il convenait de maintenir l'adoption, ou s'il fallait y renoncer.

Le C. Berlier rend compte, à ce sujet, des vues de la section.

Plusieurs de ses membres, combattant le principe même de l'adoption antérieurement consacré, ont pensé que toute espece d'adoption, embarrassante dans son organisation et peu en harmonie avec nos mœurs, n'offrait rien d'utile, vu la facilité qu'on a de faire par d'autres voies beaucoup de bien à un enfant qu'on affectionne; et parceque cette facilité, déja très grande depuis la loi de germinal an VIII sur les donations, sera probablement étendue encore par la nouvelle législation : ces motifs les ont portés à conclure au rejet de l'adoption.

D'autres membres, sans partager cette opinion sur le fond même de l'institution, et en continuant de penser qu'il y a un intervalle immense entre l'adoption et les moyens qu'on indique pour y suppléer (différence bien établie dans le cours de la discussion), ont été frappés par d'autres considérations qui se rattachent à quelques points du projet.

D'abord il leur a semblé que l'introduction de l'enfant adoptif dans la famille de l'adoptant, en rendant parents du premier tous les parents du second, sans leur consentement formel ni même tacite, s'accommodera difficilement avec nos idées et nos mœurs ; la fiction étendue au-delà des personnes qui contractent est poussée trop loin.

Un reproche non moins grave contre l'adoption telle qu'elle est proposée, a paru aux mêmes membres exister dans la forme même qu'on veut lui donner.

S'il s'agit d'une institution civile, a-t-on dit, pourquoi, dans chaque acte, l'intervention des grands pouvoirs politiques? pourquoi est-ce le corps législatif, et non (comme en Prusse) un tribunal, qui prononcera l'adoption? Comment, au reste, et sans chercher des exemples dans la législation étrangere, méconnaitre les analogies que présente le Code même que nous discutons, dans quelques unes de ses parties, avec celle dont il s'agit?

Quelle est l'autorité qui ordonnera les rectifications des actes de l'état civil? l'autorité judiciaire; c'est un point arrêté.

Quelle est l'autorité qui admettra le divorce, lequel est, comme l'adoption, un changement d'état? ce sera encore l'autorité judiciaire : pourquoi donc ne pas rendre aussi les tribunaux juges de l'adoption?

Cette question, au surplus, continue le C. Berlier, a paru aux membres de la section qui s'y sont arrêtés devoir influer sur le fond même de l'institution jusqu'à la dénaturer.

Quand la loi a posé des regles et que l'application en est dévolue aux magistrats ordinaires, il y a une garantie civile, qui n'existe plus quand le pouvoir politique s'empare lui-même de l'application. En effet qui le redressera, si lui-même il lese ou favorise les personnes sur l'intérêt desquelles il aura à statuer?

Mais il est un autre rapport sous lequel l'attribution dont il s'agit est encore radicalement vicieuse; car s'il est vrai que le recours au pouvoir législatif n'établisse pas d'inégalité de *droit*, vu qu'il est accordé à tous, peut-on contester qu'il ne résulte une véritable inégalité de *fait* des seules formalités dont on environne l'adoption? Les hommes riches ou en crédit ne seront point arrêtés par ces difficultés; mais assurément l'adoption n'existera que de nom pour la nombreuse classe des habitants de la campagne et des artisans, si l'adoption ne peut se consommer pour eux par la seule intervention de magistrats locaux ou placés à peu de distance.

Telles sont les considérations qui, dans la section, ont frappé ceux même qui, partisans de l'adoption comme *institution civile*, n'ont point trouvé cet objet rempli par le projet, et qui, n'espérant pas qu'on revienne sur des points aussi capitaux et aussi longuement discutés, ont renoncé, quoiqu'à regret, à une institution qui, ainsi organisée, présenterait plus d'inconvénients que d'avantages.

Le *Premier Consul* demande quel a été sur l'adoption le sentiment des tribunaux d'appel.

Le C. *Berlier* dit que l'adoption n'ayant pas été proposée par les rédacteurs du projet de Code civil, les tribunaux n'ont pu s'expliquer sur cette institution. Ils se sont donc bornés à demander une loi qui fixât le sort des individus actuellement adoptés sur la foi des décrets.

Le C. *Tronchet* ne croit pas que le principe de l'adoption ait été décrété : mais, dit-il, l'humanité réclame le maintien des adoptions faites de bonne foi dans la supposition de la loi promise.

Le C. *Berlier*, pour justifier que le principe de l'adoption a été décrété, produit la série des actes intervenus sur cette matiere.

18 *janvier* 1792. « L'assemblée nationale décrete « que son comité de législation comprendra dans son « plan général des lois civiles celles relatives à l'a- « doption. »

25 *janvier* 1793. « La convention nationale adopte « au nom de la patrie la fille de *Michel Lepelletier*, « et elle charge son comité de législation de lui pré- « senter très incessamment un rapport sur les lois de « l'adoption. »

Constitution de 1793. « Tout homme qui .... *adopte* « *un enfant* est admis à l'exercice des droits de citoyen « français. »

16 *frimaire III.* Décret qui valide une apposition de scellés requise pour la conservation des droits d'un adopté, et porte que « jusqu'à ce qu'il ait été statué « par la convention nationale sur les effets des adop- « tions faites antérieurement à la promulgation du « Code civil, les juges-de-paix devront, s'ils en sont

« requis par les parties intéressées, lever les scellés,
« pour la vente du mobilier être faite après inventaire,
« sur l'avis d'une assemblée de parents, sauf le dépôt
« jusqu'au réglement des droits des parties. ».

Arrêté du 19 *floréal VIII*, « Relatant les actes d'a-
« doption » dont le modele est au Bulletin, nº 184.

Il faut ajouter à tous ces actes positifs de législation, continue le C. *Berlier*, tous les projets de code
qui ont paru depuis dix années, excepté le dernier.

Le *Premier Consul* dit que la transmission de nom
étant le principal effet de l'adoption, c'est aussi principalement sous ce rapport qu'il importe de l'examiner.

Le Consul demande quels étaient à cet égard les
principes de l'ancienne jurisprudence.

Le C. *Treilhard* dit que les noms sont une propriété
de famille; qu'on ne pourrait en changer arbitraire-
ment sans porter dans la société une grande confusion; qu'il fallait un acte du pouvoir législatif pour
autoriser un changement de nom; qu'on attachait
quelquefois à une libéralité la condition de la part
du donataire de prendre le nom du donateur; que
même dans ce cas il fallait un acte de la puissance
publique pour sanctionner le changement; mais qu'a-
lors les lettres-patentes s'obtenaient sans difficulté.

Le C. *Regnaud* (de Saint-Jean d'Angely) rappelle
que lors de la premiere discussion le principe de l'a-
doption a été admis par le conseil.

Il ne s'agissait plus que de se déterminer entre les
trois opinions relatives à la forme : les uns voulaient
que l'adoption s'opérât par un sénatus-consulte, d'autres par un acte du corps législatif, d'autres enfin
par l'autorité des tribunaux. Peut-être le dernier mode
serait-il le meilleur, parcequ'il serait le plus facile;
mais le Conseil avait paru pencher pour le second.
Or, parmi les motifs qui portent aujourd'hui la section à proposer le rejet de l'adoption, l'un des principaux est qu'elle serait entourée de trop d'embarras

et de trop de difficultés, si elle ne pouvait être consommée que par un acte du corps législatif.

Ainsi la question est maintenant de savoir si la
discussion portera de nouveau sur le principe même
de l'adoption, ou seulement sur le mode qui avait
paru prévaloir ; si enfin l'on se bornera à examiner
laquelle des deux formes est préférable, de celle qui
obligerait de recourir au corps législatif, ou de celle
qui permettrait de recourir aux tribunaux. Cette
derniere serait certainement plus facile, moins dis-
pendieuse, et plus rapide.

Le C. *Boulay* dit que l'adoption est une institution
étrangere à nos mœurs, et que c'est cette considération qui a sur-tout déterminé la section à en proposer
le rejet.

Le C. *Réal* dit que la section a plutôt rejeté le projet
qui avait été présenté, que l'institution même; mais
qu'en essayant d'organiser l'adoption la section a
apperçu de grandes difficultés.

Le C. *Bigot-Préameneu* dit que le mode d'adopter
n'est ni le seul ni le principal motif de l'opinion em-
brassée par la section; que, quant à lui, il a toujours
été d'avis de rejeter l'adoption, tant à cause des difficultés qu'elle présente par rapport aux successions,
que parcequ'elle lui semble immorale; elle place en
effet un enfant entre sa fortune et l'abandon de ses
parents. Il est cependant d'autres moyens de bienfaisance qui n'exigent pas de celui qui en est l'objet le
sacrifice des devoirs et des sentiments envers sa famille. Et d'ailleurs jamais le pere adoptif ne trouvera
dans celui qu'il adopte le dévouement et la tendresse
qu'on a droit d'attendre d'un enfant naturel.

Le C. *Regnaud* (de Saint-Jean-d'Angely) répond
que l'adoption présente, à la vérité, quelques difficultés par rapport aux successions, mais que ces difficultés ne sont pas insurmontables.

Au surplus, elle ne peut avoir les effets immoraux
qu'on vient de lui prêter; car loin d'obliger l'enfant
adoptif à renoncer à l'affection qu'il doit à son pere

naturel, l'adoption lui facilite au contraire les moyens de soulager ce pere dans son infortune.

Le *Premier Consul* dit que les opinions sont encore trop partagées pour qu'on puisse s'occuper d'un projet de loi ; que, dans l'état des choses, la discussion ne doit tomber que sur le principe.

Le système d'adoption qu'on a proposé est peut-être trop compliqué : rien ne s'oppose à ce qu'on admette un système plus simple : mais rejeter absolument l'adoption, ce serait laisser un trop grand vide dans les lois civiles.

On a objecté qu'il est impossible de disposer de la personne d'un citoyen sans son consentement, et que le mineur est incapable de le donner.

Mais rien ne s'oppose à ce que le consentement donné par les parents à l'adoption d'un mineur ne soit que provisoire ; que le mineur conserve le droit d'accepter, ou de refuser l'adoption, lorsqu'il sera devenu majeur ; et que l'acte définitif qui change son état soit différé jusqu'à cette époque ; que par cet acte seulement s'opere la transmission de nom ; alors il devient inutile de faire sanctionner l'adoption par un acte du corps législatif, et l'autorité des tribunaux suffit.

Le C. *Tronchet* dit qu'il a toujours été opposé à l'adoption.

Il résume les réflexions qui déterminent son avis.

Au premier coup d'œil, dit-il, l'adoption flatte l'imagination et la sensibilité, mais dans la réalité elle n'est plus qu'une maniere de frauder la loi qui limite la faculté de disposer. Elle serait, sous ce rapport, une véritable inconséquence.

Cette institution, au surplus, n'est ni nécessaire ni même utile ; elle n'a d'autre effet que de flatter la vanité de ceux qui veulent perpétuer leur nom.

Mais il faut développer ces idées.

L'adoption est-elle nécessaire ?

Pour décider cette question, le C. Tronchet examine quels sont les avantages de l'adoption, quels en sont les inconvénients.

Les avantages qu'on prête à l'adoption , sont de consoler par l'image de la paternité , ceux qui sont privés du bonheur d'avoir des enfants.

Mais l'adoption ne sera jamais qu'une imitation très imparfaite de la nature.

Il y a plus : elle détruira les affections qui en ont formé le lien , par cela même qu'elle en détruira l'indépendance et les convertira en devoirs. L'homme est naturellement ennemi de la contrainte ; il veut demeurer libre jusque dans les actes qui lui sont inspirés par le sentiment.

Le C. Tronchet passe aux inconvénients de l'adoption.

Il en apperçoit par rapport aux personnes.

Il en voit également par rapport à la société.

Les personnes entre lesquelles l'adoption aura lieu seront trop souvent trompées dans leur attente.

Le pere se déterminera à l'adoption plus ordinairement par haine pour ses héritiers , que par bienveillance pour l'adopté.

Le pere d'ailleurs se préparera souvent des regrets d'autant plus vifs qu'ils seront sans remede. Deux époux n'ont pas d'enfants : ils en trouvent un qui leur plait , ils l'adoptent ; l'un de ces époux meurt ; l'autre se remarie ; il lui survient des enfants : on peut facilement concevoir combien il regrette alors de leur avoir donné un étranger pour frere. Ce sera là qu'on verra combien l'adoption est loin d'imiter la nature : la haine s'allumera entre le pere et le fils adoptif , entre celui-ci et les enfants naturels : de là des discordes qui troubleront long-temps la famille entiere. On adopte beaucoup dans les campagnes , et l'adoption réussit. Pourquoi ? parcequ'elle ne lie , ni l'adoptant , ni l'adopté ; parceque l'un et l'autre demeurent absolument libres. Le pere sait que si la reconnaissance du fils cesse , le bienfait peut cesser aussi : le fils sait que le pere n'est point engagé ; cette vue le contient dans le devoir.

Au surplus , l'adoption n'est pas nécessaire à celui qui veut faire le bonheur d'un enfant.

La faculté de disposer, qui va recevoir encore plus de latitude, lui suffit. S'il veut plus, il n'est mu que par la vanité de perpétuer son nom, et de laisser à celui qui doit le porter une fortune considérable, pour le soutenir avec éclat. Une telle vanité n'est tolérable que dans le système nobiliaire.

Quant aux enfants adoptés, ils ne courent pas moins de hasards.

D'abord, les regrets tardifs du pere convertissent pour eux en malheur cette même adoption qui, dans l'opinion du législateur, devait devenir la source de leur félicité.

Ensuite, si l'adoption est irrévocable, l'enfant se trouve lié par un engagement auquel il n'a pas souscrit, et auquel peut-être il répugne. Si au contraire il peut, à sa majorité, secouer ce joug qui lui pese, il lui faudra retourner dans sa famille originaire : et qu'y trouvera-t-il? la misere; car son retour ne doit sans doute rien changer rétroactivement aux partages et aux autres dispositions sur lesquelles repose la fortune de ses freres.

Voilà pour les personnes : mais, sous le rapport de l'ordre public, l'adoption ne présente pas des inconvénients moins graves.

L'enfant adoptif n'aura-t-il de droits que sur les biens de l'adoptant? Alors cet enfant devient dans la société un être monstrueux; il est retranché de sa famille naturelle, et cependant il n'appartient pas à sa famille adoptive.

Aura-t-il tous les droits des enfants naturels? Alors le législateur est tout à la fois injuste envers les parents du pere adoptif, et plus libéral qu'il ne le peut; car il ne lui appartient pas d'enlever aux citoyens la successibilité, qui est pour eux une propriété véritable dans tous les degrés auxquels elle s'étend.

Le *Premier Consul* dit que l'adoption est si peu une conséquence du régime nobiliaire, que c'est dans les républiques qu'elle a été principalement en usage.

D'ailleurs, les modifications proposées la mettent

en harmonie avec l'ordre de choses depuis long-temps
reçu en France. Elle devient une simple transmission
de noms et de biens ; transmission dont l'usage a toujours été fréquent, et qui jamais n'a été accusée de faire
de l'adopté un être monstrueux dans l'ordre social.

Toujours aussi l'adoption a existé dans les campagnes ; avec cette différence cependant que, quant
au droit, elle n'y transmet pas à l'adopté le nom de
l'adoptant, mais que dans le fait, le nom demeure à
l'adopté, parceque personne ne le lui conteste.

L'adoption, a-t-on dit, ne sert que la vanité.

Elle a des avantages plus réels ; elle sert à se préparer pour sa vieillesse un appui et des consolations
plus sûrs que ceux qu'on attendrait de collatéraux ;
elle sert au commerçant, au manufacturier privé d'enfants, à se créer un aide et un successeur.

La faculté de disposer ne forme pas les mêmes liens
pendant la vie du testateur ; après sa mort, elle ne
transmet pas son nom. Cependant des motifs, plus
nobles que la vanité, l'affection, l'estime, le sentiment, peuvent lui faire desirer de contracter cette
sorte d'alliance avec celui qu'il en a jugé digne. Elle
ne change rien à nos mœurs, puisqu'elle se borne à
régulariser le droit déja existant de faire porter son
nom ; elle intéresse la vieillesse à élever la jeunesse,
qu'en même temps elle encourage ; elle prépare de
bons citoyens à l'état ; elle est un besoin pour toutes
les professions.

L'objection qu'on a faite contre l'adoption des mineurs tombe, puisque les majeurs seuls pourront être
adoptés.

L'adoption des majeurs n'est bizarre que quand
l'adopté n'a pas été élevé par l'adoptant.

On a parlé des regrets possibles du pere adoptif :
ce repentir peut devenir la suite de toutes les transac-
tions humaines. On se repent d'une aliénation, d'une
donation, d'un mariage. Du moins, dans l'adoption,
reste-t-il une ressource au pere dont l'affection a été
trompée ; c'est de réduire l'enfant adoptif à sa légitime.

On ne peut donc plus opposer à l'adoption que le désespoir des collatéraux.

Cet effet ne sera sans doute pas mis au nombre des inconvénients : l'intérêt des collatéraux n'est rien ; et même, si on le calcule bien, on trouvera qu'il est plus ménagé par l'adoption que par une donation pure et simple des biens ; car la conformité du nom établit entre eux et l'adopté des rapports qui, dans diverses circonstances, peuvent leur être avantageux.

Le C. *Treilhard* dit que l'adoption eût perdu beaucoup de son utilité, s'il eût fallu, pour l'opérer, recourir au corps législatif. En effet, le corps législatif n'est pas toujours assemblé ; il est absorbé par des intérêts généraux ; tous les citoyens ne peuvent arriver jusqu'à lui. Mais puisque l'adoption n'aura lieu qu'à l'égard des majeurs, l'intervention du corps législatif devient inutile : on n'a plus besoin de cette sorte de garantie ; l'autorité des tribunaux est désormais suffisante. Ils vérifieront si tous les consentements nécessaires ont été donnés, si toutes les formes prescrites ont été observées.

On pourrait également faire sanctionner par le gouvernement les actes d'adoption. Il est aussi accessible que les tribunaux ; jamais il n'est absent, et il lui est facile de prendre des renseignements : mais il faudrait alors qu'il eût le droit de refuser sa sanction.

Sous cette forme et avec les modifications qui ont été proposées, l'adoption serait utile, ne dût-elle que consoler, par l'image de la paternité, ceux qui n'ont point d'enfants.

L'inconvénient de couvrir les avantages qu'un pere veut faire à ses enfants naturels n'a rien de réel. En effet, si les enfants sont reconnus, ils ne peuvent être adoptés ; s'ils ne le sont pas, leur origine est incertaine ; pourquoi d'ailleurs l'auteur de leurs jours serait-il privé de réparer en quelque maniere le vice de leur naissance ?

Le consul *Cambacérès* dit que les difficultés que la matiere présente naissent du plan qui avait été d'abord proposé. Aujourd'hui que ce plan est abandonné, ces difficultés n'ont plus de consistance. En effet, d'après les idées développées par le Premier Consul, l'adoption ne sera plus qu'un moyen légitime de transmettre son nom et sa fortune : d'où il suit qu'elle aura une grande affinité avec la faculté de disposer.

Le C. *Tronchet* dit que l'opinion du Consul se lie à la question de savoir si la loi permettra à celui qui n'a pas d'héritiers en ligne directe, de disposer indéfiniment de ses biens. Il semble donc nécessaire d'ajourner l'adoption jusqu'à ce que cette question soit décidée.

Le droit de succéder dérive, il est vrai, de la loi positive ; mais la loi doit le distribuer d'après l'ordre des affections naturelles. Le premier degré appartient, sans doute, aux enfants : cependant la nature parle aussi en faveur des freres et des sœurs, en faveur des neveux, qui sont en quelque sorte des enfants. La loi ne serait donc pas injuste, si, se réglant par la nature, elle limitait pour l'intérêt de parents aussi proches, la faculté de disposer. Ces principes ont toujours été reçus en France ; ils formaient la base du système des propres. On ne doit pas regretter ce système, source éternelle de procès sur l'origine des biens ; mais on peut y substituer l'obligation de réserver une portion de ses biens pour les collatéraux des premiers degrés. Tout cela, au surplus, est encore en question : et de là résulte que le temps n'est pas venu de prononcer sur l'adoption. Peut-être cette institution sera-t-elle admissible avec les modifications proposées.

Le *Premier Consul* dit que l'effet le plus heureux de l'adoption sera de donner des enfants à celui qui en est privé, de donner un pere à des enfants devenus orphelins, de lier enfin à l'enfance la vieillesse et l'âge viril. La transmission du nom est le lien le plus naturel, en même temps qu'il est le plus fort pour former cette alliance.

Avec cet effet l'adoption appartient plus à l'état des personnes qu'à la législation sur les biens.

Au reste, il est possible de ne l'admettre que sous des conditions ; d'exiger, par exemple, qu'elle n'ait lieu qu'entre celui qui a rendu des services, et celui qui en a reçu.

Ainsi les soins qu'un individu aurait pris d'un enfant en bas âge l'autoriseraient à l'adopter. Les services qu'il aurait reçus de l'adulte lui donneraient la même faculté. Il y a plus, l'adoption d'un majeur serait absurde, si elle n'avait pour motif la reconnaissance de celui qui l'adopte.

Le projet est renvoyé à la section pour préparer une rédaction conforme aux observations faites dans le cours de la discussion.

Seconde rédaction. (Séance du 11 frim. XI, *t. 2, p.* 194.)

Le C. *Berlier* présente une nouvelle rédaction du titre *de l'Adoption.* Elle est ainsi conçue :

I (345). « L'adoption aura lieu dans deux cas : l'un, « en faveur d'enfants auxquels l'adoptant aura rendu « des services durant leur minorité ; l'autre, en faveur « d'individus, même majeurs, dont l'adoptant aura « lui-même reçu d'importants services. »

De l'Adoption des enfants auxquels l'adoptant aura rendu des services durant leur minorité.

II. « Tout individu de l'un ou de l'autre sexe, « qui, avant d'adopter un enfant, voudra se l'atta-« cher par des liens authentiques, déclarera au juge « de paix du domicile de cet enfant, l'intention où il « est de l'adopter, et se soumettra dès ce moment à le « recevoir et garder jusqu'à sa majorité, pour en « prendre soin et le traiter en bon père de famille.

« Le même acte contiendra la soumission de payer « au mineur une somme déterminée, à titre d'indem-« nité, si, à l'époque de sa majorité, l'adoption n'a « point lieu. »

III. «Les déclaration et soumission énoncées dans

« l'article précédent, devront être acceptées au nom
« de l'enfant par ses pere et mere, ou par le survi-
« vant d'entre eux; ou, à leur défaut, par un tuteur
« muni de l'autorisation d'un conseil de famille; ou
« enfin, si l'enfant n'a pas de parents connus, par les
« administrateurs de l'hospice où il aura été recueilli,
« ou par la municipalité du lieu de sa résidence.

« Après cette acceptation, l'enfant sera remis à la
« personne qui se propose de l'adopter, et qui, à da-
« ter de ce jour, exercera sur lui l'autorité pater-
« nelle.

IV. « Le mineur dont il est parlé aux précédents
« articles, devra être âgé de moins de dix - huit ans,
« lors des actes préliminaires de l'adoption.

« Lorsqu'il sera devenu majeur, s'il accepte l'adop-
« tion, et que l'adoptant y persévere, le contrat
« d'adoption sera dressé par le juge de paix, et ne sera
« néanmoins valable qu'après qu'on aura rempli les
« formalités dont il sera parlé ci après.

V (345). « On pourra adopter, même sans les pré-
« liminaires ci-dessus, tout individu qu'on aura re-
« cueilli mineur, et auquel on aura donné des soins
« continués pendant six années au moins.

« A la majorité de ce dernier, et après l'expiration
« desdites six années de soins, le contrat d'adoption
« sera passé en la forme indiquée par l'article IV.

VI (354). « Tout contrat d'adoption sera transmis
« au commissaire du gouvernement près le tribunal
« de premiere instance, et soumis à l'homologation de
« ce tribunal.

VII (355). « Le tribunal, réuni dans la chambre du
« conseil, et après s'être procuré les renseignements
« convenables, examinera, 1º si toutes les conditions
« de la loi sont remplies; 2º si la personne qui se
« propose d'adopter jouit d'une réputation honnète;
« 3º quelle a été sa conduite envers l'enfant.

(356). « Après avoir entendu le commissaire du gou-
« vernement, et sans aucune autre forme de procédure,

« le tribunal prononcera, sans énoncer de motifs, en
« ces termes, *Il y a lieu*, ou *il n'y a pas lieu à l'adop-*
« *tion.* »

VIII (357). « Le jugement du tribunal de premiere
« instance sera, de plein droit, soumis au tribunal
« d'appel, qui instruira dans les mêmes formes que
« le tribunal de premiere instance, et prononcera,
« sans énoncer de motifs, *Le jugement est confirmé*,
« ou *le jugement est réformé ; et en conséquence il y a*
« *lieu, ou il n'y a pas lieu à l'adoption.*

« L'adoption ne sera parfaite que du jour du juge-
« ment rendu par le tribunal d'appel ; et (359) l'in-
« scription de l'adoption sur les registres de l'état civil,
« n'aura lieu qu'à la vue d'une expédition en forme de
« ce jugement. »

De l'Adoption des individus dont l'adoptant lui-même
aurait reçu d'importants services.

IX (345) « Tout individu qui aura rendu à un
« autre individu d'importants services, tels que de
« lui avoir sauvé la vie, l'honneur, ou la fortune,
« pourra être par lui adopté, sans autre condition
« que celle d'être moins âgé que l'adoptant.

X. « Si l'individu qui aura rendu les services ex-
« primés dans l'article précédent, est mineur, et que
« celui qui les aura reçus veuille se l'attacher avant la
« majorité par les actes préliminaires énoncés aux ar-
« ticles II et III, il y sera pourvu conformément à ces
« articles.

« S'il est majeur, le contrat d'adoption pourra être
« immédiatement passé devant le juge de paix.

« Dans l'un et l'autre cas, l'instruction et le juge-
« ment de l'adoption suivront les formes établies par
« les art. VII et VIII (355, 356, et 357). »

XI. « Les tribunaux vérifieront, outre la moralité
« de l'adoptant, 1° si les services articulés sont vrais ;
« 2° s'ils sont de la nature de ceux exigés par l'ar-
« ticle IX (345). »

Dispositions communes à tous les cas d'Adoption.

XII (343). « Nul individu de l'un ou l'autre sexe
« ne peut adopter, ni même faire la déclaration expri-
« mée dans l'article II, 1º s'il a des enfants ou descen-
« dants légitimes ; 2º s'il n'est âgé de quarante-cinq
« ans au moins.

XIII (344). « Le même individu ne pourra être
« adopté par plusieurs personnes, si ce n'est par deux
« époux.

« L'un des époux pourra adopter séparément avec
« le consentement de l'autre ; le tout sans déroger aux
« conditions de l'article XII (343).

XIV (347, 350). « Les effets de l'adoption consiste-
« ront à conférer le nom de l'adoptant à l'adopté, en
« l'ajoutant au sien propre, et à donner à l'adopté, sur
« la succession de l'adoptant, les mêmes droits que
« ceux qu'y aurait l'enfant né en mariage, même quand
« il y aurait d'autres enfants de cette dernière qualité
« existants lors du décès de l'adoptant.

XV (351). « Si l'adopté meurt sans descendants légiti-
« mes, l'adoptant ou ses descendants succéderont aux
« biens venant de l'adoptant, dans l'état où ils se
« trouveront ; le surplus de la succession appartien-
« dra aux propres parents de l'adopté.

XVI (352). « Si, du vivant de l'adoptant, et après
« le décès de l'adopté, les enfants ou descendants lais-
« sés par celui-ci mouraient eux-mêmes sans postérité,
« l'adoptant succédera aux biens venant de lui, comme
« il est dit en l'article précédent ; mais ce droit sera
« inhérent à sa personne, et non transmissible à ses
« héritiers. »

L'article Iᵉʳ (345) est adopté.

L'article II est discuté.

Le C. *Maleville* demande s'il sera dû une indemnité
à l'enfant, dans le cas où, à sa majorité, l'adoption
ne serait pas consommée.

Le C. *Treilhard* pense que la nécessité d'une semblable indemnité ne peut être contestée.

Le C. *Boulay* dit que du moins l'indemnité ne doit pas être accordée, lorsque c'est l'enfant devenu majeur qui renonce à l'adoption.

Le C. *Berlier* répond qu'on a cru devoir l'accorder dans tous les cas, pour empêcher que l'adoptant ne parvienne à s'y soustraire. Il pourrait, en effet, par de mauvais procédés, dégoûter l'enfant de l'adoption.

Le C. *Treilhard* rappelle au Conseil qu'il y aura deux sortes d'adoptions : l'une qui pourra avoir lieu après la majorité et sans déclaration préalable, mais seulement comme récompense de services ; l'autre qui ne sera consommée qu'à la majorité, mais qui devra avoir été précédée d'une déclaration de l'adoptant, faite pendant la minorité de l'adopté. Il est impossible de ne pas attacher à celle-ci la perspective d'un avantage assuré par le seul effet de la déclaration, et qui soit le prix du consentement de la famille.

Le C. *Bigot-Préameneu* pense qu'il n'est aucun motif d'accorder une indemnité à l'adopté, lorsque c'est par son refus que l'adoption n'a pas lieu. Les avantages de l'adoption lui sont offerts ; il est libre de les accepter : s'il y renonce, il n'y a pas de raison de l'indemniser d'un dommage qu'il ne souffre que par le seul effet de sa volonté.

Mais, dit-on, son refus peut être déterminé par les mauvais procédés de l'adoptant.

Un tel motif sera toujours très rare : le motif le plus ordinaire du refus de l'enfant sera son attachement pour sa famille. Ainsi, si l'on veut que les adoptions se consomment, il importe de ne pas encourager, par une indemnité, le penchant naturel des enfants à y renoncer.

Le C. *Emmery* dit qu'il peut être juste de ne pas obliger le pere adoptif à payer une indemnité, quand il n'en a pas contracté l'engagement ; qu'ainsi il n'en doit point dans l'espece de l'art. V (345) et des articles suivants. Mais il s'agit ici du cas où le pere adoptif, pour déterminer le consentement de la famille, a pris l'engagement de payer une indemnité, si l'adoption n'avait pas lieu.

Le consul *Cambacérès* demande pourquoi l'on établirait ici une regle absolue; pourquoi l'on donnerait tout au caprice et rien à la raison. L'adoptant, comme l'adopté, peut avoir de justes motifs pour renoncer à l'adoption. L'indemnité n'est due que quand l'adoptant ne veut pas faire connaitre les motifs qui le décident à se désister : il serait donc convenable de rendre éventuel l'obligation de l'indemnité, et de fixer les cas où elle ne pourra être réclamée.

Le C. *Berlier* pense qu'alors la demande en dommages et intérêts devrait être soumise au jugement des tribunaux.

Le C. *Portalis* dit que, dans le système de la déclaration préalable, il est nécessaire de décider quel sera le sort de l'enfant adoptif, si le pere meurt avant l'époque où l'adoption peut être consommée.

Le consul *Cambacérès* dit que la présomption doit alors être en faveur de l'enfant.

Le C. *Regnaud* (de Saint-Jean-d'Angely) dit que l'enfant qui a reçu, jusqu'à quinze ans, une éducation distinguée, reste exposé à tous les besoins, si tout-à-coup il se trouve réduit à vivre du travail de ses mains. Il est donc juste de laisser les tribunaux prononcer, suivant les circonstances, s'il est dû des dommages et intérêts.

Le C. *Réal* pense que, soit que le pere adoptif meure avant l'époque de l'adoption, soit qu'après cette époque il refuse d'adopter, il est dû une indemnité à l'enfant.

Le C. *Treilhard* observe que comme l'enfant adoptif pourrait, à sa majorité, se refuser à l'adoption, le contrat doit établir une juste réciprocité.

Le consul *Cambacérès* dit que l'adoption forme plus qu'un contrat, et que ses suites doivent être interprétées en faveur de l'enfant.

Le C. *Treilhard* dit que la section n'a jamais prétendu qu'un citoyen dût naturellement une indemnité

Conférence. II.   21

pour s'être chargé d'un enfant, l'avoir élevé, et s'être proposé de l'adopter à sa majorité, s'il répondait à ses bontés.

Mais comme un tel acte de bienfaisance ne peut être exercé sans le consentement de la famille, la section avait cru que le moyen de déterminer ce consentement était de décider que l'indemnité serait due, lorsque l'adoptant changerait de volonté, soit par légèreté, soit par des motifs justes et raisonnables.

L'opinant admet cependant la distinction du consul Cambacérès, et le renvoi aux tribunaux, pour juger d'après les circonstances, si l'indemnité doit être accordée.

Le C. *Tronchet* dit que la loi ne doit pas sanctionner par une disposition l'espèce de vente qu'un père ferait de son enfant, en stipulant une somme dans le cas où celui qui le prend voudrait dans la suite le lui rendre. L'adoption doit être le résultat du sentiment, et non un marché. Que le père prenne garde de ne confier son fils qu'à un homme de bien, mais qu'il n'ait pas d'indemnité à espérer.

Il faut cependant prévoir le prédécès de l'adoptant. La loi doit établir pour ce cas la présomption que l'adoption eût été consommée si l'adoptant eût vécu : elle doit aussi donner tout son effet à son vœu testamentaire.

Le C. *Maleville* dit qu'on ferait tomber beaucoup de difficultés en retranchant la formalité de la déclaration préalable.

Le C. *Réal* dit que le père qui abandonne son fils à un étranger sans prendre ses précautions et ses sûretés, n'est pas plus estimable que celui qui le vend. La tendresse paternelle doit prévoir qu'un enfant qui, après avoir reçu une éducation distinguée, serait réduit à chercher sa subsistance dans un travail rude et pénible, demeurerait sans ressource, et peut-être arriverait à s'en procurer par des moyens illicites. Ce serait donc trop hasarder que de se reposer sur le

vœu testamentaire de l'adoptant, ne dût-on craindre
même que l'évènement de sa mort inopinée.

Le vœu testamentaire de l'adoptant ne doit agir sur
l'adoption que négativement et pour l'exclure, et non
positivement, c'est-à-dire en ce sens qu'elle n'existe
que dans le cas où le testateur a déclaré qu'il meurt
dans l'intention de la consommer.

Le *Premier Consul* dit qu'on envisage mal la question.

L'adoption est absurde, si l'on suppose qu'elle met
en présence deux peres, l'un naturel, l'autre adoptif,
pour traiter ensemble d'un enfant.

L'adoption est principalement établie pour donner
un pere aux orphelins dans l'individu qui, n'ayant
que des héritiers éloignés, veut s'attacher un enfant,
en lui laissant ses biens avec son nom. Elle l'est encore
pour des amis qui desirent ajouter ce nouveau lien à
ceux qui les unissent déja. Voilà les cas les plus ordinaires et les plus favorables. C'est donc embarrasser
la discussion que de la faire porter sur le cas plus
rare et moins favorable où des motifs d'intérêt déterminent le pere à donner son fils en adoption. L'intérêt
de l'enfant doit d'autant moins occuper le législateur
dans cette derniere hypothese, que ce sont les avantages évidents que l'adoption procure à cet enfant qui
déterminent le pere à y consentir.

Quant à la question de savoir si l'adoption peut
être réputée définitive, sans vœu testamentaire, lorsque celui qui se propose d'adopter meurt avant la
majorité de l'enfant, elle paraît devoir se résoudre
par la considération que pendant la minorité de l'enfant il n'y a ni adoption, ni adoptant, ni adopté;
qu'il n'y a qu'une tutele officieuse, un tuteur, un
pupille.

Le C. *Berlier* défend d'abord le projet de la section
du reproche qui lui a été fait d'avoir principalement
en vue les enfants donnés en adoption par leurs pere
et mere : le projet ne concerne pas plus cette espece

d'enfants que les autres ; on voit même qu'il a formellement stipulé les intérêts des orphelins en parlant
de leurs tuteurs, et ceux même des enfants abandonnés, en désignant les administrations d'hospices et les
municipalités comme parties légales pour les donner
en adoption.

Ainsi l'objection n'est pas fondée, à moins qu'on
ne veuille restreindre l'adoption aux seuls orphelins
de pere et de mere : mais cette idée, que l'opinant
aurait volontiers accueillie dès le principe de la discussion, n'a point paru être celle du Conseil ; et l'on
ne peut d'ailleurs se dissimuler qu'il y a de bonnes
raisons pour repousser cette restriction.

Ce sera souvent, ou même toujours, un pere pauvre
qui donnera son enfant en adoption, et qui le fera
dans la seule vue d'être utile à son enfant : l'acte qu'on
regarde comme peu favorable, et comme en opposition avec la nature, sera donc souvent le résultat
d'une affection profonde, et à laquelle on se livrera
d'une maniere qui répugnera d'autant moins à la
nature, que, par le nouveau système, les liens naturels ne doivent point être rompus, et que l'adoption
ne doit plus rendre l'adopté étranger aux membres de
sa propre famille.

On a, continue le C. Berlier, singulièrement attaqué la disposition relative à la stipulation d'indemnité
dans le cas où l'adoption ne s'accomplirait point ; et
l'on a présenté cette stipulation comme honteuse, et
introduisant une convention pécuniaire dans un acte
qui doit être tout libéral, et ne s'appuyer que sur sa
force morale. Mais, s'il y a de l'immoralité dans une
telle stipulation, combien d'autres actes n'en sont pas
empreints, et que fait-on journellement dans les contrats de mariage ?

Au reste, après avoir disculpé l'article II sous ce
rapport, le C. Berlier convient que cette disposition
peut être amendée sans nuire à l'institution, et même
à son profit.

Ainsi, qu'il n'y ait plus d'indemnité due à la *majo-*

rité, si l'adoption ne s'accomplit pas ; fort bien : mais il reste toujours nécessaire de régler ce qui aura lieu, si l'adoptant ou *tuteur officieux* meurt avant que son pupille soit devenu majeur.

On n'a pas répondu à cette observation, en disant que le tuteur officieux pourra être autorisé à l'adopter par testament après un certain nombre d'années ; car, en premier lieu, qu'arrivera-t-il si l'adoptant ou tuteur officieux meurt avant ce laps de temps ?

En second lieu, la difficulté n'existe pas pour le cas où l'on voudra supposer une disposition ; car, abstraction faite de toute idée d'adoption, le tuteur officieux pourra instituer son pupille dans la quotité généralement disponible : la difficulté reste donc tout entière pour le cas où l'adoptant ou tuteur officieux mourrait sans avoir disposé durant la minorité de l'adopté.

En ce sens la stipulation serait fort morale et surtout très prudente. En effet, sans cette précaution, que deviendra l'enfant, si le tuteur officieux s'en est chargé sans soumission ultérieure ? Sa charge cessera avec lui et ne passera point à ses héritiers ; car dans un contrat qui ne serait relatif qu'à des soins personnels, toute obligation cessera naturellement avec la personne qui a promis de les donner.

Le parti le plus simple serait peut-être, dans l'hypothese donnée, de lui assurer une créance sur la succession, réglée à une certaine quotité des biens qui la composeraient ; ce qui pourrait se faire sans lui conférer la qualité d'héritier, qui ne s'acquiert que par l'adoption parfaite.

Le C. Berlier ajoute que, pour éviter toutes ces difficultés, on a proposé de supprimer cette espece d'adoption provisoire qui s'opere par la déclaration en minorité, et de s'en tenir à celle prévue par l'article V (345) du projet.

Ne serait-ce pas porter atteinte à l'institution que d'anéantir le mode qui l'honore le plus ? Et ne serait-ce pas un contre-sens en matiere d'adoption que d'exclure tout engagement préliminaire en minorité, quand il est question d'aider un mineur ?

C'est bien assez que cette voie ne soit point absolument nécessaire : mais on ne peut l'exclure ; car les familles desireront souvent, en remettant un enfant, obtenir quelque garantie, et obvier à ce qu'un simple caprice suffise pour le renvoyer d'un moment à l'autre.

En se résumant et en fixant l'attention du Conseil sur les points capitaux résultant de la discussion, le C. *Berlier* pense qu'il convient d'examiner d'abord si l'adoption prévue par l'article V (345) du projet est la *seule* admissible.

Si cet avis exclusif passait contre celui de l'opinant, tout finirait là : au contraire, et en maintenant une espece d'adoption provisoire, il est facile d'amender la disposition qui avait pour objet d'indemniser le mineur toutes les fois que l'adoption ne deviendrait pas définitive ; il est tout aussi facile de restreindre le pouvoir du tuteur officieux, et de ne pas lui conférer le plein exercice de l'autorité paternelle, si cette attribution parait excessive. Mais il est, dans ce système, impossible de garder un silence absolu, 1º sur les obligations qui naissent du contrat provisoire pendant la minorité ; 2º sur les droits ou secours qui appartiendront au pupille dans le cas prévu du prédécès de son tuteur officieux. Le C. Berlier persiste à penser que la stipulation d'indemnité serait bonne pour ce cas, ou qu'au moins il faut y pourvoir par une disposition générale.

Le consul *Cambacérès* dit que la discussion doit être ramenée à deux points.

Le premier est celui de l'époque où l'adoption pourra s'accomplir.

L'autre point consiste à examiner comment se fera l'adoption.

Le C. *Cretet* dit qu'à la vérité on peut s'en rapporter à la famille, lorsque l'enfant en a une ; mais que l'autorité publique doit en tenir lieu à l'enfant auquel on ne connaît pas de parents. La loi pourrait donc, dans les deux cas, imposer directement au tuteur officieux la condition de nourrir et d'élever l'enfant jusqu'à sa majorité. Si le tuteur était surpris par la mort avant cette époque, l'obligation continuerait de subsister, et deviendrait la mesure de l'indemnité qui serait due par ses héritiers.

Le *Premier Consul* pense que la subsistance jusqu'à l'âge où l'on peut pourvoir par le travail à ses besoins est la seule indemnité à laquelle l'enfant puisse prétendre. Cet âge est quinze ou seize ans.

Le C. *Treilhard* dit que celui qui a donné à un enfant une éducation brillante et distinguée, paraît avoir contracté l'obligation de lui laisser au moins des aliments : cette jurisprudence a toujours été celle des tribunaux. Ce n'est pas par son choix que l'enfant est sorti de la simplicité de son premier état, et a été rendu incapable de travaux grossiers et pénibles. Les aliments ne peuvent donc lui être refusés que lorsqu'il n'a reçu qu'une éducation commune, et qu'on lui a fait apprendre un métier.

Le *Premier Consul* dit que, puisque le droit commun établit des regles à cet égard, toute disposition ultérieure est inutile.

Le C. *Bigot-Préameneu* pense que la loi ne doit ni exiger de déclaration, ni parler de contrat ; elle doit laisser agir l'affection d'un côté, la reconnaissance de l'autre. Si, dans la suite, on s'autorisait de ce silence de la loi pour contester à l'enfant les aliments qu'il avait droit d'espérer, il recourrait aux tribunaux, qui les lui adjugeraient, en s'appuyant sur le principe que les soins qu'on a pris de lui ont produit l'obligation de le nourrir jusqu'à un certain âge.

Le C. *Maleville* dit qu'il est fort douteux que les tribunaux condamnent un citoyen à fournir des aliments à un enfant jusqu'à sa majorité, par cela seul qu'il l'aurait déja fait pendant quelque temps, mais sans aucune obligation préalable de sa part ; l'essence même du bienfait veut qu'il soit absolument libre, et son étendue dépend uniquement de la volonté de son auteur; il faudrait des circonstances bien extraordinaires pour obliger les tribunaux à s'écarter de ce premier principe.

Le C. *Regnaud* (de Saint-Jean-d'Angely) voudrait que, pour prévenir toute difficulté, la loi s'expliquât formellement sur cette obligation, soit en la déterminant, soit en autorisant les tribunaux à régler l'indemnité d'après le genre d'éducation que l'enfant aurait reçu.

Le consul *Cambacérès* pense aussi que la loi ne doit pas livrer un enfant à la misere, parceque celui qui en a pris soin meurt avant le temps où il aurait pu l'adopter. Le principe peut être établi dans un autre titre. Le Conseil paraissant renoncer à exiger une déclaration préalable, ce ne sera plus la présomption que celui qui s'est chargé de l'enfant a voulu l'adopter, ce sera le seul fait des soins donnés qui deviendra le motif de la demande en aliments.

Le C. *Regnaud* (de Saint-Jean d'Angely) observe que, quand on renoncerait à exiger la déclaration, il y aurait toujours néanmoins un acte préalable qui ferait présumer l'intention d'adopter; ce serait l'acte par lequel le tuteur officieux se chargerait de la tutele.

Le C. *Berlier* pense que, pour donner des bases plus fixes à la délibération, il est nécessaire de décider d'abord si l'on exigera la déclaration préalable comme condition nécessaire de l'adoption.

Le C. *Boulay* observe que ce serait éteindre peutêtre la bienfaisance que de la forcer à se lier.

Le *Premier Consul* voudrait que tout tuteur officieux fût indistinctement obligé d'élever l'enfant jusqu'à un âge déterminé; on pourrait fixer celui de dix-huit ans. Mais l'obligation de donner des aliments ne peut devenir une condition nécessaire de la tutele officieuse, sans qu'il en résulte de graves inconvénients. D'abord on placerait l'enfant dans un état d'indépendance tel qu'il pourrait impunément ne plus garder de mesures avec son bienfaiteur : ensuite les aliments qu'on est forcé de lui assurer seraient une portion de la succession du tuteur officieux, et par-là la simple tutele officieuse aurait une partie des effets de l'adoption ; ce qui serait déroger au principe absolu que l'adoption ne peut avoir lieu qu'à la majorité de l'enfant.

Le Consul ajoute qu'au surplus la majorité pour l'adoption devrait être la même que pour le mariage, et qu'alors il conviendrait de faire intervenir la famille de l'adopté à l'acte de l'adoption définitive.

Le C. *Treilhard* observe que le Conseil est divisé sur la question de l'indemnité.

Pour concilier les opinions il propose d'obliger celui qui s'est chargé d'un enfant à le faire élever jusqu'à dix-huit ans, et à lui donner un état ; et, lorsqu'il n'aura pas satisfait à cette obligation, d'autoriser l'enfant à recourir aux tribunaux, lesquels régleront, d'après les circonstances, l'indemnité qui pourra être due.

Le C. *Thibaudeau* dit que l'institution est dénaturée, si celui qui s'est chargé d'un enfant ne peut ensuite refuser de l'adopter, sans s'exposer à payer une indemnité. Il faut, en effet, que rien ne gêne la volonté du bienfaiteur, et que jusqu'à la majorité de l'enfant il conserve la plus entière indépendance.

D'ailleurs l'enfant lui est remis ou par sa famille, ou, à défaut de parents, par l'autorité publique. S'il lui a été confié sans condition, alors on s'en est rapporté à lui : si on lui a fait des conditions, tout est réglé, et le ministere de la loi n'est plus nécessaire. La loi doit donc se borner à autoriser les stipulations qui seraient faites en faveur du mineur, dans le cas de la mort ou du changement de volonté de celui qui s'en charge ; si elle va plus loin, elle anéantit l'adoption, car personne ne voudra adopter.

Le C. *Regnaud* (de Saint-Jean d'Angely) dit que la loi serait incomplete si elle se reposait des intérêts de l'enfant sur la tendresse des héritiers. A l'égard de l'autorité publique, ou elle se rendra difficile sur les conditions, et alors elle rebutera l'adoptant ; ou elle sera facile, et alors son intervention devient inutile.

Il est donc plus juste de renvoyer ces sortes de questions aux tribunaux, pour qu'ils décident d'après les circonstances.

Le consul *Cambacérès* persiste à croire que le Conseil doit se fixer avant tout sur la question de savoir si la déclaration préalable sera nécessaire.

Le *Premier Consul* rappelle qu'on est convenu de permettre les adoptions par testament : or elles supposent nécessairement un acte préalable de la part de celui qui veut user de cette faculté.

Au reste, on peut réduire le système à un petit nombre de points. On peut permettre d'adopter à la majorité l'enfant dont on aura pris soin depuis son bas âge, et l'enfant dont on se sera rendu tuteur officieux. Celui qui se proposera d'adopter prendra cette dernière qualité. Mais il faut que ni dans l'un ni dans l'autre cas ce qu'il aura fait pendant la minorité de l'enfant ne produise l'obligation de l'adopter à sa majorité.

Celui qui aurait été le tuteur officieux pendant cinq ans pourrait adopter l'enfant par une disposition testamentaire.

Le tuteur officieux devrait des aliments à l'enfant s'il mourait sans l'avoir adopté, ou si à la majorité de cet enfant il refusait de l'adopter.

Le titre est renvoyé à la section, pour le revoir d'après les observations faites dans le cours de la discussion.

Troisieme rédaction. (Séance du 18 frim. XI, *t. 2, p. 222.*)

Le C. *Berlier* présente une nouvelle rédaction du titre *de l'Adoption.*

Elle est ainsi conçue:

I (345). « L'adoption aura lieu dans deux cas ; l'un « en faveur d'enfants auxquels l'adoptant aura rendu

« des services durant leur minorité, l'autre en fa-
« veur d'individus même majeurs dont l'adoptant aura
« lui-même reçu d'importants services. »

De l'Adoption des enfants auxquels l'Adoptant aura
rendu des services durant leur minorité.

II (345). « Tout individu qui aura été recueilli
« mineur, et auquel on aura donné des soins conti-
« nués pendant six années au moins, pourra, à sa
« majorité et après l'expiration desdites six années,
« être adopté par la personne qui aura pris soin de
« lui.

III (361). « Celui qui voudra, durant la minorité
« d'un individu, se l'attacher par un titre légal, pourra
« devenir son tuteur officieux en obtenant le consen-
« tement des pere et mere de l'enfant, ou du survivant
« d'entre eux, ou, à leur défaut, du tuteur ordinaire
« muni de l'autorisation d'un conseil de famille; ou
« enfin, si l'enfant n'a point de parents connus, en
« obtenant le consentement des administrateurs de
« l'hospice où il aura été recueilli, ou de la munici-
« palité du lieu de sa résidence.

« Il en sera dressé procès-verbal par le juge de paix,
« et l'enfant sera immédiatement remis à son tuteur
« officieux.

IV (364). « La tutele officieuse ne pourra avoir
« lieu qu'au profit d'enfants âgés de moins de quinze
« ans.

« Elle emportera avec soi l'obligation de nourrir
« et élever le pupille, et de lui rendre tous les soins
« d'un bon pere de famille, jusqu'à ce que le pupille
« soit lui-même en état de pourvoir convenablement
« à son existence.

V. « Dans l'intervalle de la tutele officieuse à la
« majorité du pupille, celui-ci n'aura d'autres droits
« que ceux exprimés dans l'article précédent, ou qui
« auraient été particulièrement stipulés.

(366). « Néanmoins, si le tuteur officieux, cinq ans

« après la tutele, et dans la prévoyance de son décès
« avant la majorité de son pupille, lui confère l'adop-
« tion par acte testamentaire, cette disposition sera
« valable.

(367). « S'il n'y a pas de dispositions de cette na-
« ture, et que le tuteur officieux meure avant la ma-
« jorité du pupille, et sans que celui-ci ait été mis en
« état de gagner convenablement sa vie, il sera dû à
« ce pupille, durant sa minorité, des secours dont la
« quotité et l'espece, s'il n'y a été antérieurement
« pourvu par stipulation précise du tuteur officieux
« lui-même, seront réglées, soit amiablement entre
« les représentants respectifs de ce tuteur et de son
« pupille, soit judiciairement en cas de contesta-
« tion.

VI (368, 354). « A la majorité du pupille, l'adop-
« tion s'opérera par le consentement respectif du tu-
« teur officieux et du pupille.

« Cette adoption, ainsi que celle résultant de l'ar-
« ticle II (345), sera reçue par le juge de paix, et le
« contrat, soit de l'une, soit de l'autre, sera transmis
« au commissaire du gouvernement près le tribunal
« de premiere instance, pour être soumis à l'homolo-
« gation de ce tribunal. »

NOTA. Les autres articles de cette rédaction sont
conformes à ceux de la seconde rédaction ci-dessus,
page 317.

L'article I (345) est discuté.

Le consul *Cambacérès* dit que celui qui se charge
d'un enfant, fait pour lui plus que ce qu'on entend
communément par cette expression, *rendre des services*. On pourrait donc réserver cette locution pour
la seconde partie de l'article, et dire dans la premiere,
*Celui qui aura pris soin d'un enfant et rempli envers
lui les devoirs de la paternité*, etc.

L'article est adopté avec cet amendement, et renvoyé à la section pour la rédaction.

L'article II (345) est adopté sauf rédaction.

L'article III (361) est discuté.

Le C. *Boulay* pense que le tuteur officieux doit aussi remplir les fonctions de tuteur ordinaire.

Le C. *Berenger* dit qu'en effet il peut dans la suite échoir des successions à l'enfant qui est actuellement sans fortune; qu'alors on douterait par qui ses biens doivent être administrés; qu'ainsi, pour prévenir les incertitudes, il est utile que la loi s'explique.

Le consul *Cambacérès* dit que la tutele officieuse est une tutele véritable; qu'elle doit donc donner à la personne qui la gere l'administration de la personne et des biens du mineur. Celui qui s'est chargé d'un enfant sans fortune, inspire nécessairement assez de confiance pour qu'on puisse lui remettre l'administration des biens qui surviennent à cet enfant.

Le C. *Berlier* dit que cette proposition est juste; mais qu'en l'admettant il importe aussi de statuer que le tuteur officieux ne pourra, comme l'aurait pu le tuteur ordinaire, imputer les dépenses d'éducation sur les revenus du pupille, sans quoi cette tutele spéciale n'aurait plus rien d'officieux, et ne serait plus un bienfait.

L'article est adopté avec ces amendements.

L'article IV (364) est adopté.

L'article V (366) est discuté.

Le C. *Regnaud* (de Saint-Jean-d'Angely) observe que l'article contrarie l'opinion adoptée par le Conseil de donner des aliments indéfinis.

Le C. *Jollivet* pense que le conseil a entendu n'accorder des aliments à l'enfant que jusqu'à ce qu'il fût en état de pourvoir lui-même à sa subsistance : plus on imposera de conditions aux actes de générosité, et plus on les rendra rares.

Le C. *Treilhard* dit qu'il est certainement dû une indemnité à l'enfant dans le cas prévu par l'article. Il ne s'agit plus que de décider si la loi s'expliquera sur cette obligation, ou si elle s'en rapportera aux tribunaux.

Si la loi gardait un silence absolu, il serait à craindre que les tribunaux ne suppossassent qu'elle a entendu proscrire l'action de l'enfant.

Le C. *Bigot-Préameneu* dit que celui qui s'est chargé de l'enfant doit le mettre en état de pourvoir à ses besoins par son travail; qu'ainsi les secours qu'il est obligé de donner ne pourront s'étendre au-delà de la majorité de l'enfant. Une bonne éducation est déja une richesse; elle ne peut soumettre ceux qui l'ont donnée à porter plus loin leur munificence : jamais un bienfait n'imposa l'obligation d'un bienfait nouveau. Si l'enfant devenu majeur prétend qu'il est hors de la regle commune, et qu'il lui est dû des dommages et intérèts, les tribunaux prononceront; mais il ne faut pas laisser subsister dans l'article le mot *convenablement :* cette expression n'est pas exacte, et elle ferait naître une foule de questions.

Le C. *Tronchet* dit qu'il importe de renfermer l'action de l'enfant dans un délai très court, d'une année, par exemple; car un enfant qui, après sa majorité, s'est retiré sans s'expliquer, pourrait après un long intervalle venir répéter une indemnité.

Le C. *Regnaud* (de Saint-Jean-d'Angely) appuie cet amendement.

Le C. *Treilhard* dit que la discussion ne porte pas sur la durée de l'action; il s'agit de l'obligation qui peut être formée pendant la minorité de l'enfant, et qui, si elle existe et si elle n'est pas exécutée, produit une action.

Il est certain qu'en général cette obligation doit être réduite aux termes que lui a donné le C. Bigot-Préameneu ; mais une conséquence nécessaire du principe avoué sera que, si on a négligé l'enfant, et qu'on ne l'ait pas mis en état de gagner sa vie, on lui doit une indemnité.

Le C. *Portalis* dit qu'il importe de distinguer le tuteur officieux, qui en prenant cette qualité annonce le projet d'adopter, du simple bienfaiteur qui se charge d'un enfant, sans manifester d'intentions ultérieures. Il serait dangereux de soumettre ce dernier a une obligation; ce serait décourager la bienfaisance, en lui imposant un fardeau plus pesant que celui dont elle veut ou même dont elle peut se charger.

Le consul *Cambacérès* dit que la discussion de l'article embrassait deux hypotheses.

La premiere est celle où la personne qui s'est chargée de l'enfant le laisse en mourant, dans la minorité, et ne l'a pas adopté par son testament.

On a pensé que cet enfant devait recevoir des secours tant qu'il serait mineur. Cette opinion est juste : il ne faut pas en effet que l'enfant demeure abandonné, mais aussi il ne lui est dû que des secours, c'està-dire, ce qui est nécessaire à ses besoins. Ainsi, quand sa famille peut l'élever, il n'est plus dans le besoin . et il ne lui est rien dû.

L'autre hypothese est celle où le tuteur officieux refuse, à la majorité de l'enfant, de consommer l'adoption.

On a pensé qu'alors il était dû à cet enfant, non un état, mais un métier; et que, si les parties ne s'accordaient pas sur ce point, les tribunaux deviendraient les arbitres de l'indemnité. Il faut au surplus que l'action résultant de cette obligation se prescrive par un laps de temps fort court.

L'article est adopté avec ces amendements.

Les articles VI (368, 354) et VII (355) sont adoptés.

L'article VIII (357) est discuté.

Le C. *Maleville* dit que le mode de procéder en secret ne permet pas aux parents de l'adoptant de faire valoir leurs réclamations.

Le C. *Berlier* dit que ce n'est pas ici un droit de collatéraux, et que la question ne peut s'élever par rapport aux enfants, puisque l'adoption n'est permise qu'à ceux qui n'en ont pas.

Au surplus, le secret de la procédure, utile en ce qu'un examen de moralité ne doit pas avoir lieu sous les yeux du public, ne peut ici donner lieu à aucune surprise, quand les choses se passent dans la localité même où l'enfant a reçu des soins, après une première déclaration devant le juge de paix, et sous l'inspection du commissaire du gouvernement.

Le C. *Boulay* observe qu'un citoyen qui n'est pas marié au moment où il se charge de la tutele officieuse, peut ensuite devenir époux et père, et que ses enfants ont le droit de s'opposer à ce que l'adoption soit consommée.

Le consul *Cambacérès* dit qu'en effet ce cas doit être prévu; qu'il est donc indispensable de donner assez de publicité à la procédure, pour que les enfants soient avertis de l'adoption.

A l'égard des collatéraux, leurs réclamations ne doivent être écoutées que dans l'hypothese où l'adoptant aurait perdu la raison.

Le C. *Berlier* dit que ce dernier cas n'a pas besoin d'être prévu, parceque le droit commun est là pour arrêter les effets de la démence; et, pour les autres cas, il semble à l'opinant qu'il existe assez de formalités pour donner l'éveil aux parties intéressées à contester l'adoption, et qui peuvent remettre des mémoires aux magistrats chargés du ministere public.

Le consul *Cambacérès* propose de décider que les adoptions ne pourront être faites qu'au domicile de l'adoptant, et de renvoyer les détails au Code judiciaire.

Le C. *Maleville* persiste à penser que la procédure doit être publique.

Il voudrait cependant que les parents ne fussent pas admis à critiquer l'adoption, quand elle tombe sur un enfant dont l'adoptant a pris soin; mais qu'il leur fût permis de contester l'accomplissement des conditions, lorsque l'adoption aurait pour motifs des services reçus; sans quoi, sur l'allégation seule de ces services que les parents n'auront pas droit de contester, ils seront toujours exposés à être privés de la quotité de biens que la loi leur réserve dans la succession de celui qui veut adopter.

Le consul *Cambacérès* pense qu'il est impossible

d'admettre des collatéraux à empêcher un citoyen d'a-
dopter celui qui lui a sauvé la vie : ce serait supposer
qu'ils ont des droits acquis sur les biens de l'adoptant.

Le Conseil adopte l'amendement, que les adoptions
ne pourront être faites qu'au domicile de l'adoptant.

Le C. *Tronchet* demande si l'adoption sera réputée
consommée aussitôt après le jugement, ou seulement
depuis l'inscription de ce jugement.

Le C. *Berlier* dit que, pour l'adoption sur-tout qui
suit une tutele officieuse, il ne faut pas craindre d'attribuer de prompts effets, attendu qu'il est beaucoup
de circonstances où les délais pourraient nuire à l'a-
dopté, ne fût-ce que le cas où l'adoptant viendrait à
mourir.

Le C. *Treilhard* propose d'exprimer que l'adoption
est parfaite du jour du jugement, à la charge de l'inscription qui devra avoir lieu dans un délai déterminé.

Le C. *Réal* dit qu'il faut pourvoir également au cas
où le pere adoptif viendrait à mourir entre le jugement de premiere instance et le jugement d'appel;
alors les démarches qu'il a faites doivent avoir la même
force que son vœu testamentaire.

Le C. *Berlier* propose de donner à l'adoption son
effet depuis la comparution devant le juge de paix.

L'article est adopté avec ces amendements.

L'article IX (345) est discuté.

Le C. *Lacuée* demande s'il sera permis à un individu d'adopter le fils de celui qui lui aura sauvé la
vie.

Le C. *Berlier* répond qu'il peut employer le moyen
de la tutele officieuse.

Le C. *Tronchet* trouve l'article trop vague. D'a-
bord il ne prononce pas sur la distance d'âge qui devra exister entre l'adoptant et l'adopté, dans le cas
de services rendus. Un homme de soixante-dix ans
pourra-t-il en adopter un de soixante-neuf ? ensuite
il sera nécessaire d'expliquer ce qu'il faut entendre par
service important. On n'ignore point que les lois an-

ciennes déclaraient incapables de recevoir des legs, ceux qui, à raison de leur rapport avec le testateur, pouvaient influencer sa volonté, comme étaient son médecin, son avocat, son confesseur. Cette précaution si sage paraît devoir s'appliquer à l'adoption, pour empêcher qu'elle ne devienne un moyen de pactiser.

Peut-être, en général, serait-il plus prudent de ne point étendre, par des voies indirectes, la faculté de disposer, avant d'avoir réglé la matiere des successions et des donations. On doit mettre encore plus de soin à prévenir les abus, puisque la réserve des propres est abolie.

D'ailleurs, pourquoi permettre l'adoption d'un majeur ? Elle n'est naturelle qu'à l'égard des enfants, parcequ'ils donnent des espérances.

Le C. *Treilhard* appuie l'explication proposée par le C. Tronchet. Il faudrait, dit-il, réduire l'adoption pour services rendus à celui qui aurait sauvé la vie à l'adoptant dans un combat.

L'article est adopté avec cet amendement.

Les articles X, XI, XII (343), XIII (344), XIV (347, 350), et XV (351) sont adoptés.

L'article XVI (352) est discuté.

Le C. *Treilhard* dit que l'esprit de cet article est de distinguer les biens que l'adopté tient de l'adoptant, de ceux que l'adopté tient de son industrie; de transmettre ces derniers à sa famille, et de faire retourner les autres dans la famille du pere adoptif.

Le C. *Bérenger* dit que cet article semble contrarier le principe admis par le Conseil, et d'après lequel l'adoption n'est plus un changement de famille, mais une simple donation accompagnée de conditions et de formalités particulieres. Ce principe semble exiger que tous les biens de l'adopté, quelle qu'en soit l'origine, passent à ses héritiers naturels.

Le C. *Berlier* observe qu'une telle disposition ôterait à l'adoptant lui-même le droit de retour.

Le C. *Bérenger* répond que le droit de l'adoptant

doit sans doute être conservé, mais qu'aussi il doit mourir avec lui.

L'article est adopté avec cet amendement.

Le C. *Berlier* observe qu'après la direction que la discussion a prise, et les observations faites sur le projet dès la derniere séance, il a imaginé que les matieres seraient mieux distribuées dans un autre cadre qui lui a paru offrir plus de simplicité et suivre une meilleure méthode.

Ainsi l'adoption et la tutele officieuse, formant deux institutions distinctes, quoique corrélatives, ne doivent plus être confondues dans les mêmes dispositions, et peuvent bien former deux chapitres d'un même titre.

C'est d'après cette idée principale que le C. Berlier avait préparé une nouvelle rédaction, que les nouveaux amendements faits en cette séance semblent rendre plus nécessaire encore : il croit, au surplus, que tous les principes arrêtés, même avec leurs modifications, se retrouvent exactement dans la nouvelle distribution par lui projetée, et s'y trouvent mieux à leur place.

Il fait lecture de cette nouvelle rédaction, qui est adoptée.

NOTA. C'est sur cette rédaction qu'ont été faites les observations qui suivent.

CHAPITRE PREMIER.

De l'Adoption.

SECTION PREMIERE.

De l'Adoption et de ses effets.

343. L'adoption n'est permise qu'aux personnes de l'un ou de l'autre sexe, âgées de plus de cinquante ans, qui n'auront, à l'époque de l'adoption, ni enfants, ni descendants légitimes.

et qui auront au moins quinze ans de plus que les individus qu'elles se proposent d'adopter.

Rédaction communiquée au Tribunat.

I (343). «L'adoption n'est permise qu'aux personnes « de l'un ou de l'autre sexe qui seront âgées de plus « de cinquante ans, et qui n'auront, à l'époque de « l'adoption, ni enfants ni descendants légitimes.»

Observations du Tribunat.

La section propose de substituer à cet article la rédaction suivante :

« L'adoption n'est permise qu'aux personnes de l'un « ou de l'autre sexe âgées de plus de cinquante ans, « qui sont ou auront été mariées, qui n'auront, à « l'époque de l'adoption, ni enfants ni descendants « légitimes, et qui auront au moins quinze ans de plus « que ceux qu'elles se proposent d'adopter. »

Cette rédaction présente, respectivement à l'article du projet de loi, deux amendements auxquels la section a cru devoir attacher la plus grande importance; le premier, qui consiste à n'accorder la permission d'adopter qu'à ceux qui sont ou auront été mariés, a sur-tout fixé son attention.

Elle a reconnu que l'adoption entrait dans les vues d'une saine politique, en la coordonnant avec les principes de l'ordre social.

La société doit venir au secours de l'individu qui veut sortir de l'isolement où des circonstances malheureuses l'ont laissé, qui cherche à augmenter ses jouissances en répandant ses bienfaits. Le desir de se voir représenter dans la société, et de laisser des souvenirs pour ainsi dire vivants de quelques vertus, est encore un sentiment dont le législateur peut s'emparer dans les vues du bien général.

Mais la section n'a jamais perdu de vue un seul instant qu'il existe encore un plus grand intérêt pour la société, qui est celui de favoriser le mariage, en ne détournant par aucune sorte d'institution du penchant naturel qui y porte les hommes : les familles forment l'état, et le mariage les familles.

L'adoption serait donc une institution dangereuse, si elle portait le moindre obstacle au développement du désir de se reproduire, qui est le plus fort de ceux que la nature fait éprouver à l'homme : elle ne doit être qu'un remede au malheur de celui qui n'a point été sourd à ses salutaires insinuations.

Quant au second amendement qui tend à déterminer une supériorité d'âge qui puisse faire supposer dans l'adoptant la possibilité, dans l'ordre de la nature, qu'il soit le pere de l'adopté; cet amendement est fondé,

1° Sur ce qu'en général l'adoption ne peut être considérée que comme une espece d'imitation de la nature, et qu'il semble que c'est mieux soutenir une illusion qui peut faire le bonheur des individus qui s'attachent par ce lien;

2° L'adoptant devant diriger la conduite de l'adopté par ses conseils, il est dans l'ordre que le premier ait sur le second une supériorité d'âge toujours propre à attirer les égards et le respect.

La section a cru que l'institution de l'adoption devait porter nécessairement sur ces deux premieres bases, sauf certains cas particuliers et infiniment favorables, dont il sera parlé dans la suite.

Rédaction définitive.

(Séance du 5 ventose XI, *tome 2 , page 421.*)

Le C. *Berlier* dit qu'aux diverses conditions imposées à celui qui veut adopter, le tribunat propose d'ajouter celle d'*être* ou d'*avoir été marié*. Il motive cette proposition sur la crainte que la faculté d'adopter, isolée de cette condition, n'éloigne du mariage.

Le C. Berlier observe que la faculté d'adopter n'a lieu qu'à cinquante ans, et que les mariages qui se font à cet âge sont peu dans l'intérêt de la société.

C'est peu connaître d'ailleurs le cœur humain que de croire que la faculté d'adopter un jour encouragera le célibat, même à l'âge où l'ordre social invite au mariage : la nature veille ici pour la société ; et de même qu'on aime mieux ses enfants que ceux d'autrui, de même le mariage ne recevra aucune atteinte de l'adoption.

Pourquoi donc enlever cette consolation à des hommes qui ne se seront souvent interdit le mariage, que parceque des infirmités les auront avertis que cet état ne leur convient pas?

La section pense que cet amendement doit être rejeté.

Le Conseil persiste dans sa premiere décision.

ARTICLE 344.

Nul ne peut être adopté par plusieurs, si ce n'est par deux époux.

Hors le cas de l'article 366, nul époux ne peut adopter qu'avec le consentement de l'autre conjoint.

Rédaction communiquée au Tribunat.

II (344). « Un époux ne peut adopter qu'avec le « consentement de l'autre conjoint.

« L'adoption en commun ne peut être faite que par deux époux. »

Observations du Tribunat.

La section propose de substituer à cet article la rédaction suivante :

« Un époux ne peut adopter qu'avec le consente-« ment de l'autre conjoint, sauf le cas de l'art. XX (366) « ci-après.

« Nul ne peut être adopté par plusieurs, si ce n'est « par deux époux. »

Le consentement de l'époux de l'adoptant doit être

une regle générale; mais la section pensant que ce consentement n'est point nécessaire dans le cas de l'adoption testamentaire établie dans l'article XX (366), elle a cru à propos, pour ne point laisser de difficultés, de marquer cette exception dans le §. Ier de l'article.

Quant au changement du §. II, proposé par la section, il a deux motifs :

1º Suivant la rédaction du projet de loi, il n'y a que l'adoption en commun interdite à d'autres qu'à deux époux; elle laisse donc à plusieurs la liberté d'adopter, pourvu que ce ne soit pas en commun, c'est-à-dire pourvu que l'adoption ne se fasse pas simultanément et dans le même acte, d'où résulterait la faculté d'être successivement adopté par plusieurs, ce qu'il faut empêcher.

2º La rédaction du Conseil d'état semblerait dire qu'il n'est permis aux époux d'adopter le même individu que lorsque l'adoption s'en fait en commun, c'est-à-dire simultanément et dans le même acte; ce qui n'est pas dans l'intention de la loi, qui même permet à l'époux qui n'aura d'abord fait que consentir à l'adoption, d'adopter ensuite le même individu.

La rédaction proposée par la section paraît écarter cet inconvénient, et rendre plus facilement la pensée de la loi.

La section a cru qu'il était à propos que le Conseil d'état fût instruit qu'après l'article II (344), il avait été proposé d'ajouter un nouvel article ainsi conçu :

« Nul ne peut avoir plus d'un enfant adoptif»;
Que la section, après une forte discussion, n'a pas accueilli cette proposition; qu'elle n'a point trouvé de raisons qui dussent s'opposer à la multiplicité des enfants adoptifs; qu'un adopté ne devait pas avoir plus de faveur qu'un enfant naturel, qui est dans le cas d'avoir des freres ou sœurs, ou du même lit ou de mariages subséquents; que la similitude est exacte, puisque l'adoption doit autant que possible imiter la nature;

que d'ailleurs la multiplicité des enfants adoptifs est un moyen d'adoucir l'irrévocabilité de l'adoption, sur-tout si celui qui aurait été adopté se rendait par sa conduite indigne du bienfait; et qu'enfin de nouvelles adoptions ne pouvaient être regardées comme une fraude à la première, puisqu'étant permises, l'adopté a dû les prévoir.

La section n'insiste cependant pas à ce qu'il soit dit dans la loi qu'on pourra avoir plusieurs enfants adoptifs, dans l'idée où elle est que, la loi ne disant pas le contraire, cette faculté existera.

ARTICLE 345.

La faculté d'adopter ne pourra être exercée qu'envers l'individu à qui l'on aura, dans sa minorité et pendant six ans au moins, fourni des secours et donné des soins non interrompus, ou envers celui qui aurait sauvé la vie à l'adoptant, soit dans un combat, soit en le retirant des flammes ou des flots.

Il suffira dans ce deuxieme cas, que l'adoptant soit majeur, plus âgé que l'adopté, sans enfants ni descendants légitimes; et, s'il est marié, que son conjoint consente à l'adoption.

Rédaction communiquée au Tribunat.

III (345). « La faculté d'adopter ne pourra être « exercée qu'envers l'individu à qui l'on aura, dans « sa minorité et pendant six ans au moins, fourni « des secours et donné des soins non interrompus;

« Ou envers l'individu moins âgé que l'adoptant, « qui aurait sauvé la vie à ce dernier, soit dans un « combat, soit en le retirant des flammes ou des « flots. »

Observations du Tribunat.

La section propose de substituer à cet article la rédaction suivante :

« La faculté d'adopter ne pourra être exercée qu'en-
« vers l'individu à qui l'on aura, dans sa minorité et
« pendant six ans au moins, fourni des secours et
« donné des soins non interrompus.

« Sont néanmoins exceptés de cette disposition ceux
« qui voudraient adopter des enfants ou descendants
« de leurs freres ou sœurs. »

De plus la section propose d'ajouter après l'article
III (345) un nouvel article qui serait ainsi conçu :

« Les conditions de l'âge et du mariage prescrites
« par l'article Ier (343), et celles exigées par l'article
« III (345), ne sont point applicables à l'adoption de
« l'individu qui aurait sauvé la vie à l'adoptant, soit
« dans un combat, soit en le retirant des flammes ou
« des flots.

« Il suffira que l'adoptant soit majeur et plus âgé
« que l'adopté. »

Il a paru à la section qu'une des circonstances
dans lesquelles on devait le plus favoriser l'adoption,
était lorsqu'un tel projet était formé par un oncle ou
une tante à l'égard de ses neveux ou nieces. Les liens
de famille sont un garant de l'affection qui les unit : on
doit présumer et des secours déja donnés et une disposition à une continuation du plus vif intérêt.

C'est dans cette idée que la section a cru sage de
dispenser l'adoptant, dans ce cas, de la preuve de six
années de secours donnés dans la minorité de l'adopté, ainsi que des autres conditions. Tel est le motif de
l'addition du deuxieme paragraphe de l'art. III (345).

Quant à la disposition de l'article proposé pour
être l'article IV, elle n'est qu'une répétition du deuxieme
paragraphe de l'art. III (345), mais avec une rédaction
plus claire, qui fait mieux sentir que dans ces deux
cas il n'est pas nécessaire que l'adoptant ait cinquante
ans, qu'il est dispensé de la condition d'être ou d'avoir

été époux, et de rapporter la preuve des soins fournis à l'adopté pendant sa minorité.

Rédaction définitive.

(Séance du 5 ventose XI, *tome 2, page 422.*).

Le C. *Berlier* dit que le tribunat a proposé de *dispenser l'oncle, vis-à-vis de son neveu, des soins préalables exigés de l'adoptant en général.*

Mais outre que cette proposition a paru contraire aux principes adoptés par le Conseil, il serait à craindre que l'adoption pratiquée envers un neveu, sans la condition qui la rend favorable, ne devînt qu'un moyen mal déguisé de priver d'autres neveux ou nieces de la petite part qu'ils auraient à la succession de leur oncle.

La section pense que cet amendement doit être rejeté.

Le Conseil persiste dans sa première délibération.

ARTICLE 346.

L'adoption ne pourra, en aucun cas, avoir lieu avant la majorité de l'adopté. Si l'adopté, ayant encore ses pere et mere, ou l'un des deux, n'a point accompli sa vingt-cinquieme année, il sera tenu de rapporter le consentement donné à l'adoption par ses pere et mere, ou par le survivant; et, s'il est majeur de vingt-cinq ans, de requérir leur conseil.

Rédaction communiquée au Tribunat.

IV (346). « L'adoption ne pourra, en aucun cas, avoir lieu avant la majorité de l'adopté. »

Observations du Tribunat.

La section propose une addition importante à cet article, qui dans son ensemble serait conçu ainsi qu'il suit :

« L'adoption ne pourra, en aucun cas, avoir lieu
« avant la majorité de l'adopté.

« Si l'adopté n'a point accompli sa vingt-cinquieme
« année, il sera tenu de rapporter le consentement
« donné à l'adoption par ses pere et mere, ou par le
« survivant, et de requérir leur conseil, s'il est ma-
« jeur de vingt-cinq ans. »

Il a paru contraire à une saine législation qu'un
individu qui a ses pere et mere ou l'un d'eux, pût se
donner en adoption sans leur consentement. Il est
sage de suivre, dans le cas de l'adoption, les regles
établies pour le mariage, soit qu'on envisage l'intérêt
des adoptés, qui, dans un acte aussi important, ont
besoin de conseils, soit qu'on considere l'intérêt des
mœurs, qui exige cette marque de respect.

D'ailleurs, si ce consentement à l'adoption de la
part des pere et mere n'était pas nécessaire, il en
résulterait souvent que la loi qui prescrit leur consentement au mariage serait violée indirectement. On
pourrait en effet faire pour la circonstance seulement
une adoption, qui, en mettant hors de la puissance
des pere et mere, dispenserait de leur consentement.

L'article V (347) et les suivants sont relatifs aux
rapports de successibilité, dans lesquels l'adopté doit
être à l'égard de sa famille, de celle de l'adoptant et
de ce dernier. Mais il existe encore des rapports personnels et principalement moraux qui méritent toute
l'attention du législateur.

Ainsi, 1° il a paru sage de conférer à l'adoptant
sur l'adopté l'autorité des pere et mere à l'égard des
majeurs de vingt-un ans, qui a principalement lieu
lorsqu'il est question du mariage.

Cette autorité doit toujours exister, et il est convenable de la placer dans les mains de l'adoptant.
C'est donner plus de consistance à l'adoption, et le
consentement à cette adoption de la part des pere et
mere de l'adopté fait nécessairement supposer qu'ils
ont délégué tous leurs droits à cet égard à l'adoptant.

2° Les liens formés par l'adoption, quoique fictifs,

sont néanmoins tels par la nature des choses et sur-
tout par la circonstance d'une habitation commune
qu'ils nécessitent, que ce serait blesser non seulement
les convenances, mais encore les bonnes mœurs, que
de ne pas défendre des unions par le mariage dans
certains cas. Sans cela l'adoption prendrait un caractere odieux et alarmant, si elle n'était pas respectée
comme la réalité même.

3º L'adoption, pour être utile, ne devant point
briser les liens formés par la nature, mais seulement
en provoquer de nouveaux, en permettant d'étendre
les affections, il a paru aussi nécessaire de laisser
subsister l'obligation respective de fournir les aliments
entre l'adopté et ses pere et mere, et de l'établir encore entre l'adoptant et l'adopté.

Tels sont les motifs des articles qui vont être proposés pour être insérés avant l'article V (347).

Art... « L'adoption conférera le nom de l'adoptant
« à l'adopté, en l'ajoutant au nom propre de ce der-
« nier.

Art... « L'adoptant exercera sur l'adopté l'autorité
« des pere et mere, telle qu'elle est réglée par les lois
« à l'égard des majeurs de vingt-un ans.

Art... « Le mariage est prohibé entre l'adoptant,
« l'adopté, et ses descendants;

« Entre les enfants adoptifs du même individu;

« Entre l'adopté et les enfants de l'adoptant;

« Entre l'adopté et le conjoint de l'adoptant, et
« réciproquement entre l'adoptant et le conjoint de
« l'adopté.

Art... « L'adoption ne détruit pas l'obligation na-
« turelle entre les pere et mere et les enfants de se
« fournir des aliments dans les cas déterminés par la
« loi. La même obligation subsiste entre les adoptants
« et les adoptés. »

ARTICLE 347.

L'adoption conférera le nom de l'adoptant à

l'adopté, en l'ajoutant au nom propre de ce dernier.

348.

L'adopté restera dans sa famille naturelle, et y conservera tous ses droits : néanmoins le mariage est prohibé entre l'adoptant, l'adopté et ses descendants;

Entre les enfants adoptifs du même individu;

Entre l'adopté et les enfants qui pourraient survenir à l'adoptant;

Entre l'adopté et le conjoint de l'adoptant, et réciproquement entre l'adoptant et le conjoint de l'adopté.

349.

L'obligation naturelle, qui continuera d'exister entre l'adopté et ses pere et mere, de se fournir des aliments dans les cas déterminés par la loi, sera considérée comme commune à l'adoptant et à l'adopté, l'un envers l'autre.

350.

L'adopté n'acquerra aucun droit de successibilité sur les biens des parents de l'adoptant; mais il aura sur la succession de l'adoptant les mêmes droits que ceux qu'y aurait l'enfant né en mariage, même quand il y aurait d'autres enfants de cette derniere qualité nés depuis l'adoption.

Rédaction communiquée au Tribunat.

V (347). « L'adoption conférera le nom de l'adoptant en l'ajoutant au nom propre de ce dernier.

« Elle donnera à l'adopté, sur la succession de « l'adoptant, les mêmes droits que ceux qu'y aurait « l'enfant né en mariage, même quand il y aurait d'au- « tres enfants de cette derniere qualité, nés depuis « l'adoption, et existant lors du décès de l'adoptant. »

Observations du Tribunat.

Le premier paragraphe de cet article devient inutile, faisant un des articles proposés.

La section propose de plus de retrancher comme inutile les derniers mots du second paragraphe « et « existant lors du décès de l'adoptant. »

Elle propose encore d'ajouter à cet article un nouveau paragraphe ainsi conçu :

« L'adopté n'acquerra aucun droit de successibilité « sur les biens des parents de l'adoptant; il conservera « tous ses droits dans sa famille naturelle. »

Ce nouveau paragraphe paraît nécessaire pour déterminer d'une manière plus précise les effets de l'adoption, par rapport à la famille de l'adoptant et à celle de l'adopté.

Ainsi l'ensemble de l'article serait dans les termes suivants :

« L'adoption donnera à l'adopté, sur la succession « de l'adoptant les mêmes droits qu'y aurait l'enfant « né en mariage, même quand il y aurait d'autres en- « fants de cette qualité nés depuis l'adoption.

« L'adopté n'acquerra aucun droit de successibilité « sur les biens des parents de l'adoptant; il conservera « tous ses droits dans sa famille naturelle.

ARTICLE 351.

Si l'adopté meurt sans descendants légitimes, les choses données par l'adoptant, ou recueillies dans sa succession, et qui existeront en nature, lors du décès de l'adopté, retourneront à l'adoptant ou à ses descendants, à la charge de contribuer aux dettes, et sans préjudice des droits des tiers.

Le surplus des biens de l'adopté appartiendra à ses propres parents ; et ceux-ci excluront toujours, pour les objets même spécifiés au présent article, tous héritiers de l'adoptant autres que ses descendants.

Rédaction communiquée au Tribunat.

VI (351). « Si l'adopté meurt sans descendants légi-
« times, l'adoptant ou ses descendants succéderont
« aux choses données par l'adoptant, et qui existeront
« en nature lors du décès de l'adopté.

« Le surplus de la succession de l'adopté appar-
« tiendra à ses propres parents, et ceux-ci excluront
« toujours, pour les objets même spécifiés au présent
« article, tous héritiers de l'adoptant autres que ses
« descendants. »

Observations du Tribunat.

La section propose de substituer au premier paragraphe de cet article la rédaction suivante :

« Si l'adopté meurt sans descendants légitimes, les
« choses données par l'adoptant, ou recueillies dans
« sa succession, et qui existeront en nature lors du
« décès de l'adopté, retourneront à l'adoptant ou à
« ses descendants, à la charge de contribuer aux
« dettes, et sans préjudice du droit des tiers. »

Elle propose ensuite de commencer ainsi le second
paragraphe :

« Le surplus des biens de l'adopté appartiendra a
« ses propres parents, etc. »

On présume qu'il a été entendu par le Conseil d'état
que le retour des biens donnés par l'adoptant envers
celui-ci ou ses descendants devait être grevé du paiement des dettes, *pro modo emolumenti ;* que, s'il y
avait ensuite des inscriptions hypothécaires sur ces
mêmes biens de la part des créanciers de l'adopté,
elles devaient tenir, sauf l'indemnité pour ce qui ex-
céderait la portion des dettes, sur le surplus de la
succession. Les propriétés doivent être le moins possible flottantes et incertaines, et la sûreté du com-

merce exige qu'on assure autant qu'on le peut le sort des engagements. Or la rédaction proposée a paru nécessaire pour rendre ces deux idées, qu'on ne voit pas suffisamment exprimées dans la rédaction du projet de loi.

Si ensuite dans le second paragraphe on supprime le mot *succession*, c'est parceque dans la rédaction proposée du premier on n'a pas employé le mot *succéder*.

Le surplus de ce qui a trait aux droits de successibilité se trouve dans l'article VII (352), qui doit subsister.

ARTICLE 352.

Si du vivant de l'adoptant, et après le décès de l'adopté, les enfants ou descendants laissés par celui-ci mouraient eux-mêmes sans postérité, l'adoptant succédera aux choses par lui données, comme il est dit en l'article précédent; mais ce droit sera inhérent à la personne de l'adoptant, et non transmissible à ses héritiers, même en ligne descendante.

SECTION II.
Des Formes de l'adoption.

353.

La personne qui se proposera d'adopter, et celle qui voudra être adoptée, se présenteront devant le juge de paix du domicile de l'adoptant, pour y passer acte de leur consentement respectif.

354.

Une expédition de cet acte sera remise, dans les dix jours suivants, par la partie la plus diligente, au commissaire du gouvernement près le

tribunal de premiere instance dans le ressort
duquel se trouvera le domicile de l'adoptant,
pour être soumis à l'homologation de ce tribunal.

Rédaction communiquée au Tribunat.

IX (354). « Cet acte sera transmis, dans les dix
« jours suivants, au commissaire du gouvernement
« près le tribunal de premiere instance dans le ressort
« duquel se trouvera le domicile de l'adoptant, pour
« être soumis à l'homologation de ce tribunal. »

Observations du Tribunat.

La section propose de substituer à cet article la ré-
flection suivante:

« Une expédition de cet acte sera remise dans les
« dix jours suivants par la partie la plus diligente au
« commissaire du gouvernement , etc. »

Deux motifs ont provoqué cette modification :

1º On ne voit pas de raison pour que relativement
à un pareil acte, qui tient uniquement à l'intérêt des
particuliers, le juge de paix doive agir d'office.

2º Il est dans l'ordre que l'acte d'adoption porte
minute, et dès-lors c'est l'expédition qui doit en être
envoyée. Il est nécessaire que la loi s'explique à ce
sujet.

L'article IX (354) prescrit le délai dans lequel l'acte
d'adoption sera transmis au commissaire du gouvernement près le tribunal de premiere instance. L'article XII (357) fixe celui de l'envoi du jugement du tribunal de premiere instance au tribunal d'appel ; et
l'article XIV (359) indique le délai dans lequel l'adoption sera inscrite sur les registres de l'état civil. Mais
aucun de ces articles n'applique une peine à l'inobservation de ce qu'ils prescrivent.

Cependant il doit y en avoir une. La loi ne doit
pas seulement conseiller. La peine qu'elle doit prononcer a paru à la section devoir être la déchéance

de tout ce qui a été fait, sauf aux parties à recommen·
cer. Ce qui tient à l'état des hommes ne doit pas être
long-temps incertain. D'ailleurs après avoir abandonné l'admission d'une adoption, parceque des faits s'y
opposeraient, on pourrait la reprendre dans la suite,
lorsqu'on croirait qu'il n'existe plus de trace de ces
faits.

En conséquence la section propose d'ajouter après
l'article XIV (359) un nouvel article qui serait conçu
en ces termes :

« A défaut par les parties intéressées de se confor-
« mer aux délais prescrits par les articles IX (354),
« XII (357), et XIV (359), tous les actes et jugements
« relatifs à l'adoption seront considérés comme non
« avenus. »

ARTICLE 355.

Le tribunal, réuni en la chambre du Conseil,
et après s'être procuré les renseignements convenables, vérifiera, 1° si toutes les conditions de
la loi sont remplies; 2° si la personne qui se
propose d'adopter, jouit d'une bonne réputation.

356.

Après avoir entendu le commissaire du gouvernement, et sans aucune autre forme de procédure, le tribunal prononcera, sans énoncer
de motifs, en ces termes, *il y a lieu*, ou *il n'y
a pas lieu à l'adoption.*

357.

Dans le mois qui suivra le jugement du tribunal de premiere instance, ce jugement sera, sur
les poursuites de la partie la plus diligente,
soumis au tribunal d'appel, qui instruira dans
les mêmes formes que le tribunal de premiere
instance, et prononcera, sans énoncer de motifs,

Le jugement est confirmé, ou *le jugement est réformé; en conséquence, il y a lieu*, ou *il n'y a pas lieu à l'adoption.*

358.

Tout jugement du tribunal d'appel qui admettra une adoption, sera prononcé à l'audience, et affiché en tel lieu et en tel nombre d'exemplaires que le tribunal jugera convenables.

359.

Dans les trois mois qui suivront ce jugement, l'adoption sera inscrite, à la requisition de l'une ou de l'autre des parties, sur le registre de l'état civil du lieu où l'adoptant sera domicilié.

Cette inscription n'aura lieu que sur le vu d'une expédition, en forme, du jugement du tribunal d'appel; et l'adoption restera sans effet si elle n'a été inscrite dans ce délai.

360.

Si l'adoptant venait à mourir après que l'acte constatant la volonté de former le contrat d'adoption a été reçu par le juge de paix et porté devant les tribunaux, et avant que ceux-ci eussent définitivement prononcé, l'instruction sera continuée et l'adoption admise, s'il y a lieu.

Les héritiers de l'adoptant pourront, s'ils croient l'adoption inadmissible, remettre au commissaire du gouvernement tous mémoires et observations à ce sujet.

CHAPITRE II.
De la Tutele officieuse.

361. Tout individu âgé de plus de cinquante ans, et sans enfants ni descendants légitimes.

qui voudra, durant la minorité d'un individu, se l'attacher par un titre légal, pourra devenir son tuteur officieux, en obtenant le consentement des pere et mere de l'enfant, ou du survivant d'entre eux, ou, à leur défaut, d'un conseil de famille; ou enfin, si l'enfant n'a point de parents connus, en obtenant le consentement des administrateurs de l'hospice où il aura été recueilli, ou de la municipalité du lieu de sa résidence.

Rédaction communiquée au Tribunat.

Nota. Elle était conforme à celle du Code.

Observations du Tribunat.

La section propose pour cet article la rédaction suivante:

« Toute personne de l'un ou de l'autre sexe âgée de
« plus de cinquante ans qui est ou aura été mariée,
« et qui n'aura ni enfants, ni descendants légitimes,
« et qui voudra, durant, etc. »

La section considere la faculté de devenir tuteur officieux du même œil que la faculté d'adopter, et elle pense qu'on doit la soumettre aux mêmes conditions.

La tutele officieuse ne peut et ne doit avoir d'autre but que l'adoption que l'on projette à l'égard d'un mineur: elle en est le commencement, elle en est le premier acte. Elle confere une grande faveur, qui est celle de pouvoir adopter par testament après cinq ans révolus depuis la tutele. Il serait à craindre qu'une tutele officieuse qui ne peut être faite qu'en vue d'une adoption, ne détournât du mariage, qui est le but auquel la loi doit sans cesse diriger.

C'est toujours parcequ'il est impossible de ne pas assimiler la tutele officieuse à la faculté d'adopter que la section propose d'ajouter après l'article XVI (361) un article qui serait ainsi conçu:

« Un époux ne peut devenir tuteur officieux qu'a-
« vec le consentement de l'autre conjoint. »

D'ailleurs s'il y avait communauté entre les deux
époux, la tutele officieuse deviendrait une charge de
communauté pour laquelle il faut leur consentement
mutuel, l'un d'eux ne pouvant grever la communauté de l'autre sans le consentement de celui-ci.

ARTICLE 362.

Un époux ne peut devenir tuteur officieux
qu'avec le consentement de l'autre conjoint.

363.

Le juge de paix du domicile de l'enfant dressera procès - verbal des demandes et consentements relatifs à la tutele officieuse.

364.

Cette tutele ne pourra avoir lieu qu'au profit
d'enfants âgés de moins de quinze ans.

Elle emportera avec soi, sans préjudice de
toutes stipulations particulieres, l'obligation de
nourrir le pupille, de l'élever, de le mettre en
état de gagner sa vie.

365.

Si le pupille a quelque bien, et s'il était antérieurement en tutele, l'administration de ses
biens, comme celle de sa personne, passera au
tuteur officieux, qui ne pourra néanmoins imputer les dépenses de l'éducation sur les revenus
du pupille.

366.

Si le tuteur officieux, après cinq ans révolus
depuis la tutele, et dans la prévoyance de son
décès avant la majorité du pupille, lui confere
l'adoption par acte testamentaire, cette disposi-

tion sera valable, pourvu que le tuteur officieux ne laisse point d'enfants légitimes.

Rédaction communiquée au Tribunat.

XX (366). « Si le tuteur officieux, après cinq ans « révolus depuis la tutele, et dans la prévoyance de « son décès avant la majorité du pupille, lui confere « l'adoption par acte testamentaire, cette disposition « sera valable. »

Observations du Tribunat.

La section est d'avis d'ajouter à la fin de cet article ce qui suit :

« A moins qu'il ne laisse des enfants légitimes. »

Dans l'intervalle du testament à la mort, il peut survenir des enfants ; cette circonstance serait un obstacle à l'adoption ; il est bon de le dire pour ne pas laisser d'équivoque.

ARTICLE 367.

Dans le cas où le tuteur officieux mourrait, soit avant les cinq ans, soit après ce temps, sans avoir adopté son pupille, il sera fourni à celui-ci, durant sa minorité, des moyens de subsister, dont la quotité et l'espece, s'il n'y a été antérieurement pourvu par une convention formelle, seront réglées, soit amiablement entre les représentants respectifs du tuteur et du pupille, soit judiciairement en cas de contestation.

368.

Si, à la majorité du pupille, son tuteur officieux veut l'adopter, et que le premier y consente, il sera procédé à l'adoption selon les formes prescrites au chapitre précédent, et les effets en seront, en tous points, les mêmes.

369.

Si, dans les trois mois qui suivront la majorité du pupille, les requisitions par lui faites à son tuteur officieux, à fin d'adoption, sont restées sans effet, et que le pupille ne se trouve point en état de gagner sa vie, le tuteur officieux pourra être condamné à indemniser le pupille de l'incapacité où celui-ci pourrait se trouver de pourvoir à sa subsistance.

Cette indemnité se résoudra en secours propres à lui procurer un métier ; le tout sans préjudice des stipulations qui auraient pu avoir lieu dans la prévoyance de ce cas.

Rédaction communiquée au Tribunat.

XXIII (369). « Si, dans le mois qui suivra la majo-
« rité du pupille, l'acte d'adoption n'a point eu lieu
« par le refus du tuteur officieux, et que le pupille ne
« se trouve point en état de gagner sa vie, le tuteur
« officieux pourra être condamné à l'indemnité résul-
« tant au pupille de l'incapacité où il sera de pourvoir
« à sa subsistance.

« Cette indemnité se résoudra en secours propres à
« lui procurer un métier ; le tout sans préjudice des
« stipulations qui auraient pu avoir lieu dans la pré-
« voyance de ce cas. »

Observations du Tribunat.

La section propose la rédaction suivante :
« Si, dans le mois qui suivra la majorité du pupille,
« l'adoption par lui requise n'a point eu lieu, et que
« le pupille ne se trouve point en état de gagner sa vie,
« le tuteur officieux pourra être condamné à indemni-
« ser le pupille de l'incapacité où il sera de pourvoir à
« sa subsistance, etc. »

Le premier changement proposé a pour objet d'é-
viter une difficulté qui peut résulter de la rédaction

de l'article du projet, en disant « si l'acte d'adoption
« n'a point eu lieu par le refus du tuteur officieux. »

On peut en induire que si le tuteur officieux ne refusait pas personnellement d'adopter, mais qu'il fût
seulement dans l'impossibilité de le faire par le refus
de l'autre époux d'y consentir (consentement que la
section a cru nécessaire) dans ce cas, il pourrait ne
point y avoir lieu à l'indemnité.

Cependant l'indemnité est due dans tous les cas de
la part du tuteur officieux, sauf son recours, s'il y a
lieu, contre l'époux refusant de consentir à l'adoption,
et qui aurait déja donné son consentement à la tutele
officieuse. L'équivoque est levée par la rédaction proposée qui d'ailleurs a paru plus claire.

ARTICLE 370.

Le tuteur officieux qui aurait eu l'administration de quelques biens pupillaires, en devra rendre compte dans tous les cas.

Rédaction définitive.

(Séance du 5 ventose XI, *tome 2, page 421.*)

Le C. *Berlier*, d'après les conférences tenues avec
le tribunat, présente la rédaction définitive du titre
de l'adoption.

Elle est adoptée.

N. B. On a vu la discussion *particuliere* du conseil d'état et
du tribunat avant la rédaction définitive de ce titre; on en trouvera la discussion *publique* au corps législatif et au tribunat,
dans l'édition du Code civil, en 8 vol., imprimée chez FIRMIN
DIDOT, — Exposé des Motifs par le conseiller d'état Berlier,
N° 28, — Rapport au tribunat par le tribun Perreau, N° 29, —
Discours au corps législatif par le tribun Gary, N° 30.

FIN DU TOME SECOND.

TABLE
DES MATIERES

CONTENUES DANS CE SECOND VOLUME.

FIN DE LA TABLE.